Interessenkonflikte der Regierungsmitglieder
des Bundes und der Länder

Europäische Hochschulschriften
Publications Universitaires Européennes
European University Studies

Reihe II
Rechtswissenschaft

Série II Series II
Droit
Law

Bd./Vol. 3605

PETER LANG
Frankfurt am Main · Berlin · Bern · Bruxelles · New York · Oxford · Wien

Nikolaus Krienke

Interessenkonflikte der Regierungsmitglieder des Bundes und der Länder

PETER LANG
Europäischer Verlag der Wissenschaften

Bibliografische Information Der Deutschen Bibliothek
Die Deutsche Bibliothek verzeichnet diese Publikation in der Deutschen Nationalbibliografie; detaillierte bibliografische Daten sind im Internet über <http://dnb.ddb.de> abrufbar.

Zugl.: Hamburg, Univ., Diss., 2002

D 18
ISSN 0531-7312
ISBN 3-631-50727-5

www.peterlang.de

Vorwort

Diese Arbeit wurde im Sommersemester 2002 vom Fachbereich Rechtswissenschaft der Universität Hamburg als Dissertation angenommen. Literatur und Rechtsprechung konnten bis Mai 2002 berücksichtigt werden.

Besonders danken möchte ich Herrn Professor Dr. Hans Peter Bull für die Betreuung des von mir gewählten Dissertationsthemas und die Erstellung des Erstgutachtens. Danken möchte ich ferner Herrn Professor Dr. Rainer Lagoni für die rasche Erstellung des Zweitgutachtens. Der Friedrich-Naumann-Stiftung gebührt mein Dank für die Gewährung eines Promotionsstipendiums.

Hamburg, im Dezember 2002 Nikolaus Krienke

Inhaltsverzeichnis

Abkürzungsverzeichnis

a. A.	anderer Ansicht
AbgG	Abgeordnetengesetz
Abl	Amtsblatt
AG	Aktiengesellschaft
AktG	Aktiengesetz
a. M.	anderer Meinung
AöR	Archiv des öffentlichen Rechts
Art.	Artikel
BAT	Bundes-Angestelltentarif
bay	bayerisch
Bay VBl	Bayerische Verwaltungsblätter
BBesG	Bundesbesoldungsgesetz
BBG	Bundesbeamtengesetz
BBV AnpG	Bundesbesoldungs- und Versorgungsanpassungsgesetz
berl	berlinerisch
Beschl.	Beschluss
BesÜV	Verordnung über besoldungsrechtliche Übergangsregelungen nach der Herstellung der Einheit Deutschlands
BGB	Bürgerliches Gesetzbuch
BGBl	Bundesgesetzblatt
BGH	Bundesgerichtshof
BGHSt	Entscheidungen des Bundesgerichtshofs in Strafsachen
BHO	Bundeshaushaltsordnung
BMinG	Bundesministergesetz
brb	brandenburgisch
brem	bremisch
BRRG	Beamtenrechtsrahmengesetz
BT	Deutscher Bundestag
BVerfGE	Entscheidungen des Bundesverfassungsgerichts
BVerfGG	Gesetz über das Bundesverfassungsgericht
BVerwG	Bundesverwaltungsgericht
BverwGE	Entscheidungen des Bundesverwaltungsgerichts
b-w	baden-württembergisch
bzw.	beziehungsweise
ca.	circa
CFR	Code of Federal Regulations
d. h.	das heißt
DÖH	Der Öffentliche Haushalt
DÖV	Die Öffentliche Verwaltung

DRiG	Deutsches Richtergesetz
Drucks.	Drucksache
DVBl	Deutsches Verwaltungsblatt
EStG	Einkommenssteuergesetz
f.	folgende (Randnummer); folgende (Seite)
ff.	folgende (Paragraphen); folgende (Randnummern); folgende (Seiten)
Fn.	Fußnote
GA	Goltdammer's Archiv für Strafrecht
GABl	Gemeinsames Amtsblatt
GG	Grundgesetz
GmbH	Gesellschaft mit beschränkter Haftung
GMBl	Gemeinsames Ministerialblatt
GO	Geschäftsordnung
GO-BReg	Geschäftsordnung der Bundesregierung
GOL	Geschäftsordnung der Landesregierung
GVBl	Gesetz- und Verordnungsblatt
H.	Heft
hamb	hamburgisch
hess	hessisch
Hrsg.	Herausgeber
hrsg.	herausgegeben
Hs.	Halbsatz
i. S. d.	im Sinne des
i. V. m.	in Verbindung mit
JöR	Jahrbuch des öffentlichen Rechts der Gegenwart
JZ	Juristenzeitung
KG	Kommanditgesellschaft
KGaA	Kommanditgesellschaft auf Aktien
LRegBezügeG	Landesregierungsbezügegesetz
LT	Landtag
MinG	Ministergesetz
MBl	Ministerialblatt
MDR	Monatsschrift für Deutsches Recht
m-v	mecklenburg-vorpommerisch

nds	niedersächsich
n. F.	neue Fassung
NJW	Neue Juristische Wochenschrift
Nr.	Nummer
Nrn.	Nummern
NuR	Natur und Recht
NVwZ	Neue Zeitschrift für Verwaltungsrecht
NVwZ-RR	Neue Zeitschrift für Verwaltungsrecht, Rechtsprechungs-Report
n-w	nordrhein-westfälisch
OHG	Offene Handelsgesellschaft
OLG	Oberlandesgericht
PartG	Parteiengesetz
ParlStG	Gesetz über die Rechtsverhältnisse der Parlamentarischen Staatssekretäre
RGSt	Entscheidungen des Reichsgerichts in Strafsachen
Rn.	Randnummer
r-p	rheinland-pfälzisch
S.	Satz; Seite
saar	saarländisch
sächs	sächsisch
s-a	sachsen-anhaltinisch
Sen	Senat
SenG	Senatorengesetz
s-h	schleswig-holsteinisch
sog.	sogenannte
StGB	Strafgesetzbuch
StRG	Gesetz über die Rechtsverhältnisse der Mitglieder der Staatsregierung
StV	Strafverteidiger
thür	thüringisch
u. a.	unter anderem
U.S.C.	United States Code
usw.	und so weiter
v.	vom; von
Verf.	Verfassung
VerwArch	Verwaltungsarchiv

VG	Verwaltungsgericht
VGH	Verwaltungsgerichtshof
vgl.	vergleiche
Vorbem.	Vorbemerkung
VVDStRL	Veröffentlichungen der Vereinigung der Deutschen Staatsrechtslehrer
VwVfG	Verwaltungsverfahrensgesetz
WBeauftrG	Gesetz über den Wehrbeauftragten des Deutschen Bundestages
WM	Wertpapier-Mitteilungen
Wistra	Zeitschrift für Wirtschaft, Steuer, Strafrecht
WiVerw	Wirtschaft und Verwaltung
WuB	Entscheidungssammlung zum Wirtschafts- und Bankrecht
z. B.	zum Beispiel
ZgS	Zeitschrift für die gesamte Staatswissenschaft
ZHR	Zeitschrift für das gesamte Handelsrecht und Wirtschaftsrecht
ZParl	Zeitschrift für Parlamentsfragen
ZRP	Zeitschrift für Rechtspolitik
z. T.	zum Teil

Einleitung

Das Vertrauen der Bevölkerung in die Unabhängigkeit der Regierungen und in eine nur am Wohl des Landes orientierte Regierungstätigkeit ist für eine funktionierende Demokratie unerlässlich. Um dieses Vertrauen bei der Bevölkerung zu erlangen, fordert das Bundesverfassungsgericht von der Bundesregierung, dass diese alles tut, „um Zweifel an der Lauterkeit" von Regierungsmaßnahmen zu zerstreuen[1]. Diese Anforderung an die Bundesregierung gilt entsprechend auch für die 16 deutschen Landesregierungen. Die politische Wirklichkeit in der Bundesrepublik Deutschland zeigt jedoch, dass die Forderung des Bundesverfassungsgerichts häufig durch Interessenkonflikte einzelner Regierungsmitglieder verletzt und mithin das Vertrauen der Bevölkerung oft schwer erschüttert wird. Bei einer Untersuchung der Interessenkonflikte der Regierungsmitglieder fällt überdies auf, dass sie Regierungsmitglieder aller Parteien betreffen und sich nicht auf den Bund oder bestimmte Bundesländer beschränken lassen.

Dieses Ergebnis steht im deutlichen Widerspruch zur Gemeinwohlbindung der Regierungsmitglieder des Bundes und der Länder, an die alle Regierungsmitglieder durch das Grundgesetz bzw. die Landesverfassungen gebunden sind. Fernerhin sind diese häufig durch finanzielle Motive hervorgerufenen Interessenkonflikte schwer erklärlich, wenn man sich der umfassenden finanziellen Leistungen des Staates an seine Regierungsmitglieder bewusst ist. Aufgabe dieser Arbeit ist es zunächst, die verschiedenen Interessenkonflikte der Regierungsmitglieder des Bundes und der Länder anhand von Fallgruppen zu systematisieren. Sodann wird untersucht, ob das Enstehen dieser Interessenkonflikte ausschließlich auf das Fehlverhalten einzelner Regierungsmitglieder bzw. fehlende oder fehlerhafte rechtliche Regelungen zurückzuführen ist oder ob es im Einzelfall auch eine verfassungspolitische Rechtfertigung für einen Interessenkonflikt gibt. Die Beurteilung der bestehenden rechtlichen Regelungen zur Vermeidung von Interessenkonflikten der Regierungsmitglieder erfolgt dabei unter Berücksichtigung gesondert aufgestellter Bewertungsmaßstäbe, die sich vor allem an der Gemeinwohlbindung der Regierungsmitglieder orientieren. Fernerhin fließt in die Beurteilung der bestehenden rechtlichen Regelungen auch ein, dass überzogene moralische Anforderungen an Regierungsmitglieder zu vermeiden sind.

---

[1] BVerfGE 67, 100, 138.

1. Teil: Grundlagen

Der folgende Überblick über die Gemeinwohlbindung der Regierungsmitglieder und die finanziellen Leistungen des Staates an die Regierungsmitglieder schafft die notwendigen Grundlagen für die Erörterungen der Interessenkonflikte der Regierungsmitglieder. Vor allem wird bei der Bildung von Bewertungsmaßstäben für die Beurteilung der bestehenden Regelungen auf diese Ausführungen Bezug genommen.

§ 1: Gemeinwohlbindung der Regierungsmitglieder

Der Grundsatz, dass die politische Herrschaft dem Wohl der Beherrschten und nicht dem des Herrschenden verpflichtet ist, besteht seit der Reflexion über den Herrschaftsverband Staat selbst. Er bringt zum Ausdruck, dass die Bindung an das Gemeinwohl allgemeinster Staatszweck und zugleich Rechtfertigung und Grenze aller Staatsgewalt ist[2]. Überdies macht er deutlich, dass die Bindung an das Gemeinwohl das Grundprinzip der politischen Ethik bildet[3].

Die philosophische Auseinandersetzung mit der Idee des Gemeinwohls unterliegt jedoch seit dem Beginn der Politikwissenschaft bei Aristoteles einem stetigen Wandel[4]. Sie hat gezeigt, dass sich der Begriff des Gemeinwohls einer abschließenden Definition entzieht, da er nicht auf bestimmte Verfassungen oder Staatsformen festgelegt ist[5]. Konkrete Gestalt nimmt die Idee des Gemeinwohls erst in dem staatlichen Verband an, der sich diese Idee zu Eigen macht[6]. Mithin soll im folgenden untersucht werden, ob und gegebenenfalls in welchem Umfang das Grundgesetz und die Landesverfassungen eine Gemeinwohlbindung der Regierungsmitglieder des Bundes und der Länder festlegen.

Wer der Regierung des Bundes bzw. den Regierungen der Länder angehört und damit den Gegenstand der Untersuchung bildet, ergibt sich aus dem Grundgesetz bzw. aus den Landesverfassungen. Mitglieder der Bundesregierung sind der Bundeskanzler und die Bundesminister[7]. Den Landesregierungen in Brandenburg, Hessen, Mecklenburg-Vorpommern, Niedersachsen, Nordrhein-Westfalen, Rheinland-Pfalz, dem Saarland, Sachsen-Anhalt, Schleswig-Holstein und Thüringen gehören der

---

[2] Link, VVDStRL 48 (1990), 7, 19.
[3] Isensee in Isensee/Kirchhof, § 57 Rn. 1.
[4] Einen geschichtlichen Überblick über die philosophische Auseinandersetzung mit der Idee des Gemeinwohls liefert Bleckmann, S. 85 ff.
[5] Isensee in Isensee/Kirchhof, § 57 Rn. 3. In der deutschen Staatsrechtslehre der Gegenwart wird der Begriff des Gemeinwohls als Gegenbegriff zu den Individual- und Gruppeninteressen verstanden (Von Arnim, Gemeinwohl und Gruppeninteressen, S. 9 ff.; Bull, NVwZ 1989, 801, 805; Häberle, Rechtstheorie 14 (1983), 257 ff.).
[6] Isensee in Isensee/Kirchhof, § 57 Rn. 6.
[7] Vgl. Art. 62 GG.

Ministerpräsident und die Landesminister an[8]. Darüber hinaus können in Bayern und Sachsen neben dem Ministerpräsidenten und den Staatsministern Staatssekretäre als weitere Mitglieder der Regierung ernannt werden[9]. In Baden-Württemberg können, neben dem Ministerpräsidenten und den Ministern, sogar Staatssekretäre und ehrenamtliche Staatsräte als Mitglieder der Regierung ernannt werden[10]. In den Stadtstaaten Berlin, Bremen und Hamburg wird die Regierung durch den Senat ausgeübt[11]. In Berlin besteht der Senat aus dem Regierenden Bürgermeister und bis zu acht Senatoren, von denen zwei zu Bürgermeistern gewählt werden[12]. In Hamburg bilden der Erste Bürgermeister (Präsident des Senats) und die Senatoren den Senat[13]. In Bremen können neben Senatoren auch Staatsräte, deren Zahl ein Drittel der Senatoren nicht übersteigen darf, zu weiteren Mitgliedern des Senats gewählt werden[14].

I. Garantie der Menschenwürde

Art. 1 I GG[15] enthält die maßgebliche Weichenstellung im Verhältnis zwischen dem Staat und dem Bürger, indem er die Würde und den Eigenwert des Menschen in den Vordergrund rückt, die gesamte Staatsgewalt zur Achtung und zum Schutz der Menschenwürde verpflichtet und von dieser anthropozentrischen Grundlage aus das Staatsleben bestimmt[16]. Die Bedeutung der Garantie des Art. 1 I GG als „tragendes Konstitutionsprinzip" und „wichtigste Wertentscheidung" des Grundgesetzes[17], wird zum einen dadurch deutlich, dass der Verfassungsgeber sie an den Anfang des Grundgesetzes gestellt hat. Zum anderen ergibt sie sich durch die Regelung des Art. 79 III GG, die eine Einschränkung des Art. 1 I GG auch im Wege der Verfassungsänderung verbietet[18].

Entscheidend für das Verständnis des Art. 1 I GG ist seine Entstehungsgeschichte. Art. 1 I des Herrenchiemseer Entwurfs eines Grundgesetzes von 1948

[8] Vgl. Art. 82 Brb Verf.; Art. 100 Hess Verf.; Art. 41 II M-V Verf.; Art. 29 II Nds Verf.; Art. 61 N-W Verf.; Art. 98 R-P Verf.; Art. 86 Saar Verf.; Art. 64 I 2 S-A Verf.; Art. 26 I 2 S-H Verf.; Art. 70 II Thür Verf.

[9] Vgl. Art. 43 I Bay Verf.; Art. 59 II Sächs Verf. Der aktuellen bayerischen Regierung gehören u. a. 7 Staatssekretäre an. Der aktuellen sächsischen Regierung gehört kein Staatssekretär an.

[10] Vgl. Art. 45 II B-W Verf. Der aktuellen baden-württembergischen Regierung gehören u. a. ein Staatssekretär und ein ehrenamtlicher Staatsrat an.

[11] Vgl. Art. 55 I Berl Verf.; Art. 33 II 1 Hamb Verf.; Art. 107 I 1 Brem Verf.

[12] Vgl. Art. 55 II Berl Verf.

[13] Vgl. Art. 33 I Hamb Verf.

[14] Vgl. Art. 107 I 2, 3 Brem Verf. Dem aktuellen Bremer Senat gehört kein Staatsrat an.

[15] Eine Garantie der Menschenwürde ist auch in den Landesverfassungen von Bayern, Berlin, Brandenburg, Bremen, Hessen, Mecklenburg-Vorpommern, Saarland, Sachsen, Sachsen-Anhalt und Thüringen enthalten (vgl. Art. 100 Bay Verf.; Art. 6 Berl Verf.; Art. 7 Brb Verf.; Art. 5 Brem Verf.; Art. 3 Hess Verf.; Art. 5 II M-V Verf.; Art. 1 Saarl Verf.; Art. 14 I Sächs Verf.; Art. 4 I S-A Verf.; Art. 1 I Thür Verf). Eine eigenständige Bedeutung im Verhältnis zu Art. 1 I GG kommt diesen Regelungen betreffend die Gemeinwohlbindung der Regierungsmitglieder jedoch nicht zu.

[16] Maurer, Staatsrecht I, § 6 Rn. 4.

[17] BVerfGE 87, 209, 228.

[18] Jarass in Jarass/Pieroth, Art. 1 Rn. 2.

bestimmt: „ Der Staat ist um des Menschen willen und nicht der Staat um des Staates willen da...“[19]. Dieser Grundsatz ist heute sinngemäß in Art. 1 I GG enthalten[20]. Er macht deutlich, dass diejenigen, deren Handlungen dem Staat zugerechnet werden, weder ein von den Interessen der einzelnen Menschen unabhängiges autonomes Staatsinteresse noch ihre eigenen Zwecke verfolgen dürfen[21]. Ihnen ist die staatliche Macht ausschließlich anvertraut, um dem allgemeinen Wohl zu dienen, d. h. die Interessen aller in der Staatsgemeinschaft zusammengeschlossenen Menschen wahrzunehmen[22]. An diesen Grundsatz ist gemäß Art. 1 I 2 GG alle staatliche Gewalt gebunden, d. h. auch die der Regierungsmitglieder des Bundes und der Länder[23].

Diese soeben dargestellte, sich aus der Garantie der Menschenwürde gemäß Art. 1 I GG ergebende Gemeinwohlverpflichtung allen staatlichen Handelns ist auch vom Bundesverfassungsgericht anerkannt und zum Teil präzisiert worden. Es führte aus, dass das Grundgesetz, um der Würde des Menschen willen, keine „virtuell allumfassende Staatsgewalt verfasst, sondern den Zweck des Staates materialiter auf die Wahrung des Gemeinwohls beschränkt“[24]. Im Urteil zur Öffentlichkeitsarbeit der Bundesregierung vor Wahlen hat das Bundesverfassungsgericht überdies ausdrücklich die Bindung der Bundesregierung an das Gemeinwohl festgestellt. In diesem Urteil wurde hervorgehoben, dass die Bindung an das Gemeinwohl insbesondere auch erfordert, dass die Rechte der Minderheiten beachtet und ihre Interessen berücksichtigt werden[25].

II. Demokratieprinzip

Das Demokratieprinzip ist als verfassungsrechtliche Grundentscheidung in Art. 20 I GG verankert. Es gilt nicht nur für den Bund, sondern ist auch für die Bundesländer gemäß Art. 28 I 1 GG verbindlich und ist in seinem Kernbereich gemäß Art. 79 III GG gegenüber dem verfassungsändernden Gesetzgeber geschützt. Eine Konkretisierung erfährt das allgemeine Demokratieprinzip durch Art. 20 II GG[26]. Gemäß Art. 20 II 1 GG geht alle Staatsgewalt vom Volk aus. Sie wird vom Volk gemäß Art. 20 II 2 GG u. a. durch besondere Organe der vollziehenden Gewalt, zu der auch die Regierungen des Bundes und der Länder gehören[27], ausgeübt.

Aus dem soeben beschriebenen Demokratieprinzip folgt, dass staatliche Herrschaft nur gerechtfertigt ist, wenn sie Herrschaft für das Volk ist[28]. Allen staatlichen Amtsträgern ist staatliche Macht nur zur Wahrung der Interessen der Gemeinschaft

---

[19] JöR n. F. 1 (1951), 48.
[20] V. Arnim, Staatslehre der Bundesrepublik Deutschland, S. 128.
[21] Willand, S. 81.
[22] V. Arnim, Staatslehre der Bundesrepublik Deutschland, S. 128 ff.
[23] Jarass in Jarass/Pieroth, Art. 1 Rn. 19.
[24] BVerfGE 42, 323, 332.
[25] BVerfGE 44, 125, 141.
[26] Maurer, Staatsrecht I, § 7 Rn. 18 ff.
[27] Sachs in Sachs, Art. 20 Rn. 39.
[28] Veen, S. 62.

übertragen[29]. Mithin kann in der repräsentativen Demokratie des Grundgesetzes und der Landesverfassungen die Übertragung staatlicher Macht auf die Amtsträger durch das Volk und damit der Ausschluss des Volkes von der unmittelbaren Ausübung der Staatsgewalt nur gerechtfertigt werden, wenn die Ausübung der Staatsgewalt fremdnützige, nicht eigennützige Herrschaft für das gesamte Volk und somit für das Gemeinwohl ist[30]. Dies gilt wegen der besonders hohen politischen Entscheidungsmacht, die mit Regierungsfunktionen verbunden ist, gerade auch für die Mitglieder der Bundesregierung und der Landesregierungen. Sie dürfen ihre Entscheidungen ausnahmslos am Gemeinwohl und nicht an privaten Interessen ausrichten[31].

III. Rechtsstaatsprinzip

Das Rechtsstaatsprinzip ergibt sich aus einer Zusammenschau der Bestimmungen der Art. 20 III, 1 I, 19 IV, 28 I 1 GG und aus der Gesamtkonzeption des Grundgesetzes[32]. Das Kernstück des Rechtsstaatsprinzips bildet die Bindung aller staatlicher Organe bei allen ihren Äußerungen und Handlungen an das geltende Recht[33]. In Art. 20 III GG ist für die Exekutive, zu der die Regierungen des Bundes und der Länder gehören[34], die Bindung an „Gesetz und Recht" ausdrücklich festgelegt. Die Gesetzesbindung der Regierungen kann jedoch dadurch gelockert werden, dass ihnen durch Einräumung von Ermessen ein Handlungsspielraum zugestanden wird[35]. Aus dem Rechtsstaatsprinzip ergibt sich aber, dass sich die Regierungen auch in diesem Fall ausschließlich an rationalen und sachlichen Kriterien orientieren müssen, um eine Entscheidung zu treffen, die im Sinne der Gemeinwohlorientierung des Staates richtig ist[36]. Anderenfalls wären die Entscheidungen der Regierungen der Beliebigkeit anheim gestellt[37]. Im Zusammenhang mit der Umwandlung der Volkswagen GmbH in eine Aktiengesellschaft hat das Bundesverfassungsgericht diese, aus dem Rechtsstaatsprinzip stammende, Pflicht der Bundesregierung zur Beachtung des Gemeinwohls anerkannt. Es hat in dieser Entscheidung festgestellt, dass die Bindung an das Gemeinwohl eine Grenze des Ermessens der Bundesregierung bildet[38].

---

[29] Isensee in Isensee/Kirchhof, § 57 Rn. 60.
[30] Hesse, VVDStRL, 17 (1959), 11, 20; Kriele, VVDStRL 29 (1971), 46, 60. Kunig, S. 333 sieht im Demokratieprinzip den Ursprung der Gemeinwohlverpflichtung allen staatlichen Handelns.
[31] Veen, S. 62.
[32] BVerfGE 2, 280, 403. Gemäß Art. 28 I 1 GG muss auch die verfassungsmäßige Ordnung in den Ländern den Grundsätzen des Rechtsstaates im Sinne des Grundgesetzes entsprechen.
[33] Maurer, Staatsrecht I, § 8 Rn. 13.
[34] Sachs in Sachs, Art. 20 Rn. 109.
[35] Maurer, Allgemeines Verwaltungsrecht, § 7 Rn. 6.
[36] Veen, S. 60.
[37] Kazele, S. 46.
[38] BVerfGE 12, 354, 364 ff.

IV. Gleichheitssatz

Der Gleichheitssatz des Art. 3 I GG[39] stellt die Gleichbehandlung von Personen bei vergleichbaren Sachverhalten sicher, sei es bei rechtlichen oder tatsächlichen Maßnahmen[40]. Seit 1980[41] verwendet das Bundesverfassungsgericht folgende Formel: „Art. 3 I GG ist dann verletzt, wenn eine Gruppe von Normadressaten im Vergleich zu anderen Normadressaten anders behandelt wird, obwohl zwischen beiden Gruppen keine Unterschiede von solcher Art und solchem Gewicht bestehen, dass sie die ungleiche Behandlung rechtfertigen könnten“[42].

Darüber hinaus enthält Art. 3 I GG ein allgemeines Willkürverbot, das selbst dort angewendet wird, wo es nicht um Ungleichbehandlungen geht[43]. Das allgemeine Willkürverbot des Art. 3 I GG ist verletzt, wenn „die Rechtsanwendung oder das Verfahren unter keinem denkbaren rechtlichen Aspekt mehr vertretbar sind und sich daher der Schluss aufdrängt, dass sie auf sachfremden und damit willkürlichen Erwägungen beruhen“[44]. Es muss eine „krasse Fehlentscheidung“ vorliegen[45]. Dies ist u. a. der Fall bei der Nichtanwendung einer offensichtlich einschlägigen Norm oder der krassen Missdeutung einer Norm[46].

Der Gleichheitssatz des Art. 3 I GG bindet über Art. 1 III GG die vollziehende Gewalt, zu der die Regierungen des Bundes und der Länder gehören[47]. Mithin untersagt der Gleichheitssatz des Art. 3 I GG den Regierungen des Bundes und der Länder eine Ungleichbehandlung vergleichbarer Sachverhalte ohne Differenzierungsgrund. Bei Ermessensentscheidungen sind die Regierungsmitglieder zur gleichmäßigen Ausübung des Ermessens verpflichtet. Überdies müssen die Regierungen alle Entscheidungen ohne Ansehen der Person an sachlichen Kriterien orientieren. Den Mitgliedern der Bundesregierung und der Landesregierungen ist es damit gemäß Art. 3 I GG verboten, ihnen subjektiv nahestehende Interessen verstärkt zu berücksichtigen[48].

---

[39] Fernerhin enthalten Art. 118 I 1 Bay Verf.; Art. 10 I Berl Verf.; Art. 12 I Brb Verf.; Art. 2 I Brem Verf.; Art. 1 Hess Verf.; Art. 17 I R-P Verf.; Art. 12 I Saar Verf.; Art. 18 I Sächs Verf.; Art. 7 I S-A Verf.; Art. 2 I Thür Verf. einen allgemeinen Gleichheitssatz, der jedoch für die Gemeinwohlbindung der Regierungsmitglieder keine über Art. 3 I GG hinausgehende Grenzen aufstellt.

[40] Jarass in Jarass/Pieroth, Art. 3 Rn. 1.

[41] Vor 1980 verwendete das Bundesverfassungsgericht häufig folgende Formel: Art. 3 I GG gebiete „weder wesentlich Gleiches willkürlich ungleich, noch wesentlich Ungleiches willkürlich gleich“ zu behandeln (vgl. BVerfGE 4, 144, 155; 27, 364, 371 f.; 78, 104, 121).

[42] Zunächst der 1. Senat, BVerfGE 55, 72, 88; und ab 1986 auch der 2. Senat, BVerfGE 75, 108, 157. Vgl. auch BVerfGE 70, 230, 239; 88, 87, 96 f.; 95, 365, 407.

[43] BVerfGE 23, 98, 106 f.; 78, 232, 248.

[44] BVerfGE 86, 59, 63.

[45] BVerfGE, 89, 1, 14.

[46] BVerfGE 83, 82, 85 ff; 87, 273, 279.

[47] Stern III, S. 1326 f; Dreier in Dreier I, Art. 1 Rn. 23.

[48] Veen, S. 63.

V. Amtseid

Art. 64 II GG bestimmt, dass der Bundeskanzler und die Bundesminister bei der Amtsübernahme vor dem Bundestag den in Art. 56 GG vorgesehenen Eid leisten[49]. Die in diesem Eid von den Regierungsmitgliedern des Bundes verwendete Formulierung, ihre Kraft dem Wohle des deutschen Volkes zu widmen, seinen Nutzen zu mehren und Schaden von ihm zu wenden sowie Gerechtigkeit gegen jedermann zu üben, bringt ihre Gemeinwohlbindung zum Ausdruck. Der Amtseid begründet jedoch keinerlei Pflichten, die die Mitglieder der Bundesregierung nicht auch ohne ihn hätten[50]. Die einzige Bedeutung des Amtseids liegt in einem Appell an die Moral jedes Mitglieds der Bundesregierung[51].

Mit Ausnahme der Berliner Verfassung sehen auch alle deutschen Landesverfassungen einen Amtseid für die Mitglieder der Landesregierungen vor[52]. In Bayern und Bremen enthalten die Verfassungen keinen konkreten Eidestext, sondern lediglich das Gebot der Eidesleistung auf die Verfassung[53]. Alle übrigen Landesverfassungen enthalten einen konkreten Eidestext, der inhaltlich im Wesentlichen mit der Eidesformel des Grundgesetzes übereinstimmt[54]. Die Amtseide für die Mitglieder der Landesregierungen begründen wie der Amtseid für die Mitglieder der Bundesregierung keine eigenständigen Pflichten[55]. Ihre einzige Bedeutung liegt wie bei dem Amtseid für die Mitglieder der Bundesregierung in einem Appell an die Moral.

VI. Ergebnis

Die Regierungsmitglieder des Bundes und der Länder sind an das Gemeinwohl gebunden, d. h. sie müssen bei ihren Entscheidungen das Wohl der gesamten Bevölkerung und nicht nur eigene Interessen, die Interessen einzelner Personen oder Gruppen berücksichtigen. Die Berücksichtigung des Wohls der gesamten Bevölkerung erfordert

---

[49] Der in Art. 56 GG vorgesehene Eid lautet: „Ich schwöre, dass ich meine Kraft dem Wohle des deutschen Volkes widmen, seinen Nutzen mehren, Schaden von ihm wenden, das Grundgesetz und die Gesetze des Bundes wahren und verteidigen, meine Pflichten gewissenhaft erfüllen und Gerechtigkeit gegen jedermann üben werde. So wahr mir Gott helfe." Der Eid kann auch ohne religiöse Beteuerung geleistet werden.

[50] Herzog in Maunz/Dürig, Art. 64 Rn. 30.

[51] Schenke in BK, Art. 64 Rn. 68.

[52] Art. 48 B-W Verf.; Art. 56 Bay Verf.; Art. 88 Brb Verf.; Art. 109 Brem Verf.; Art. 38 Hamb Verf.; Art. 111 Hess Verf.; Art. 44 M-V Verf.; Art. 31 Nds Verf.; Art. 53 N-W Verf.; Art. 100 R-P Verf.; Art. 89 Saar Verf.; Art. 61 Sächs Verf.; Art. 66 S-A Verf.; Art. 28 S-H Verf.; Art. 71 Thür Verf. In Berlin ist der Amtseid für Regierungsmitglieder nur in § 3 Berl SenG vorgesehen.

[53] In Bayern ist der Eidestext für die Mitglieder der bayerischen Landesregierung § 2 Bay StRG zu entnehmen. In Bremen hat die Bürgerschaft folgende Eidesformel für die Mitglieder der Landesregierung bestimmt: „Ich schwöre als Mitglied des Senats, das Grundgesetz für die Bundesrepublik Deutschland und die Landesverfassung der Freien Hansestadt Bremen halten und schützen zu wollen" (Text abgedruckt bei Neumann, Art. 109 Rn. 6).

[54] Willand, S. 102.

[55] Vgl. Ebling in Grimm/Caesar, Art. 100 Rn. 1.

überdies nicht nur die Berücksichtigung der Anliegen der Mehrheit, sondern auch die der einzelnen Minderheiten in der Bevölkerung. Diese Gemeinwohlbindung der Regierungsmitglieder gründet sich in der Garantie der Menschenwürde gemäß Art. 1 I GG und im Demokratieprinzip gemäß Art. 20 I, II GG. Überdies ergibt sich aus der im Rechtsstaatsprinzip gemäß Art. 20 III GG enthaltenen Bindung der Regierungen an Gesetz und Recht, dass die Bindung an das Gemeinwohl eine Grenze des Ermessens bei Ermessensentscheidungen der Regierungen bildet. Fernerhin verpflichtet der Gleichheitssatz des Art. 3 I GG die Regierungsmitglieder ihre Entscheidung ausschließlich an sachlichen Kriterien zu orientieren und vergleichbare Sachverhalte nicht ohne Differenzierungsgrund ungleich zu behandeln. Der Amtseid der Regierungsmitglieder stellt schließlich eine moralische Bindung an das Gemeinwohl dar, ohne eine eigenständige neue Pflicht zu begründen.

§ 2: Sicherung der Unabhängigkeit der Regierungsmitglieder durch finanzielle Leistungen des Staates an Regierungsmitglieder

Die bisherigen Ausführungen haben gezeigt, dass die Regierungsmitglieder des Bundes und der Länder den uneigennützigen, ausschließlichen Dienst für das Gemeinwohl schulden. Aus der Bindung der Regierungsmitglieder an das Gemeinwohl folgt die Verpflichtung des Staates, die Unabhängigkeit der Regierungsmitglieder durch finanzielle Leistungen sicherzustellen[56]. Im folgenden werden daher die verschiedenen finanziellen Leistungen des Staates an seine Regierungsmitglieder dargestellt.

I. Steuerpflichtige Amtsbezüge

Die steuerpflichtigen Amtsbezüge der Regierungsmitglieder des Bundes und der Länder bestehen ähnlich den Dienstbezügen der Beamten aus mehreren Bestandteilen: dem Amtsgehalt, dem Orts- bzw. Familienzuschlag sowie der Sonderzuwendung.

Der größte Teil der steuerpflichtigen Amtsbezüge der Regierungsmitglieder des Bundes und der Länder ergibt sich aus dem Amtsgehalt. Ausgangspunkt für die Berechnung des Amtsgehalts sind dabei die Ministergesetze des Bundes und der Länder[57]. Die Höhe des Amtsgehalts wird in den Ministergesetzen jedoch nicht mit einem Geldbetrag angegeben[58]. Sie ergibt sich vielmehr durch einen Verweis auf die Grundgehälter der Beamtenbesoldungsgruppen B 10 oder B 11. Durch die Ankoppelung an das Bundesbesoldungsgesetz erhöhen sich somit die Ministerbezüge grundsätzlich bei jeder Verbesserung der Beamtenbesoldung automatisch. Um ein politisches Zeichen zu setzen, haben jedoch der Bundesgesetzgeber und einige Landesgesetzgeber für eine unterschiedliche Anzahl von Jahren in verschiedenen Nichtanpassungsgesetzen eine Aussetzung der Anpassung an die Erhöhung der Beamtenbesoldung verabschiedet, so dass diese Nichtanpassungsgesetze bei einer genauen Berechnung des Amtsgehalts berücksichtigt werden müssen[59]. Bei dem Verweis auf die Beamtenbesoldungsgruppe B 10 oder B 11 ist überdies zu berücksichtigen, dass die Beamten in den neuen Bundesländern im Jahre 2002 erst 90 % der West-Bezüge erhalten[60]. Die Verweise der Ministergesetze in den neuen Bundesländern koppeln das Amtsgehalt der Regierungsmitglieder ebenfalls an diese herabgestufte Besoldung an. Bei der

[56] Vgl. von Arnim, Diener vieler Herren, S. 16 f.

[57] § 11 I 1 a BMinG; § 10 II a B-W MinG; Art. 10 I Nr. 2 Bay StRG; § 11 I Nr. a Berl MinG; § 8 II Brb MinG; § 4 I Brem SenG; § 12 I Nr. 1 a Hamb SenG; § 1 II 1 Nr. 1 Hess LRegBezügeG; § 9 M-V MinG; § 9 I Nr. 1 Nds MinG; § 7 I 1 a N-W MinG; § 9 I R-P MinG; § 8 II a Saar MinG; § 8 II a Sächs MinG; § 9 I 1 Nr. 1 S-A MinG; § 7 S-H MinG; § 8 I Nr. 1 Thür MinG.

[58] Demgegenüber zwang das Bundesverfassungsgericht die Gesetzgeber in Bund und Länder zur direkten Angabe der Abgeordnetenentschädigung mit einem Geldbetrag (BVerfGE 40, 296).

[59] Willand, S. 6 ff.

[60] Vgl. § 73 BBesG i. V. m. § 2 I BesÜV i. V. m. BBV AnpG 2000.

Berechnung des Amtsgehalts der Regierungsmitglieder in den neuen Bundesländern ist mithin das B 10 oder B 11 Grundgehalt mit 0,9 zu multiplizieren[61].

Neben dem Amtsgehalt erhalten die Regierungsmitglieder einen Orts- bzw. Familienzuschlag. Der Ortszuschlag wird nur noch für Regierungsmitglieder im Bund, in Rheinland-Pfalz und im Saarland gewährt. In allen anderen Bundesländern ist der Ortszuschlag durch einen Familienzuschlag für Regierungsmitglieder ersetzt worden[62]. Er wird dabei nach dem gleichen Berechnungsschema ermittelt wie das Amtsgehalt der Regierungsmitglieder, d. h. Grundlage der Berechnung ist ein Verweis in den Ministergesetzen des Bundes und der Länder[63] auf den bis 1997 geltenden Orts- bzw. den ab 1997 geltenden Familienzuschlag der Beamtenbesoldungsgruppe B 10 oder B 11[64]. Dieser somit ermittelte Betrag wird durch die Berücksichtigung der Nichtanpassungsgesetze und der Überleitungsregelungen aus Anlass der Herstellung der Einheit Deutschlands konkretisiert.

Fernerhin haben die Regierungsmitglieder des Bundes und der Länder einen Rechtsanspruch auf eine jährliche Sonderzuwendung (Weihnachtsgeld). Dieser Anspruch ist in der ganz überwiegenden Zahl der Bundesländer in den Ministergesetzen geregelt[65]. Für die Regierungsmitglieder des Bundes, Baden-Württembergs und Hessens ist dieser Anspruch in speziellen Sonderzuwendungsgesetzen enthalten[66]. In Schleswig-Holstein ergibt sich der Anspruch auf eine Sonderzuwendung aus Art. IV des Haushaltsgesetzes von 1997, der eine Änderung des Ministergesetzes beinhaltet[67]. Berechnungsgrundlage für die Sonderzuwendung ist nach all diesen Regelungen entweder nur das monatliche Amtsgehalt des Regierungsmitglieds oder das monatliche Amtsgehalt zuzüglich des Orts- bzw. Familienzuschlags des Regierungsmitglieds.

Bei Anwendung des gerade skizzierten Berechnungsschemas ergeben sich für die verheirateten Regierungsmitglieder des Bundes und der Länder für das Jahr 2002 folgende steuerpflichtige Amtsbezüge: Regierungschefs erhalten zwischen 199.008 Euro für das Amt des Bundeskanzlers und 108.617 Euro für das Amt des Ministerpräsidenten in Thüringen. Einfache Regierungsmitglieder erhalten zwischen 162.292 Euro für das Amt des Senators in Hamburg und 108.617 Euro für das Amt des einfachen Regierungsmitglieds in Thüringen.

---

[61] Vgl. Willand, S. 12.
[62] Vgl. Willand, S. 10 f.
[63] § 11 I 1 a BMinG; § 10 II b B-W MinG; Art. 10 I Nr. 2 Bay StRG; § 11 I Nr. b Berl MinG; § 8 II Brb MinG; § 4 Brem SenG; § 12 I Nr. 1 b Hamb SenG; § 1 II 1 Nr. 2 Hess LRegBezügeG; § 9 M-V MinG; § 9 Nds MinG; § 7 I 1 b N-W MinG; § 9 I R-P MinG; § 8 II b Saar MinG; § 8 II b Sächs MinG; § 9 I 1 Nr. 1 S-A MinG; § 7 II S-H MinG; § 8 Thür MinG.
[64] Durch das Dienstrechtsreformgesetz von 1997 (BGBl I S. 322) ist der Ortszuschlag für Beamte durch einen Familienzuschlag ersetzt worden.
[65] Art. 10 I Nr. 4 Bay StRG; § 21 II Berl SenG; § 8 V Brb MinG; § 4 IV Brem MinG; § 12 I Nr. 2 Hamb SenG; § 1 II 1 Nr. 3 Hess LRegBezügeG; § 9 V M-V MinG; § 9 a Nds MinG; § 7 IV N-W MinG; § 9 I Nr. 1 R-P MinG; § 8 IV Saar MinG; § 8 II Nr. a Sächs MinG; § 9 I 1-2 S-A MinG; § 8 VII Thür MinG.
[66] Bundessonderzuwendungsgesetz; § 1 Nr. 1 B-W MinG; § 4 Hess LRegBezügeG.
[67] S-H GVBl 1997, S. 111, 128.

II. Steuerfreie Aufwandsentschädigung

Die Aufwandsentschädigungen, welche die Regierungsmitglieder des Bundes und der Länder auf Grund der jeweiligen Ministergesetze[68] erhalten, sind gemäß § 3 Nr. 12 S. 1 EStG steuerfreie Einkünfte. Die Regierungsmitglieder erhalten diese Aufwandsentschädigungen ohne Nachweis der tatsächlichen Höhe ihres finanziellen Aufwandes. Aufwandsentschädigungen, die nicht vollständig für amtsbedingte Ausgaben verbraucht werden, müssen nicht zurückgezahlt werden[69]. Die Höhe der jährlichen, steuerfreien Aufwandsentschädigung für die Regierungschefs liegt im Jahr 2002 zwischen 14.112 Euro für die Ministerpräsidenten in Bayern/Nordrhein-Westfalen und 3.190 Euro für den Ministerpräsidenten in Hessen. Die Höhe der steuerfreien Aufwandsentschädigung für die Minister liegt zwischen 7.976 Euro für die Minister in Bayern/Nordrhein-Westfalen und 1.718 Euro für die Minister in Schleswig-Holstein.

III. Sonstige Leistungen während der Amtszeit

Im folgenden werden die wesentlichen sonstigen Leistungen dargestellt, die die Regierungsmitglieder des Bundes und der Länder während ihrer Amtszeit erhalten.

1. Tagegelder und Reisekostenerstattung

Gemäß § 12 IV BMinG erhalten Regierungsmitglieder des Bundes bei amtlicher Tätigkeit außerhalb des Sitzes der Bundesregierung Tagegelder und Entschädigungen für Reisekosten. Eine detaillierte Bestimmung über Tagegelder und Entschädigungen für Regierungsmitglieder des Bundes hat gemäß § 12 V BMinG der Bundesminister des Inneren nach gutachterlicher Äußerung des Präsidenten des Bundesrechungshofs erlassen[70]. Auch für die Regierungsmitglieder der Länder sind Tagegelder und Entschädigungen für Reisekosten in den Ministergesetzen[71] vorgesehen, die entweder auf beamtenrechtliche Regelungen verweisen oder durch spezielle Verordnungen für Regierungsmitglieder präzisiert werden.

---

[68] § 11 I 1 c BMinG; § 10 II c B-W MinG; Art. 10 I Nr. 4 Bay StRG; § 11 I Nr. c Berl SenG; § 8 III Brb MinG; § 4 Brem MinG; § 12 II Hamb SenG; § 1 II 1 Nr. 3 Hess LRegBezügeG; § 9 II Nr. 3 M-V MinG; § 9 I Nr. 2 Nds MinG; § 7 I 1 c N-W MinG; § 9 I Nr. 3 R-P MinG; § 8 II Nr. d Saar MinG; § 8 II Nr. c Sächs MinG; § 9 I 1 Nr. 2 S-A MinG; § 7 III S-H MinG; § 8 I 1 Nr. 2 Thür MinG.

[69] Willand, S. 17.

[70] Vgl. §§ 10, 11 der Bestimmungen über Amtswohnungen, Umzugskostenentschädigung, Tagegelder und Entschädigung für Reisekosten der Mitglieder der Bundesregierung.

[71] § 12 I B-W MinG; Art. 12 II Bay StRG; § 12 I Berl SenG; § 9 II Brb MinG; § 16 Brem SenG; § 12 III Hamb SenG; § 2 III Hess LRegBezügeG; § 11 M-V MinG; § 10 Nds MinG; § 8 II, III N-W MinG; § 9 II R-P MinG; § 10 II, III Saar MinG; § 10 I Sächs MinG; § 10 II S-A MinG; § 8 II S-H MinG; § 8 II Thür MinG.

2. Sonderfall der Flugbereitschaft

Ein Sonderfall des Reisens von Regierungsmitgliedern ist die Nutzung der Flugbereitschaft des Bundesverteidigungsministeriums, dessen angeblich privater Gebrauch durch Politiker wiederholt Kritik hervorgerufen hat[72]. Auch in dieser Legislaturperiode waren mit Bundesfinanzminister Hans Eichel[73] und Bundesverteidigungsminister Rudolf Scharping[74] zwei Regierungsmitglieder des Bundes dem Vorwurf der privaten Nutzung der Bundeswehrmaschinen ausgesetzt, der jedoch in beiden Fällen bei einer Überprüfung nicht nachgewiesen werden konnte. Im folgenden wird kurz beschrieben, nach welchen Kriterien sich die Benutzung der Bundeswehrmaschinen durch Regierungsmitglieder richtet.

Rechtsgrundlage für die Benutzung der Bundeswehrmaschinen durch Regierungsmitglieder ist die Richtlinie des Bundesverteidigungsministeriums vom 1. 4. 1998 für den Einsatz von Luftfahrzeugen der Flugbereitschaft des Bundesverteidigungsministeriums zur Beförderung von Personen des politischen und parlamentarischen Bereichs[75]. Anforderungsberechtigt für die Sonderflüge sind gemäß Nrn. 2.3, 2.4 und 2.5 dieser Richtlinie der Präsident des Bundesrates, der Bundeskanzler und die Bundesminister. Nr. 3.1 der Richtlinie bestimmt, dass die Anforderungsberechtigten die Luftfahrzeuge der Flugbereitschaft des Bundesverteidigungsministeriums nur für Reisen in Ausübung ihrer amtlichen Tätigkeit und nur dann anfordern dürfen, wenn der Zweck der Reise bei der Benutzung öffentlicher Verkehrsmittel oder von Kraftfahrzeugen nicht erreicht werden kann oder wenn andere zwingende Amtsgeschäfte ohne Benutzung des Luftfahrzeugs der Flugbereitschaft nicht erledigt werden können. Dabei ist zu berücksichtigen, dass die durch den Flug mit der Flugbereitschaft der Bundeswehr verursachten Kosten in einem angemessenen Verhältnis zur Bedeutung und Dringlichkeit des Amtsgeschäfts und den damit verbundenen Bundesinteressen stehen müssen. Die Bestimmungen der Bundeshaushaltsordnung, insbesondere die Grundsätze einer sparsamen Haushaltsführung gemäß §§ 7, 34 BHO sind zu beachten. Die notwendigen Mittel für die Flugbereitschaft des Bundesverteidigungsministeriums werden gemäß Nr. 5.1 der Richtlinie im Verteidigungshaushalt bereitgestellt.

3. Dienstwagen

Für die Bundesregierung gilt für die Benutzung von Dienstwagen seit dem 1. 7. 1993 die Richtlinie für die Nutzung von Dienstkraftfahrzeugen in der Bundesverwaltung[76].

---

[72] Der ehemaligen Bundestagspräsidentin Rita Süssmuth wurde vorgeworfen, die Flugbereitschaft der Bundeswehr für Privatflüge genutzt zu haben. Der Ältestenrat des Bundestages entschied jedoch nach einem Prüfbericht des Bundestagsvizepräsidenten, Hans Ulrich Klose, alle Flüge Süssmuths seien dienstlich gewesen. Vgl. DER SPIEGEL 52/1996, 22 ff.; Marc Gellert, DIE WELT v. 27. 12. 2000, 3.

[73] Michael J. Inacker, DIE WELT v. 27. 12. 2000, 3.

[74] DER SPIEGEL 37/2001, 22 ff.

[75] Angefordert beim Haushaltsausschuss des Deutschen Bundestages.

[76] GMBl 1993, S. 398.

Gemäß § 14 I dieser Richtlinie werden den Mitgliedern der Bundesregierung Dienstkraftfahrzeuge zur alleinigen und uneingeschränkten Nutzung zugeteilt. Gemäß §§ 15 I 1, 16 I dieser Richtlinie dürfen die Mitglieder der Bundesregierung diese Dienstkraftfahrzeuge auch höchstpersönlich führen und Privatpersonen mitnehmen. Gemäß § 20 I dieser Richtlinie haben die Mitglieder der Bundesregierung auch für Privatfahrten kein Entgelt zu entrichten. Die Benutzung von Dienstwagen durch Mitglieder der Landesregierungen ist in Richtlinien[77], Verwaltungsvorschriften[78] oder Kabinettsbeschlüssen[79] der Länder geregelt, deren Inhalt im Wesentlichen der Richtlinie für die Nutzung von Dienstkraftfahrzeugen in der Bundesverwaltung entspricht.

4. Amtswohnung

Der Bundeskanzler hat gemäß § 12 I 1 BMinG Anspruch auf eine Amtswohnung mit Ausstattung. Den Bundesministern kann gemäß § 12 I 2 BMinG eine Amtswohnung zugewiesen werden. Die genauen Bestimmungen über die Amtswohnungen der Regierungsmitglieder des Bundes sind gemäß § 12 V BMinG vom Bundesinnenminister in einer Verordnung erlassen worden[80].

Der Ministerpräsident im Saarland hat einen Anspruch auf eine Amtswohnung. Den Regierungsmitgliedern in Baden-Württemberg, Brandenburg, Berlin, Bremen, Mecklenburg-Vorpommern, dem Saarland, Sachsen-Anhalt, Schleswig-Holstein und Thüringen kann eine Amtswohnung zugewiesen werden. Für diese Amtswohnungen kommen im Wesentlichen die Vorschriften über die Dienstwohnungen der Landesbeamten sinngemäß zur Anwendung[81]. In Hessen kann den Mitgliedern der Landesregierung eine Amtswohnung zugewiesen werden; die hierfür zu entrichtende ortsübliche Miete wird durch die Staatsbauverwaltung festgesetzt. Ergänzende Bestimmungen über die Amtswohnungen erlässt das hessische Ministerium für Finanzen[82]. In den übrigen Bundesländern sind keine Dienstwohnungen für Regierungsmitglieder vorgesehen.

---

[77] Brandb ABl 1998, S. 461 ff.; Brem ABl 1996, S. 34 ff.; Richtlinie in Hessen nicht veröffentlicht (angefordert beim Hessischen Ministerium der Finanzen); M-V ABl 1998, Nr. 45; Nds MBl 1996, S. 196 ff.; N-W MBl 1999, S. 396 ff; S-A MBl 1999, S. 470 ff.; S-H ABl 1977, S. 2 ff.

[78] B-W GABl 1988, S. 241 ff.; Berl Dienstblatt des Senats 1978, S. 43 ff.; R-P MBl 1994, S. 2 ff.; Saar MBl 1989, S. 421 ff.; Sächs ABl 1999, S. 134 ff.

[79] Kabinettsbeschluss der Bayerischen Staatsregierung vom 20. 2. 1968 (nicht veröffentlicht; angefordert beim Bayerischen Staatsministerium der Finanzen); Senatsbeschluss des Hamburger Senats vom 22. 6. 1954 (nicht veröffentlicht; angefordert bei der Finanzbehörde der Freien und Hansestadt Hamburg); Kabinettsbeschluss der Thüringer Regierung vom 23. 5. 1995 (nicht veröffentlicht; angefordert beim Thüringer Finanzministerium).

[80] Zuletzt geändert durch Verordnung v. 9. 2. 1995, BGBl I S. 192.

[81] Vgl. § 10 III B-W MinG; § 8 VI Brb MinG; § 11 III Berl SenG; § 10 M-V MinG; § 9 Saar MinG; § 10 I S-A MinG; § 7 VI S-H MinG; § 8 II 1 Thür MinG.

[82] Vgl. § 2 II Hess LRegBezügeG.

IV. Übergangsgeld

Das Übergangsgeld für ehemalige Regierungsmitglieder hat die Aufgabe, Regierungsmitgliedern nach ihrem Ausscheiden aus der Regierung den Übergang in eine frühere oder eine andere berufliche Tätigkeit finanziell zu ermöglichen, jedenfalls zu erleichtern. Dieser Zweck ist erreicht, sobald ein angemessenes anderweitiges Einkommen erzielt wird[83]. Die Regelung des Übergangsgelds für ehemalige Regierungsmitglieder erfolgt in den Ministergesetzen[84]. Im Regelfall haben Regierungsmitglieder unabhängig von einer Mindestamtszeit Anspruch auf ein Mindestübergangsgeld von sechs Monaten nach der Entlassung, von denen innerhalb der ersten drei die vollen und danach die halben steuerpflichtigen Amtsbezüge gezahlt werden. In Brandenburg, Hamburg, Sachsen und Sachsen-Anhalt läuft das Mindestübergangsgeld nur drei Monate in voller Höhe, in Mecklenburg-Vorpommern und Schleswig-Holstein nur einen Monat.

Bei längerer Amtszeit wird das Übergangsgeld für die gleiche Anzahl von Monaten geleistet, wie der ehemalige Minister der Regierung angehörte; die ersten drei Monate in voller Höhe der steuerpflichtigen Amtsbezüge, später davon die Hälfte. Die Höchstlaufzeit liegt in den meisten Bundesländern bei zwei Jahren. Drei Jahre Übergangsgeld stehen den ehemaligen Regierungsmitgliedern des Bundes und von Brandenburg, Rheinland-Pfalz und Sachsen-Anhalt zu, sofern sie mindestens drei Amtsjahre absolviert haben. Demgenüber erlaubt das Ministergesetz Thüringens höchstens ein Jahr Übergangsgeld. Auf Grund der Kumulation mit anderen Einkünften kann das Übergangsgeld der Regierungsmitglieder im Einzelfall ganz oder teilweise gekürzt werden[85].

V. Versorgungsansprüche

Alle Ministergesetze sehen einen lebenslangen Versorgungsanspruch für ehemalige Regierungsmitglieder und ihre Hinterbliebenen vor, dessen Kern in einem Anspruch auf ein Ruhegehalt besteht[86]. Das Ruhegehalt berechnet sich auf der Basis der Amtsbezüge je nach der Länge der Amtszeit. Eine Anwartschaft entsteht erst nach einer Mindestamtszeit, die zwischem knapp einer halben und einer vollen Legislaturperiode

---

[83] Vgl. zur Berechtigung von Übergangsgeld für ehemalige Regierungsmitglieder z. B. den Entwurf der Landesregierung zur Änderung des Landesministergesetzes von Mecklenburg-Vorpommern vom 29. 1. 1994, M-V LT-Drucks. 1/4074, S. 1.

[84] §§ 14 BMinG; § 15 B-W MinG; Art. 14 Bay StRG; § 16 Berl MinG; § 11 Brb MinG; § 6 Brem MinG; § 13 Hamb MinG; § 4 Hess LRegBezügeG; § 13 M-V MinG; § 12 Nds MinG; § 10 N-W MinG; § 11 R-P MinG; § 12 Saar MinG; § 12 Sächs MinG; § 12 S-A MinG; § 10 S-H MinG; § 10 Thür MinG.

[85] Ausführlich zum Übergangsgeld der Regierungsmitglieder, Willand, S. 23 ff.

[86] §§ 13, 15-17 BMinG; §§ 14, 16-21 B-W MinG; Art. 13, 15-19 Bay StRG; §§ 15, 17-19 Berl SenG; §§ 10, 12-14 Brb MinG; §§ 9-14 Brem SenG; §§ 14-15 Hamb SenG; §§ 5-8 Hess LRegBezügeG; §§ 12, 14-17 M-V MinG; §§ 11, 13-15 Nds MinG; §§ 9, 11-13 a N-W MinG; §§ 10, 12-16 R-P MinG; §§ 11, 13-15 a Saar MinG; §§ 11, 13-19 Sächs MinG; §§ 11, 13-15 S-A MinG; §§ 9, 11-13 S-H MinG; §§ 9, 11-13 Thür MinG.

liegt. Das Ruhegehalt wird nach dem Ausscheiden aus dem Amt teilweise – altersunabhängig – sofort fällig, teilweise erst ab einer bestimmten Altersgrenze, die häufig bereits nach drei Amtsjahren auf 55 Lebensjahre absinkt[87]. Der lebenlange Versorgungsanspruch liegt z. B. nach einer fünfjährigen Amtszeit als Regierungsmitglied zwischen 31,5 % der Amtsbezüge im Bund, in Bayern, Bremen, Hessen, Niedersachsen, Nordrhein-Westfalen sowie im Saarland und 47,5 % in Sachsen[88].

VI. Sonderfall der ehrenamtlichen Staatsräte in Baden-Württemberg

Die bisherigen Ausführungen zu den finanziellen Leistungen des Staates an seine Regierungsmitglieder sind auf die ehrenamtlichen Staatsräte in Baden-Württemberg nicht anwendbar[89]. Ehrenamtliche Staatsräte in Baden-Württemberg sind besondere Berater der Regierung oder Bearbeiter einzelner kleiner Fragekreise. Sie dürfen im Gegensatz zu den übrigen Regierungsmitgliedern ein anderes besoldetes Amt, ein Gewerbe oder einen sonstigen Beruf ausüben[90]. Sie erhalten gemäß § 13 B-W MinG für ihre Regierungstätigkeit nur eine Entschädigung, deren Höhe im Haushaltsplan festgelegt wird. Im Jahre 2002 beträgt die, im Staatshaushaltsplan 2002/2003 des Landes Baden-Württemberg festgesetzte, jährliche Entschädigung für den einzigen ehrenamtlichen Staatsrat 39 000 Euro[91]. Dieser Betrag setzt sich aus einer Entschädigung für den Dienstausfall und einer Entschädigung für Fahrkosten zusammen.

VII. Zusammenfasssung und Bewertung

Die Regierungsmitglieder des Bundes und der Länder erhalten vom Staat steuerpflichtige Amtsbezüge, eine steuerfreie Aufwandsentschädigung, eine Reihe sonstiger Leistungen während der Amtszeit, Übergangsgeld und ein Ruhegehalt. Diese finanziellen Leistungen des Staates an die Regierungsmitglieder stellen deren finanzielle Unabhängigkeit während der Amtszeit, während des Übergangs in eine andere berufliche Tätigkeit und nach dem Ausscheiden aus dem Berufsleben sicher. Mithin ermöglichen sie zum einen, dass nicht nur „Wohlhabende“ die Möglichkeit haben, sich als Regierungsmitglied für den Staat zu engagieren[92]. Zum anderen bewirken sie, dass Regierungsmitglieder weder während ihrer Amtszeit noch nach ihrem Aussscheiden aus dem Amt auf die finanzielle Unterstützung Dritter angewiesen sind.

---

[87] Willand, S. 204.

[88] Vgl. den nicht veröffentlichten Bericht der unabhängigen Kommission zur Neuordnung der Bezüge von Mitgliedern der Landesregierungen in Bayern und Nordrhein-Westfalen, München/Düsseldorf 2000, S. 12 (Bericht der sogenannten Berger-Kommission, angefordert bei der Staatskanzlei der Landes Nordrhein-Westfalen).

[89] Der einzige ehrenamtliche Staatsrat der aktuellen B-W Regierung ist Prof. Dr. Konrad Beyreuther.

[90] Braun, Art. 45 Rn. 14.

[91] Kapitel 00201 Titel 42101 des Staatshaushaltsplans des Landes Baden-Württemberg für das Haushaltsjahr 2002-2003.

[92] Vgl. von Arnim, Diener vieler Herren, S. 16 f.

Dennoch gibt die bisherige Regelung der finanziellen Leistungen des Staates an die Regierungsmitglieder in den folgenden sechs Punkten Anlass zur Kritik:

Erstens ist die komplizierte Art der Berechnung der steuerpflichtigen Amtsbezüge unter Berücksichung des Beamtenbesoldungsgesetzes, der Nichtanpassungsgesetze, der Sonderzuwendungsgesetze und der Überleitungsregelungen aus Anlass der Herstellung der Einheit Deutschlands für einen Großteil der Bevölkerung nicht nachvollziehbar[93]. Um die Tranzparenz der Amtsbezüge zu erhöhen ist es mithin wünschenswert, dass die Amtsbezüge der Regierungsmitglieder in den Ministergesetzen mit einem genauen Geldbetrag angegeben werden.

Zweitens erscheinen die Amtsbezüge in einem Vergleich mit den Gehältern von Führungskräften aus anderen öffentlichen und privaten Bereichen als zu gering[94]. Bei einer Änderung der Amtsbezüge ist daher zum einen zu berücksichtigen, dass die Amtsbezüge den Anforderungen an die persönlichen und fachlichen Qualifikationen, den Aufgabenumfang, die Arbeitsbelastung und den Verantwortungsbereich der Regierungsmitglieder gerecht werden sowie die Attraktivität des Regierungsamts für interessierte und qualifizierte Pesönlichkeiten aus allen gesellschaftlichen Bereichen erhöhen[95]. Zum anderen muss jedoch berücksichtigt werden, dass für Regierungsmitglieder Geld nicht der alleinige Anreiz für ihr Engagement in der Politik sein darf und überdies bei der Verwendung von Mitteln aus öffentlichen Kassen besondere Sorgfalt und Sparsamkeit geboten ist. Insgesamt erscheint aber eine signifikante Anhebung der Amtsbezüge der Regierungsmitglieder angemessen[96].

Drittens ist auf Grund der soeben vorgeschlagenen Anhebung der Amtsbezüge eine weitergehende Kompensation der Regierungsmitglieder durch eine steuerfreie Aufwandspauschale, die oft ein verdecktes, steuerfreies Zusatzeinkommen darstellt, nicht erforderlich[97]. Vielmehr sollten nur noch konkrete, dienstlich veranlasste Aufwendungen durch die Staatskasse erstattet werden.

Viertens sollten die Kosten der Nutzung der Flugbereitschaft der Bundeswehr nach einem Kostenverursachungsprinzip auf die einzelnen Anforderungsberechtigten umgelegt werden, d. h. die Ausgaben für die Flugbereitschaft sollten dezentral in den Einzelplänen der Ministerien der Nutzer veranschlagt werden[98]. Diese Veränderung lässt eine Reduzierung der Nutzung der Flugbereitschaft auf wirklich notwendige Flüge erhoffen.

---

[93] Vgl. Willand, S. 7.

[94] Berger-Kommission, S. 22 ff.

[95] Die Komplexität der Aufgaben und das Leistungsprofil eines Regierungsmitglieds beschreibt Eschenburg, S. 675.

[96] Eine ungefähre Verdoppelung der Amtsbezüge der Regierungsmitglieder wird im Abschlussbericht der sogenannten Berger-Kommission gefordert. Sie weist zutreffend darauf hin, dass auch die verdoppelten Amtsbezüge nur ungefähr ein Drittel des Einkommens von deutschen Spitzenmanagern in der Wirtschaft ausmachen würden, S. 5. Willand, S. 209 ff. fordert noch höhere Amtsbezüge für Regierungsmitglieder.

[97] Vgl. von Arnim, Diener vieler Herren, S. 17.

[98] Diese Veränderung hat der Haushaltsausschuss des Deutschen Bundestages am 17. 1. 2001 beschlossen (angefordert beim Haushaltsausschuss des Deutschen Bundestages). Eine Umsetzung ist jedoch bis heute nicht erfolgt.

Fünftens sollte das Übergangsgeld im Bund und in allen Bundesländern auf maximal zwei Jahre begrenzt werden, da eine noch längere Zahlung des Übergangsgeldes nicht mehr der Aufnahme einer anderen beruflichen Tätigkeit dient, sondern Versorgungscharakter hat. Eine noch weitergehende Reduzierung des Übergangsgelds ist jedoch abzulehnen, da in der Bundesrepublik Deutschland vor allem nach einer längeren Ministerlaufbahn der Übergang in eine andere berufliche Tätigkeit mit erheblichen Schwierigkeiten und Aufwendungen verbunden sein kann[99].

Sechstens entspricht das hohe, an das Beamtenrecht angelehnte Ruhegehalt nicht den Kriterien der „normalen Arbeitswelt" unserer heutigen Leistungsgesellschaft und ist für normale Beschäftigte schwer vermittelbar. Überdies birgt die Voraussetzung einer Mindestamtszeit für das Entstehen eines lebenslangen Versorgungsanspruchs die Gefahr, dass Regierungsmitglieder bis zum Erreichen der Mindestamtszeit diesen erheblichen finanziellen Anreiz bei ihren politischen Entscheidungen berücksichtigen, um den Amtsverlust zu vermeiden[100]. Stattdessen ist eine Umstellung auf ein Kapitaldeckungsverfahren mit monatlichen Beiträgen bei Anlehnung an in der Wirtschaft übliche Beitragshöhen wünschenswert[101].

[99] Vgl. Berger-Kommision, S. 31.
[100] Willand, S. 118 ff.
[101] Vgl. Berger-Kommission, S. 32 ff.

2. Teil: Problemstellung

§ 3: Fallgruppen der Interessenkonflikte der Regierungsmitglieder

Im folgenden werden anhand von Fällen aus der politischen Wirklichkeit tatsächlich existierende Interessenkonflikte der Regierungsmitglieder des Bundes und der Länder aufgezeigt[102]. Ein Interessenkonflikt im Sinne dieser Arbeit liegt dabei vor, wenn die vom Regierungsmitglied wahrzunehmenden Aufgaben durch Interessen tangiert werden, die in der Person des Regierungsmitglieds oder in einem anderen Amt des Regierungsmitglieds begründet sind und sich durch objektive Umstände manifestieren[103]. Um eine übersichtlichere Darstellung der Fülle von Interessenkonflikten der Regierungsmitglieder zu erreichen, sind diese auf der Grundlage vergleichbarer Lebenssachverhalte in vier Fallgruppen eingeteilt.

I. Interessenkonflikte durch die Mitgliedschaft im Parlament derselben Staatsebene

Die Bundesregierung setzt sich seit dem Bestehen der Bundesrepublik Deutschland vor allem aus Abgeordneten des Deutschen Bundestages zusammen[104]. Dies gilt auch für die aktuelle Bundesregierung; zehn ihrer fünfzehn Mitglieder gehören gleichzeitig dem Deutschen Bundestag an[105]. Eine ähnliche Anzahl von Doppelmitgliedschaften in Regierung und Parlament derselben Staatsebene findet man – Bremen und Hamburg ausgenommen - in allen deutschen Bundesländern. Diese Doppelmitgliedschaften können im Einzelfall zu einer Reihe von Konflikten zwischen den Aufgaben eines Regierungsmitglieds und denen eines Abgeordneten führen.

Zu nennen sind in diesem Zusammenhang auf Bundesebene das Zitierrecht gemäß Art. 43 I GG, die Einsetzung eines parlamentarischen Untersuchungsausschusses gemäß Art. 44 I GG und die Vertrauensfrage nach Art. 68 GG[106]. So kann nach Art. 43 I GG sowohl der Bundestag als auch jeder seiner Ausschüsse die Anwesenheit jedes Mitglieds der Bundesregierung verlangen. Dieses auf der Kontrollfunktion des Bundestages beruhende Recht wird jedoch immer dann entwertet, wenn das betreffende Regierungsmitglied als Abgeordneter über die eigene Herbeizitierung mitabstimmt[107]. Auch bei der Abstimmung über die Einsetzung eines Untersuchungsausschusses gemäß Art. 44 GG zur Kontrolle der Regierung kann nicht mit einer

---

[102] Die Darstellung der hier erwähnten Fälle erhebt keinen Anspruch auf Vollständigkeit. Sie konzentriert sich vor allem auf beispielhafte Fälle aus der jüngeren politischen Vergangenheit.

[103] Vgl. Hammer, S. 14.

[104] Meyer, VVDStRL 33 (1974), 69, 86.

105 Von den 188 Bundesregierungsmitgliedern seit 1949 gehörten sogar 152 zeitgleich dem Deutschen Bundestag an (vgl. für den Zeitraum 1949 - 15. 3. 2000 Epping in v. Mangoldt/Klein/Starck, Art. 66 Rn.21).

[106] V. Münch, NJW 1998, 34, 35.

[107] Meyer in Schneider/Zeh, § 4 Rn. 33.

objektiven Abstimmung der Minister-Abgeordneten gerechnet werden, da es sich um eine Abstimmung in eigener Sache handelt. Schließlich führt die Zulässigkeit der Doppelmitgliedschaft in Regierung und Parlament bei der Vertrauensfrage nach Art. 68 GG zu der Situation, dass sich der Bundeskanzler selbst das Vertrauen aussprechen muss[108]. Noch kurioser ist der Fall einer sogenannten vereinbarten negativen Vertrauensfrage[109]. In diesem Fall muss sich der Bundeskanzler bei enger Mehrheit selbst das Misstrauen aussprechen[110]. Alle soeben genannten Beispiele belegen, dass eine gegenseitige Kontrolle der Organe bei Personen(teil)identität schwer zu erreichen ist.

II. Gefährdung der Unabhängigkeit durch die Annahme von Vorteilen in Bezug auf das Amt

Die moralisch fragwürdige Annahme von Vorteilen in Bezug auf das Amt durch Regierungsmitglieder erregte immer wieder das Aufsehen der Öffentlichkeit und führte u. a. zum Rücktritt der Ministerpräsidenten Lothar Späth[111], Max Streibl[112] und Gerhard Glogowski[113]. Die Problematik der Annahme von Vorteilen in Bezug auf das Amt durch Regierungsmitglieder verdeutlicht sich überdies darin, dass sowohl der amtierende Bundeskanzler Gerhard Schröder als auch der amtierende Bundespräsident Johannes Rau sich Rücktrittsforderungen ausgesetzt sahen, als Berichte auftauchten, nach denen sie sich private Reisen während ihrer Amtszeiten als Ministerpräsident von Unternehmen haben finanzieren lassen[114]. Der jüngste Fall, der in diesem Zusammenhang zur Einsetzung eines Untersuchungsausschusses geführt hat, sind die Privatreisen des sächsischen Ministerpräsidenten Kurt Biedenkopf auf Kosten von Unternehmern. So übernahm während der Amtszeit Biedenkopfs allein der Flugdienst des

---

[108] V. Münch, NJW 1998, 34, 35.

[109] Das Bundesverfassungsgericht hat eine negative Vertrauensfrage in einem Ausnahmefall für verfassungsgemäß erklärt (BVerfGE 62, 1 ff.).

[110] V. Münch, NJW 1998, 34, 35.

[111] Der baden-württembergische Ministerpräsident Lothar Späth gab sein Amt 1991 auf, nachdem bekannt wurde, dass er mehrere Urlaubsreisen auf Kosten von Industrieunternehmen unternommen hat (Bericht des Untersuchungsausschusses des Baden-Württembergischen Landtages, B-W LT-Drucks. 10/6666).

[112] 1993 erklärte der bayerische Ministerpräsident Max Streibl seinen Rücktritt, als an die Öffentlichkeit gelangt war, dass einige seiner Fernreisen von Unternehmen finanziert worden waren (Bericht des Untersuchungsausschusses des Bayerischen Landtages, Bay LT-Drucks. 12/15594).

[113] 1999 trat der niedersächsische Ministerpräsident Gerhard Glogowski von seinem Amt zurück, nachdem u. a. bekannt wurde, dass Teile seiner Hochzeitsfeier von privaten Unternehmen finanziert wurden sowie Herr Glogowski die Kosten seiner Hochzeitsreise erst im Anschluss an kritische Presseberichte bezahlt hatte (Bericht des 18. Parlamentarischen Untersuchungsausschusses des Landes Niedersachsen, Nds LT-Drucks. 14/1691).

[114] Gerhard Schröder besuchte 1996 während seiner Amtszeit als niedersächsischer Ministerpräsident mit seiner damaligen Frau Hiltrud den Opernball in Wien auf Einladung und Kosten des VW-Konzerns (DER SPIEGEL 9/1996, 38). Johannes Rau wurde unterstellt, während seiner Amtszeit als nordrhein-westfälischer Ministerpräsident auf Kosten der WestLB zu seinem Urlaubsort geflogen zu sein (Zwischenbericht des Parlamentarischen Untersuchungsausschusses IV des Landes Nordrhein-Westfalen, N-W LT-Drucks. 12/4870).

Bauunternehmers Barth die Kosten für neun Flüge Biedenkopfs. Diese Flüge erhalten durch die Vermietung einer Immobilie Barths in Leipzig an das Land Sachsen eine besondere Brisanz. Das Leipziger Liegenschaftsamt wurde durch einen persönlichen Referenten des Ministerpräsidenten und einen Abteilungsleiter des Finanzministeriums zu einem für das Land Sachsen nachteiligen Vertragsabschluss mit Barth gedrängt. Ein persönliches Einwirken Biedenkopfs in die Anmietung der Immobilie von Herrn Barth wurde jedoch nicht bewiesen[115].

In allen genannten Fällen haben die Regierungsmitglieder durch die zumindest moralisch fragwürdige Annahme von Vorteilen in Bezug auf das Amt den Eindruck einer Befangenheit bei der Bevölkerung erzeugt. Es entstand in der Öffentlichkeit der Eindruck, Regierungsmitglieder würden ihr Amt zur Mehrung von persönlichen Vorteilen missbrauchen. Überdies wurde in Einzelfällen der Vorwurf erhoben, dass Regierungsmitglieder sich durch die angenommenen Vorteile in ihrer Amtsführung haben beeinflussen lassen.

III. Entscheidungen in eigenen Angelegenheiten

Wiederholt waren Regierungsmitglieder in der Vergangenheit dem Vorwurf ausgesetzt, Entscheidungen in eigenen Angelegenheiten getroffen zu haben. Es wurde in diesem Zusammenhang beanstandet, dass Regierungsmitglieder ihr Amt dazu benutzt haben sollen, sich, ihrer Familie oder Freunden Vorteile zu verschaffen. Gegenstand dieser Vorwürfe war u. a. das Verhalten der Regierungsmitglieder Jürgen W. Möllemann, Monika Griefahn, Margarethe Nimsch, Helgrit Fischer-Menzel und Helmut Holter.

Der ehemalige Bundeswirtschaftsminister Möllemann empfahl in einem Brief auf dem Papier seines Ministeriums ein Produkt eines Verwandten an die Vorstände großer deutscher Handelsketten. Diese sollten sich mit seinem Verwandten „zusammensetzen“[116]. Die ehemalige niedersächsische Umweltministerin Griefahn soll ihr Amt zugunsten ihres Ehemannes Michael Baumgart und dessen Umweltkonzept für die Weltausstellung „Expo 2000“ missbraucht haben. Frau Griefahn wird dabei vorgeworfen, dass sie sich immer wieder dafür eingesetzt habe, das von ihrem Mann geleitete EPEA-Institut maßgeblich an der betont ökologisch konzipierten „Expo neuen Typs“ zu beteiligen[117]. Frau Nimsch trat als hessische Ministerin für Umwelt, Energie, Jugend, Familie und Gesundheit zurück, nachdem bekannt wurde, dass sie einer Freundin ohne Ausschreibung Staatsaufträge in Höhe von rund 25.000 Euro verschafft hatte. Überdies musste Frau Nimsch vor dem Hessischen Landtag zugeben, dass sie trotz fachlicher und haushaltlicher Einwände ihres Ministeriums der Zwei-Personen-Firma einer anderen Freundin schon vor der Ausschreibung Aufträge mit einem Finanzvolumen von rund 250.000 Euro zugesagt hatte[118]. Frau Fischer-Menzel, ehemalige Senatorin in Hamburg, wurde zum politischen Verhängnis, dass auf ihren Druck

---

[115] FAZ v. 13. 12. 2001, 1.
[116] DER SPIEGEL 53/1992, 21 ff.
[117] 15. Untersuchungsausschuss des Landes Niedersachsen, Nds LT-Drucks. 13/1950.
[118] F. A. Z. v. 23. 2. 1998, S. 1 f.

ein 650.000 Euro Projekt von ihrer Behörde an eine Stiftung vergeben wurde, deren Geschäftsführer ihr Ehemann war, obwohl die zuständigen Mitarbeiter das Projekt schon an eine andere Organisation vergeben hatten[119]. Schließlich hat der amtierende mecklenburgische Arbeits- und Bauminister sowie stellvertretende Ministerpräsident Holter unmittelbar nach seiner Amtsübernahme eine 124 % ige Steigerung der Fördermittel an die SBW Aus- und Fortbildungsgesellschaft für Wirtschaft und Verwaltung bewilligt. Hierbei ist anzumerken, dass Gesellschafterin der SBW GmbH die Unternehmerin Wegrad-Paul ist, die Frau von Holters Staatssekretär Joachim Wegrad. Besondere Brisanz erhält diese Bewilligung überdies dadurch, dass Katarina Holter, die Ehefrau des Ministers, die Mitarbeiterin von Frau Wegrad Paul bei der SBW GmbH ist[120].

IV. Interessenkonflikte durch die Mitgliedschaft im Aufsichtsrat von Wirtschaftsunternehmen

Viele Bundes- und insbesondere Landesminister bekleiden neben ihrem Regierungsamt Mandate in Aufsichtsräten von Wirtschaftsunternehmen[121]. Eine Aufstellung von Thomas Veen aus dem Jahre 1996 ergab die Mitgliedschaft in 176 Aufsichtsräten durch Mitglieder der Bundes- oder der Landesregierungen, ohne dabei Anspruch auf Vollständigkeit zu erheben[122].

Problematisch ist die Tätigkeit von Regierungsmitgliedern im Aufsichtsrat eines Unternehmens immer dann, wenn Regierungsmitglieder in einem Verwaltungsverfahren doppelfunktional beteiligt sind, d. h. sowohl auf der Seite der Verwaltung als auch auf der Seite des Unternehmens. Es kommt zu einem Konflikt zwischen der Mitgliedschaft in einer Regierung und der Tätigkeit in einem Aufsichtsrat vor allem dann, wenn ein Regierungsmitglied über Subventionen an oder die Wirtschaftsaufsicht über ein Unternehmen entscheidet, in dem es ein Aufsichtsratsamt bekleidet[123]. Dieser

---

[119] Vgl. den Abschlussbericht des Parlamentarischen Untersuchungsausschusses der Hamburger Bürgerschaft vom 16. 11. 2000, Hamb LT-Drucks. 16/5000, 1648 ff.
[120] DER SPIEGEL 33/2001, 60.
[121] Die Tätigkeit im Aufsichtsrat übernehmen die Regierungsmitglieder dabei als Vertreter des Staates.
[122] Veen, S. 25 ff.
[123] Keese, S. 54 ff.

Umstand hat in der Vergangenheit zu einer Reihe von gerichtlichen Auseinandersetzungen[124] geführt, die in einem Fall sogar in der gerichtlichen Abberufung eines Regierungsmitglieds aus einem Aufsichtsrat mündeten[125].

[124] Im Rahmen des Projekts „Flughafen München II" war der zuständige Fachminister in das Planfeststellungsverfahren der verfahrensführenden Behörde eingebunden, obwohl er dem Aufsichtsrat der Flughafen München GmbH angehörte (BVerwG, NVwZ 1984, 718 ff.). Der baden-württembergische Wirtschaftsminister unterschrieb eine Teilgenehmigung für das Kernkraftwerk Wyhl, obwohl er Mitglied der Aufsichtsräte beider Muttergesellschaften des Kernkraftwerks war (BVerwG, NVwZ 1986, 208 ff.). In Berlin unterschrieb ein Senator den Planfeststellungsbeschluss für die Magnet-Bahn, obwohl er parallel Mitglied im Verwaltungsrat eines Trägers des Projekts war (BVerwG, NVwZ 1988, 527 ff.).

[125] Der schleswig-holsteinische Sozialminister wurde im Jahre 1990 wegen fortgesetzten Interessenkonflikts aus dem Aufsichtsrat der Hamburger Electricitätswerke herausgeklagt (OLG Hamburg, WM 1990, 311, 313 ff.).

§ 4: Bewertungsmaßstäbe für Regelungen zur Vermeidung von Interessenkonflikten bei Regierungsmitgliedern

Im folgenden werden Bewertungsmaßstäbe dargestellt, anhand derer die bestehenden Regelungen zur Vermeidung von Interessenkonflikten bei Regierungsmitgliedern beurteilt werden können. Hierbei ist zu berücksichtigen, dass nicht jeder der Bewertungsmaßstäbe auf jeden einzelnen der aufgezeigten Interessenkonflikte der Regierungsmitglieder anwendbar ist. Überdies ist anzumerken, dass die Bewertungsmaßstäbe zum Teil in verschiedene Richtungen zielen und somit im Einzelfall in Einklang gebracht werden müssen.

I. Konzentration der Arbeitskraft auf das Regierungsamt

Die erste Anforderung an Regelungen zur Verhinderung von Interessenkonflikten bei Regierungsmitgliedern wird verständlich, wenn man die Aufgaben der Regierungen des Bundes bzw. der Länder betrachtet. Der Bundesregierung bzw. den Landesregierungen obliegt die Leitung der vollziehenden Gewalt des Bundes bzw. der Länder[126]. Die Aufgaben der Regierungen erschöpfen sich jedoch nicht im Gesetzesvollzug. Die Regierungen sind überdies als politische Führungsorgane zur Staatsleitung berufen[127]. Das Grundgesetz bzw. die Landesverfassungen weisen dabei die Aufgaben der Regierungen entweder dem Regierungschef, dem einfachen Regierungsmitglied oder der Regierung als Ganzes (Kollegium) zu. Diese Aufgaben der Regierungen seien am Beispiel der Bundesregierung exemplarisch dargelegt.

Der Bundeskanzler bestimmt gemäß Art. 65 S. 1 GG die Richtlinien der Politik und gibt damit die Ziele und die Wege zu deren Verwirklichung an. Adressat der Richtlinien sind ausschließlich Bundesminister. Neben der Richtlinienkompetenz des Bundeskanzlers sind dem Grundgesetz, den einfachen Gesetzen und der Geschäftsordnung der Bundesregierung vor allem die folgenden Befugnisse und Pflichten des Bundeskanzlers zu entnehmen: Die Gegenzeichnung von Anordnungen und Verfügungen des Bundespräsidenten (Art. 58 S. 1 GG) und von Gesetzen (Art. 82 I 1 GG), der Vorschlag zur Ernennung und Entlassung der Bundesminister (Art. 64 I GG), die Leitung der Geschäfte der Bundesregierung (Art. 65 S. 4 GG), die Ernennung eines Bundesministers zu seinem Stellvertreter (Art. 69 I GG), die Befehls- und Kommandogewalt über die Streitkräfte im Verteidigungsfall (Art 115 b GG), der Vorschlag zur Ernennung der Parlamentarischen Staatssekretäre (§ 2 S. 2 ParlStG), die Festlegung der Geschäftsbereiche der Bundesminister (§ 9 GO-BReg), die Unterrichtung des Bundespräsidenten (§ 5 GO-BReg) sowie der Vorsitz in den Sitzungen der Bundesregierung (§ 24 II 2 GO-BReg).

Die Bundesminister leiten innerhalb der vom Bundeskanzler ausgegebenen Richtlinien der Politik ihren Geschäftsbereich gemäß Art. 65 S. 2 GG selbständig und

---

[126] V. Münch, Staatsrecht, Rn. 834.
[127] Maurer, Staatsrecht I, § 14 Rn. 45.

unter eigener Verantwortung (Ressortprinzip). Das gilt sowohl für die Festlegung der politischen Richtung und die Entscheidung einzelner Sachfragen als auch für die innere Organisation und die Einstellung und Entlassung der Beamten und sonstigen Bediensteten. Neben den Befugnissen und Pflichten, die jeder Bundesminister hat, gibt es Sonderrechte und -pflichten für einzelne Bundesminister[128].

Die Bundesregierung als Ganzes berät und beschließt gemäß § 15 GO-BReg alle Angelegenheiten von allgemeiner innen- und außenpolitischer, wirtschaftlicher, sozialer, finanzieller oder kultureller Bedeutung. Hierzu gehören z. B. alle Gesetzentwürfe, alle Entwürfe von Verordnungen der Bundesregierung, Meinungsverschiedenheiten zwischen einzelnen Bundesministern sowie alle Angelegenheiten, für die das Grundgesetz oder ein einfaches Gesetz ein Tätigwerden der Bundesregierung vorschreiben[129]. Von besonderer Bedeutung für die Praxis ist das Verordnungsrecht. Die Bundesregierung kann durch den Bundestag gemäß Art. 80 I GG zum Erlass von Verordnungen ermächtigt werden.

Die Vielfalt und Bedeutung der soeben dargestellten Aufgaben erfordert die vollständige Arbeitskraft jedes Mitglieds der Bundesregierung. Dies gilt auf Grund der vergleichbaren Aufgaben auch für die Regierungsmitglieder der Länder. Sie dürfen nicht durch andere Tätigkeiten von ihren Aufgaben als Regierungsmitglied abgelenkt werden[130]. Regierungsmitglieder müssen daher verpflichtet sein, ihre gesamte Arbeitskraft für das von ihnen verwaltete Ressort einzusetzen. Die Übernahme anderer Tätigkeiten oder Aufgaben würde dazu führen, dass Arbeitskraft und -zeit für das Regierungsamt verloren ginge. Notwendige Folge wäre, dass das Regierungsmitglied in der Erfüllung seiner Verpflichtungen als Minister beeinträchtigt wäre. Folglich müssen Regelungen zur Verhinderung von Interessenkonflikten bei Regierungsmitgliedern eine Arbeitsüberlastung durch die Übernahme anderer Tätigkeiten und Aufgaben vermeiden.

II. Verhindern von befangenen Entscheidungen

Aus der oben festgestellten Gemeinwohlbindung[131] der Regierungsmitglieder des Bundes und der Länder folgt, dass befangene Entscheidungen von Regierungsmitgliedern verhindert werden müsssen. Die Regierungen dürfen nicht durch die Gemeinwohloptimierung hindernde Sonderinteressen einzelner Regierungsmitglieder bei ihrer Aufgabenerfüllung beeinflusst werden[132]. Die Entscheidungen der Regierungsmitglieder müssen vielmehr sachgemäß, d. h. vom persönlichen Belieben der Regierungsmitglieder losgelöst sein. Das Verhindern von befangenen Entscheidungen der Regierungsmitglieder dient somit zum einen den von den Entscheidungen der

---

[128] Vgl. v. Münch, Staatsrecht, Rn. 847.
[129] Maurer, Staatsrecht I, § 14 Rn. 52.
[130] Epping in v. Mangoldt/Klein/Starck, Art. 66 Rn. 1.
[131] Vgl. § 1.
[132] Vgl. Hammer, S. 25.

Regierungsmitglieder betroffenen Bürgern. Sie werden davor geschützt, dass ein voreingenommenes Regierungsmitglied Entscheidungen trifft, die der Gesamtheit der Bevölkerung schaden[133]. Zum anderen dient es aber auch dem Schutz der Regierungsmitglieder selbst. Sie werden vor dem Gewissenkonflikt geschützt, dem sie bei Entscheidungen über eigene Angelegenheit ausgesetzt wären[134]. Schließlich kommt den Regelungen zur Verhinderung von befangenen Entscheidungen durch Regierungsmitglieder auch die Funktion zu, das Vertrauen der Öffentlichkeit in die Regierung zu wahren bzw. zu fördern. Dieses Vertrauen ist notwendig, um die Funktionsfähigkeit der Regierungen in der Bundesrepublik Deutschland zu erhalten[135].

Neben der soeben angesprochenen Notwendigkeit, befangene Entscheidungen von Regierungsmitgliedern zu verhindern, muss darüber hinausgehend schon der bloße Anschein vermieden werden, dass persönliche Beweggründe die amtlichen Entscheidungen der Regierungsmitglieder beeinflussen. Damit werden die Regierungsmitglieder vor der ungerechtfertigten, ehrverletzenden Verdächtigung der parteiischen Amtsführung in den Fällen geschützt, in denen ihre Entscheidung durch den Interessenkonflikt tatsächlich nicht beeinflusst wurde[136]. Überdies kann nur so das Vertrauen der Öffentlichkeit in die Integrität der Regierungsmitglieder vollständig geschützt werden, da der unberechtigte „böse Schein" einer unsachlichen, durch Sonderinteressen motivierten Entscheidung der Regierung gar nicht entstehen kann[137].

III. Uneigennützigkeit der Amtsführung

Aus der oben festgestellten Gemeinwohlbindung der Regierungsmitglieder des Bundes und der Länder folgt auch die Pflicht, das Amt uneigennützig auszuüben[138]. Die wirtschaftlichen Interessen der Regierungsmitglieder müssen von der Ausübung der Regierungsamts strikt getrennt werden[139]. Es muss vor allem verhindert werden, dass Regierungsmitglieder ihr Amt dazu missbrauchen, persönlich materielle Vorteile zu erlangen[140]. Ein solches Verhalten würde dazu führen, dass das öffentliche Amt nicht mehr im Interesse des Gemeinwohls geführt wird, sondern in der Verfolgung egoistischer Privatinteressen[141]. Regelungen zur Vermeidung von Interessenkonflikten müssen jedoch nicht nur die tatsächlich eigennützige Amtsführung verhindern, sie müssen bereits dem im Einzelfall unbegründeten Verdacht einer persönlichen Bereicherung der

---

133 Dagtoglou, S. 81.
134 Vgl. Hufen, S. 77.
135 Vgl. Hammer, S. 24.
136 Krüger, S. 267.
137 Isensee in Isensee/Kirchhof, § 57 Rn. 61.
138 Bei dieser Verpflichtung handelt es sich trotz gewisser Überschneidungen mit der Verpflichtung zur unbefangenen Amtsführung um eine eigenständige Anforderung an die Regierungsmitglieder (Vgl. Stern II, § 41 III 4 d.).
139 Herzog in Maunz/Dürig, Art. 66 Rn. 3.
140 Veen, S. 68 f.
141 Nebendahl, DÖV 1988, 961, 963; Herzog in Maunz/Dürig, Art. 66 Rn. 3.

Regierungsmitglieder entgegenwirken, um das Vertrauen der Bürger in die Amtsführung der Regierungsmitglieder zu erhalten.

Um die genannten Ziele zu verwirklichen, dürfen Regierungsmitglieder neben den oben genannten finanziellen Leistungen des Staates keine zusätzlichen Vorteile in Bezug auf ihr Amt annehmen. Es ist den Regierungsmitgliedern auch zumutbar, sich auf diese Leistungen zu beschränken, da diese ihre finanzielle Unabhängigkeit bereits sichern[142]. Insbesondere besteht kein Bedürfnis, bestimmte Aufgaben der Regierungsmitglieder zusätzlich zu entlohnen, da alle Tätigkeiten der Regierungsmitglieder durch die Leistungen des Staates bereits abgedeckt sind. Fernerhin dürfen Regierungsmitglieder auch keine Vorteile für konkrete Amtshandlungen oder die generelle Amtstätigkeit von privaten Geldgebern annehmen. Zum einen besteht auch für diese Leistungen kein Bedürfnis und würde möglicherweise Abhängigkeiten schaffen. Zum anderen muss bereits der unbegründete Verdacht vermieden werden, dass Amtshandlungen mit Rücksicht auf private Interessen vorgenommen werden[143] und somit das öffentliche Ansehen der Regierungsamtes beeinträchtigt wird[144].

IV. Verhindern einer Machtkonzentration durch Gewaltentrennung

Historische Erfahrungen zeigen, dass in Staaten mit ungegliederter Herrschaftsorganisation und konzentrierter Machtausübung die individuelle Freiheit auf das Stärkste bedroht ist[145]. Um der Gefahr eines Machtmissbrauchs entgegenzuwirken, muss daher die staatliche Macht begrenzt werden und einer Kontrolle unterliegen. Ein wichtiges Mittel zur Verwirklichung dieser Ziele ist die Beachtung der Gewaltentrennung. Sie sorgt für eine Mäßigung der Staatsgewalt und den Schutz der Freiheit des Einzelnen[146].

In der Bundesrepublik Deutschland ist das Prinzip der Gewaltenteilung in Art. 20 II 2 GG verankert. Voneinander getrennt sein sollen die verschiedenen Funktionen der Staatsgewalt – also Gesetzgebung, Vollzug der Gesetze, Rechtsprechung - , die diese Funktionen ausübenden Organe – also das Parlament, die Regierungs- und Verwaltungsbehörden und die Gerichte – und schließlich die Personen, die in diesen verschiedenen Funktionen und Organen tätig sind[147]. Demgemäß unterscheidet man funktionale Gewaltenteilung, organisatorische Gewaltenteilung und personelle Gewaltenteilung[148]. Der Grundsatz der Gewaltenteilung muss jedoch nicht lückenlos eingehalten werden. Vielmehr sind Verschränkungen bzw. Durchbrechungen der Gewaltenteilung zulässig, solange nicht in den Kernbereich einer anderen Staatsgewalt eingegriffen wird.

---

142 Schmidt-Bleibtreu/Klein, Art. 66 Rn. 1.
143 Herzog in Maunz/Dürig, Art. 66 Rn. 3.
144 Meyn in v. Münch/Kunig, Art. 66 Rn. 1.
145 Sturm, S. 33.
146 BVerfGE 3, 225, 247; 67, 100, 130; Schmidt-Aßmann in Isensee/Kirchhof I, § 24 Rn. 49.
147 V. Münch, Staatsrecht, Rn. 337.
148 Herzog in Maunz/Dürig, Art. 20 Rn. 38 ff.

Das Bundesverfassungsgericht hat dazu festgelegt: „Die Teilung der Gewalten ist für das Grundgesetz ein tragendes Organisations- und Funktionsprinzip. Das Grundgesetz will die politische Machtverteilung, das Ineinandergreifen der drei Gewalten und die daraus sich ergebende Mäßigung der Staatsherrschaft.... Das Prinzip der Gewaltenteilung ist....jedoch nicht rein verwirklicht. Es bestehen zahlreiche Gewaltenverschränkungen und –balancierungen. Nicht absolute Trennung, sondern gegenseitige Kontrolle, Hemmung und Mäßigung der Gewalten ist dem Verfassungsaufbau des Grundgesetzes zu entnehmen.... Kann somit der Sinn der Gewaltenteilung zwar nicht in der scharfen Trennung der Funktionen der Staatsgewalt gesehen werden, so muss doch andererseits die in der Verfassung vorgesehene Verteilung zwischen den drei Gewalten bestehen bleiben. Keine Gewalt darf ein von der Verfassung nicht vorgesehenes Übergewicht erhalten..... Der Kernbereich der verschiedenen Gewalten ist unveränderbar. Damit ist ausgeschlossen, dass eine der Gewalten die ihr von der Verfassung zugeschriebenen typischen Aufgaben preisgibt“[149]. Diese Ausführungen des Bundesverfassungsgerichts müssen auch den Maßstab bilden für das Verhindern von Pflichten- und Interessenkollisionen zwischen den Regierungen und anderen Gewalten[150].

V. Keine moralischen Sonderanforderungen an Regierungsmitglieder

Die Regelungen zur Vermeidung von Interessenkonflikten der Regierungsmitglieder dürfen keine moralischen Sonderanforderungen an die Regierungsmitglieder stellen. Zum einen müssen diese Regelungen Privilegien für Regierungsmitglieder verhindern, die die Regierungsmitglieder tatsächlich in immer größere Entfernung vom Alltag der Mehrheit der Bevölkerung bringen. Nur so kann der im Einzelfall berechtigte Vorwurf vermieden werden, dass sich Regierungsmitglieder den demokratischen Staat zu Eigen machen, statt ihm zu dienen[151]. Zum anderen dürfen die Regelungen jedoch kein Plädoyer für „Askese“ im Leben von Regierungsmitgliedern sein[152]. Übertriebene Moralvorstellungen, die keine Interessenkonflikte verhindern, sondern reinen Selbstzweck darstellen, sind daher ebenso abzulehnen[153]. Sie würden nur qualifizierte und engagierte Bürger abschrecken, ein Regierungsamt zu übernehmen.

Als ein vernünftiger „Mittelweg“ bietet sich eine grundsätzliche Orientierung an den gelungenen beamtenrechtlichen Regelungen zur Vermeidung von Interessenkonflikten an. Dies berücksichtigt, dass Beamte wie Regierungsmitglieder an das Gemeinwohl gebunden sind. Überdies verhindert diese Orientierung den Vorwurf der Besser- oder Schlechterstellung der Regierungsmitglieder gegenüber einer vergleichbaren Berufsgruppe. Eine vollständige Anwendung der beamtenrechtlichen Regelungen auf

---

149 BVerfGE 34, 52, 59.

150 Meyn in v. Münch/Kunig, Art. 66 Rn. 1; Pieroth in Jarass/Pieroth, Art. 66 Rn. 1.

151 Gabriel, ZParl 31 (2000), 328 f.

152 Gabriel, ZParl 31 (2000), 328 f.

153 Vgl. Rassow, liberal 1997, 24, der vor zu hohen moralischen Ansprüchen an die Regierungsmitglieder warnt.

die Regierungsmitglieder ist jedoch auf Grund der unterschiedlichen Aufgaben, Verantwortung und Rechtsstellung beider Berufsgruppen nicht möglich. Vielmehr sollten einzelne, begründete Abweichungen möglich sein.

VI. Handlungsfähigkeit der Regierung

Die Regierungen als Ganzes und ihre einzelnen Mitglieder sind, wie oben erwähnt, als politische Führungsorgane zur Staatsleitung berufen. Ihnen obliegt mithin die Bestimmung der Ziele und Aufgaben des Gemeinwesens, in Vorausschau und Planung, in der Koordination und Interpretation der in der Gesellschaft auftauchenden Ideen und Bedürfnisse, gegebenfalls in deren Verarbeitung zu verwirklichungsfähigen Initiativen, sowie die Abwehr gesellschaftlicher und staatlicher Krisen[154]. Die Übertragung der Staatsleitung auf die Regierungen und ihre Mitglieder ist verfassungspolitisch auch sinnvoll, da diese faktisch über Voraussetzungen, Ressourcen und Handlungsmöglichkeiten verfügen, die eine effektive Staatsleitung gewährleisten[155]. So können sich die Regierungen in aller Regel auf die Mehrheit im jeweiligen Parlament stützen, was ihre Initiativen und Entscheidungen demokratisch legitimiert und diesen voraussichtlich Akzeptanz bei der Mehrheit der Bevölkerung verspricht[156]. Überdies sind die Regierungen mehr als alle anderen Verfassungsorgane eine „informierte" Gewalt, die mit der ihr nachgeordneten Verwaltung über einen stets präsenten Sachverstand verfügt, den sie für ihre Initiativen prägend und steuernd in Anspruch nehmen kann. Fernerhin besitzen die Regierungen Handlungsinstrumentarien, die ihnen in einer mit anderen Verfassungsorganen kaum vergleichbaren Weise ein flexibles, für die Staatsleitung adäquates Handeln ermöglichen[157]. Zu nennen sind in diesem Zusammenhang rechtlich geformte Instrumente (Gesetzesinitiativen, Einzel- und Organisationsakte) ebenso wie politische Steuerung und Einflussnahme durch (Regierungs-)Programme, Meinungsäußerungen zu politisch bedeutsamen Fragen und Empfehlungen[158].

Die Regierungen und ihre Mitglieder besitzen jedoch in der parteienstaatlich geprägten Demokratie des Grundgesetzes und der Landesverfassungen kein rechtliches Monopol bei der Staatsleitung. So ergeben sich z. B. auf der Bundesebene Grenzen für die Bundesregierung aus dem Führungsanspruch der die Bundesregierung tragenden Mehrheitspartei(en), aus Koalitionsrücksichten und den konkreten Mehrheitsverhältnissen im Bundestag und Bundesrat[159]. Dennoch darf das besondere Gewicht der Regierungen und ihrer Mitglieder bei der Staatsleitung im Interesse eines funktionstüchtigen

---

[154] Schröder in v. Mangoldt/Klein/Starck, Art. 62 Rn. 22. Schuppert in Benda, § 31 Rn. 23 unterteilt in diesem Zusammenhang staatliche Führungsaufgaben der Regierungen in Orientierungsfunktion, Organisations- und Moderationsfunktion sowie Vermittlungsfunktion.

[155] Vgl. Schröder in v. Mangoldt/Klein/Starck, Art. 62 Rn. 27.

[156] Meyn in v. Münch/Kunig, Art. 62 Rn. 10.

[157] Vgl. Oldiges in Sachs, Art. 62 Rn. 43.

[158] Schröder in v. Mangoldt/Klein/Starck, Art. 62 Rn. 27.

[159] Schröder in v. Mangoldt/Klein/Starck, Art. 62 Rn. 26 f.

Staates nicht in Frage gestellt werden. Vielmehr ist eine handlungsfähige Regierung für einen handlungsfähigen Staat unverzichtbar.

VII. Bestimmtheit der Regelungen

Der Grundsatz der Bestimmtheit von Gesetzen wird als Konkretisierung des rechtsstaatlichen Gebots der Rechtssicherheit[160] oder allgemein des Prinzips des Rechtsstaats oder aller seiner Unterprinzipien angesehen[161]. Er verlangt, dass gesetzliche Tatbestände so präzise formuliert werden, dass ein Normadressat sein Handeln kalkulieren kann, weil die Folgen der Regelung für ihn voraussehbar und berechenbar sind[162]. Überdies umfasst der Grundsatz der Bestimmtheit der Gesetze auch das Gebot der Klarheit des Rechts[163]. Gesetze müssen mithin verständlich, widerspruchsfrei und praktikabel sein, damit rechtliche Entscheidungen voraussehbar sind[164]. Dabei ist jedoch die Interpretationsbedürftigkeit einer Norm nicht mit Unbestimmtheit gleichzusetzen[165]. Der Grad der Bestimmtheit von Gesetzen hängt von den jeweiligen sachlichen Eigenarten des Regelungsgegenstandes ab: Rechtsvorschriften sind so genau „zu fassen, wie dies nach der Art der zu ordnenden Lebenssachverhalte und mit Rücksicht auf den Normzweck möglich ist"[166].

Aus dem für alle Gesetze geltenden Gebot der Bestimmtheit folgt für die gesetzlichen Regelungen zur Vermeidung von Interessenkonflikten durch Regierungsmitglieder konkret, dass diesen Gesetzen eindeutig zu entnehmen sein muss, ob eine bestimmte Tätigkeit oder ein bestimmtes Verhalten eines Regierungsmitglieds verboten ist oder nicht. In diesem für das ordnungsgemäße Funktionieren des gesamten Staates so entscheidenden Bereich darf es keine zweideutigen Regelungen geben, die die konkreten Entscheidungen den moralischen Ansprüchen der einzelnen Regierungsmitglieder überlassen. Eine subjektive Behandlung der Interessenkonflikte würde auf Grund der unterschiedlichen Moralverstellungen der einzelnen Regierungsmitglieder zu unterschiedlichen Ergebnissen führen, die schwer zu überprüfen wären. Zwangsläufige Folge solcher Regelungen wäre ein Vertrauensverlust der Bevölkerung in die Lauterkeit der Regierungsmitglieder. Überdies sind genaue Verhaltensregelungen für Regierungsmitglieder auch im Interesse der Regierungsmitglieder selbst, da sie bei strikter Anwendung dieser Regelungen keinen unnötigen Gewissenskonflikten oder unberechtigten Anschuldigungen ausgesetzt sein können.

---

160 BVerfGE 49, 168, 181; 80, 103, 107; Kunig, Jura 1990, 495.
161 BVerfGE 26, 338, 367; 89, 69, 84; Papier/Möller, AöR 122 (1997), 177, 181 f.
162 BVerfGE 83, 130, 145; 87, 234, 263; Degenhart, Rn. 302.
163 BVerfGE 93, 213, 238.
164 Schulze-Fielitz in Dreier II, Art. 20 Rn. 129.
165 Sommermann in v. Mangoldt/Klein/Starck, Art. 20 Rn. 279.
166 BVerfGE 49, 168, 181.

VIII. Angemessene Sanktionen bei Verstößen

Regelungen zur Verhinderung von Interessenkonflikten der Regierungsmitglieder dürfen sich nicht ausschließlich in Verbotstatbeständen erschöpfen. Vielmehr sind angemessene Sanktionen bei Verstößen gegen diese Verbote erforderlich. Nur so kann die verletzte Rechtsordnung gewahrt und der Rechtsfrieden wiederhergestellt werden[167]. Darüber hinaus kann durch Sanktionen künftigen Verstößen vorgebeugt werden. Sanktionen dienen mithin sowohl der Abschreckung des einzelnen Regierungsmitglieds vor einem erneuten Verstoß als auch der Abschreckung anderer Regierungsmitglieder vor gleichartigen Verstößen[168].

Konkret sind als Sanktionen neben einer bloße Rüge vor allem eine Geldstrafe, der Amtsverlust sowie eine Freiheitsstrafe denkbar, wobei auch mehrere Sanktionen zusammen verhängt werden können. Die Art der Sanktion muss dabei in einem angemessenen Verhältnis zur Art und Häufigkeit des Verstoßes stehen. Überdies stellt sich die Frage, welches Organ zur Festsetzung der Sanktionen befugt sein soll. Es muss sich um ein Organ handeln, das gegenüber den Regierungsmitgliedern weder untergeordnet noch in einer anderen Weise abhängig ist. Folglich bieten sich für die Festsetzung der Sanktionen vor allem die Parlamente, die Verfassungsgerichte sowie die Strafgerichte an. Eine Festsetzung durch den Regierungschef ist demgegenüber nicht sinnvoll, da es auch Fälle geben kann, wo er selbst betroffen ist. Fernerhin ist auch eine Entscheidung durch das Kabinett nicht überzeugend, da die Gefahr besteht, dass Regierungsmitglieder bei einer Entscheidung gegenüber einem Regierungskollegen befangen sind.

IX. Rechtsnatur der Regelungen

Fraglich ist, welche Rechtsnatur die Regelungen betreffend die Interessenkonflikte der Regierungsmitglieder des Bundes und der Länder haben sollten. Zu denken ist in diesem Zusammenhang an die Geschäftsordnungen der Regierungen, die Ministergesetze sowie die Verfassungen.

Die Geschäftsordnungen der Regierungen eignen sich aus zwei Gründen nicht für eine Regelung der Interessenkonflikte der Regierungsmitglieder. Erstens behandeln die Geschäftsordnungen der Regierungen nur Fragen der inneren Organisation, bestimmen aber nicht, was die Regierungen tun dürfen und was nicht[169]. Bei der Regelung der Interessenkonflikte der Mitglieder der Regierungen handelt es sich jedoch um Verhaltensregeln für die Regierungsmitglieder und nicht um eine Frage der inneren Organisation. Mithin eignen sich die Geschäftsordnungen der Regierungen aus systematischen Gründen nicht für eine Regelung der Interessenkonflikte der Regierungsmitglieder.

---

[167] Vgl. BVerfGE 51, 324, 343; 88, 203, 257.
[168] Vgl. Eser in Schönke/Schröder, Vor §§ 38 ff. Rn. 2.
[169] Vgl. v. Münch, Staatsrecht, Rn. 836.

Zweitens ist es, wenn man eine Vermeidung von Interessenkonflikten anstrebt, nicht sinnvoll, dass die Regierungen Verhaltensregeln für Interessenkonflikte festlegen, die für ihre eigenen Mitglieder gelten[170]. So handelt es sich bei den Geschäftsordnungen der Regierungen um „eigenverantwortliche Selbstregelung(en)“[171]. Die Geschäftsordnung der Bundesregierung wird z. B. gemäß Art. 65 S. 4 GG von der Bundesegierung selbst beschlossen[172]. Mithin würde die Regelung der Interessenkonflikte der Regierungsmitglieder in den Geschäftsordnungen der Regierung dazu führen, dass die Regierungsmitglieder die Grenzen für diesen Bereich festlegen[173]. Eine Situation, die selbst einen Interessenkonflikt darstellt.

Für die Regelung der Interessenkonflikte der Regierungsmitglieder durch ein Parlamentsgesetz spricht, dass die Parlamente unmittelbar demokratisch legitimiert und gegenüber den Regierungen unabhängig sind. Damit wäre auch die Akzeptanz dieser Regelung in der Bevölkerung erheblich höher als bei einer Regelung in den Geschäftsordnungen der Regierungen. Als konkretes Parlamentsgesetz für eine detaillierte Regelung der Interessenkonflikte der Regierungsmitglieder bieten sich die Ministergesetze an. Sie bestimmen auf der einfachgesetzlichen Ebene die amtsrechtliche Stellung der Mitglieder der Regierungen[174].

Für eine solche detaillierte Regelung der Interessenkonflikte der Regierungsmitglieder des Bundes und der Länder sind weder das Grundgesetz noch die Landesverfassungen geeignet. So nimmt das Grundgesetz im Vergleich zum einfachen Gesetz einen höheren Rang ein[175]. Dies wird durch die Bindung der Gesetzgebung an die verfassungsmäßige Ordnung gemäß Art. 20 III GG deutlich, die den Vorrang der Verfassung vor dem einfachen Gesetz festlegt[176]. Außerdem ergibt sich der höhere Rang des Grundgesetzes im Vergleich zum einfachen Gesetz aus der erschwerten Veränderbarkeit des Grundgesetzes[177]. Eine Änderung des Grundgesetzes bedarf gemäß Art. 79 II GG der Zustimmung von zwei Dritteln der Mitglieder des Bundestages und zwei Dritteln der Stimmen des Bundesrates[178]. Aus diesem höheren Rang des Grundgesetzes folgt, dass nur die Kernaussagen der rechtlichen und politischen Grundordnung der Bundesrepublik Deutschland in das Grundgesetz aufgenommen werden

---

[170] Demgegenüber ist eine Selbstregelung der Regierung in dem Bereich der inneren Organisation durchaus sinnvoll.

[171] Honnacker/Grimm, S. 26.

[172] Die Bundesregierung hat selbstverständlich das Recht, ihre Geschäftsordnung jederzeit zu ändern (BVerfGE 91, 148, 167; Maurer, Staatsrecht I, § 14 Rn. 3).

[173] Willand, S. 156 vertritt sogar die Auffassung, dass die Regierung kein Gesetz über die Rechtsstellung der Regierungsmitglieder in das Parlament einbringen darf. Diese Einschränkung des Initiativrechts der Regierung begründet er mit einer Beschränkung der Staatsorgane auf die verfassungsgemäße Ordnung gemäß Art. 20 III GG.

[174] Vgl. Maurer, Staatsrecht I, § 14 Rn. 3.

[175] Dreier in JZ 1994, 741, 742.

[176] Badura, S. 271.

[177] Dreier in Dreier II, Art. 79 II Rn. 11.

[178] Trotz dieser erhöhten Anforderungen gab es seit der Verabschiedung des Grundgesetzes 49 Grundgesetzänderungen.

sollen und alle Einzelheiten in Spezialgesetzen geregelt werden[179]. Somit sollten auch nur die Grundaussagen betreffend die Interessenkonflikte der Regierungsmitglieder des Bundes und der Länder in das Grundgesetz bzw. die Landesverfassungen aufgenommen werden. Des Weiteren ist es möglich, dass die Verfassungen für die Ausgestaltung dieser Grundaussagen auf einfachgesetzliche Regelungen verweisen.

[179] Dreier in Dreier II, Art. 79 II Rn. 10.

3. Teil: Darstellung und Bewertung des geltenden Rechts

§ 5: Regelungen betreffend die Mitgliedschaft von Regierungsmitgliedern im Parlament derselben Staatsebene

Im folgenden werden die bestehenden Regelungen betreffend die Mitgliedschaft von Regierungsmitgliedern des Bundes und der Länder im Parlament derselben Staatsebene dargestellt und bewertet.

I. Zulässigkeit der Doppelmitgliedschaft in Bundesregierung und Bundestag

1. Art. 66 GG

Eine grundgesetzliche Regelung der Unvereinbarkeit der Mitgliedschaft in der Bundesregierung mit anderen besoldeten Ämtern erfolgt in Art. 66 GG. Sie wird auch als organschaftliche Unvereinbarkeit[180], eigentliche oder echte Inkompatibilität[181], politische Inkompatibilität[182], Inkompatibilität mit öffentlichen Ämtern[183] oder Inkompatibilität im engeren Sinn[184] bezeichnet. Sie behandelt die Unvereinbarkeit der Regierungsmitgliedschaft mit staatsorganschaftlichen Funktionen, also Betätigungen im Staat[185]. Im folgenden wird untersucht, ob der Begriff des anderen besoldeten Amtes gemäß Art. 66 GG auch die Mitgliedschaft im Bundestag umfasst.

a. Begriff des anderen besoldeten Amtes gemäß Art. 66 GG

aa. Anderes Amt

Der Amtsbegriff des Art. 66 GG umfasst nur öffentliche Ämter, also Ämter, die einer juristischen Person des öffentlichen Rechts zuzurechnen sind[186]. Die Beschränkung auf öffentliche Ämter ergibt sich aus dem Amtsbegriff selbst und aus der Gegenüberstellung des Amtsbegriffs zu den auch in Art. 66 GG erwähnten Begriffen des Gewerbes und des Berufes[187]. Somit fallen z. B. Partei- und Verbandsämter nicht unter

---

[180] Epping in v. Mangoldt/Klein/Starck, Art. 66 Rn. 1; Oldiges in Sachs, Art. 66 Rn. 2.
[181] Sturm, S. 7.
[182] Hermes in Dreier II, Art. 66 Rn. 8.
[183] Meyn in v. Münch/Kunig, Art. 66 Rn. 1.
[184] Schneider in AK I, Art. 66 Rn. 2.
[185] Epping in v. Mangoldt/Klein/Starck, Art. 66 Rn. 1.
[186] Hermes in Dreier II, Art. 66 Rn. 11; Epping in v. Mangoldt/Klein/Starck, Art. 66 Rn. 4; Herzog in Maunz/Dürig, Art. 66 Rn. 16; Oldiges in Sachs, Art. 66 Rn. 10.
[187] Herzog in Maunz/Dürig, Art. 66 Rn. 16.

den Begriff des anderen Amtes im Sinne des Art. 66 GG, da sie nicht juristischen Personen des öffentlichen Rechts zuzurechnen sind[188].

Der in Art. 66 GG vorgenommene Bezug des „anderen“ Amtes auf das Amt des Mitglieds der Bundesregierung zeigt jedoch, dass der Begiff des anderen Amtes im Sinne des Art. 66 GG weiter eingeschränkt werden muss. Er umfasst nur solche öffentlichen Ämter, deren Träger - wie die Mitglieder der Bundesregierung - in einem besonderen öffentlich-rechtlichen Amtsverhältnis zum Staat stehen[189]. In einem solchen, dem Amtsverhältnis der Regierungsmitglieder vergleichbaren Amtsverhältnis stehen z. B. Beamte, Richter, der Wehrbeauftragte des Deutschen Bundestages und Soldaten[190]. Demgegenüber üben Arbeiter und Angestellte des öffentlichen Dienstes nach ganz herrschender Meinung kein anderes besoldetes Amt im Sinne des Art. 66 GG aus[191]. Dieser Ansicht ist zuzustimmen, da ein dem Regierungsamt vergleichbares besonderes öffentlich-rechtliches Amtsverhältnis bei Arbeitern und Angestellten des öffentlichen Dienstes nicht vorliegt[192].

bb. Besoldet

Das andere besoldete Amt in Art. 66 GG ist auf Grund des Adjektivs „besoldet“ von den öffentlichen Ehrenämtern abzugrenzen. Öffentliche Ehrenämter sind mangels

---

[188] Herzog in Maunz/Dürig, Art. 66 Rn. 16. Umfassend zur Unvereinbarkeit von Regierungsamt und Verbandsämtern, Traupel, S. 242 ff.

[189] Epping in v. Mangoldt/Klein/Starck, Art. 66 Rn. 4. Ein Teil des Schrifttums sieht als ein anderes Amt im Sinne des Art. 66 GG das Amt des Beamten an und vergleicht anschließend alle Ämter mit dem des Beamten, um zu ermitteln, ob ein anderes Amt im Sinne des Art. 66 GG vorliegt. Dies ist nicht richtig, da sich das Wort „anderes“ in Art. 66 GG nicht auf das Amt des Beamten, sondern auf das Amt des Mitglieds der Bundesregierung bezieht. Somit muss auch das andere Amt im Sinne des Art. 66 GG mit dem Amt des Regierungsmitglieds und nicht mit dem des Beamten verglichen werden.

[190] Hermes in Dreier II, Art. 66 Rn. 11. Die Unvereinbarkeit dieser Ämter mit der Mitgliedschaft in der Bundesregierung ist zum Teil auch spezialgesetzlich geregelt. Wird ein Beamter oder Richter des Bundes zum Mitglied der Bundesregierung ernannt, so scheidet er gemäß § 18 I 1 BMinG mit dem Beginn des Amtsverhältnisses aus seinem Amt als Beamter oder Richter aus. Entsprechendes gilt gemäß § 18 III BMinG für die zu Mitgliedern der Bundesregierung ernannten Beamten oder Richter eines Landes, einer Gemeinde (Gemeindeverbandes) oder einer sonstigen Körperschaft, Anstalt oder Stiftung des öffentlichen Rechts. Gemäß § 4 I DRiG darf ein Richter Aufgaben der rechtsprechenden Gewalt und Aufgaben der vollziehenden Gewalt nicht zugleich wahrnehmen. Wird ein Richter mit seiner Zustimmung zum Mitglied der Bundesregierung ernannt, so enden gemäß § 35 II DRiG das Recht und die Pflicht zur Wahrnehmung des Richteramts ohne gerichtliche Entscheidung. Gemäß § 14 III WBeauftG darf der Wehrbeauftragte des Deutschen Bundestages nicht der Bundesregierung angehören.

[191] Epping in v. Mangoldt/Klein/Starck, Art. 66 Rn. 4; Herzog in Maunz/Dürig, Art. 66 Rn. 15; Meyn in v. Münch/Kunig, Art. 66 Rn. 4; Oldiges in Sachs, Art. 66 Rn. 10; a. A. ohne Begründung nur Schneider in AK I, Art. 66 Rn. 6.

[192] Epping in v. Mangoldt/Klein/Starck, Art. 66 Rn. 4.

Besoldung nicht von dem Begriff des anderen besoldeten Amtes im Sinne des Art. 66 GG umfasst. Mithin verstößt die Ausübung eines öffentlichen Ehrenamtes durch ein Mitglied der Bundesregierung nicht gegen Art. 66 GG[193].
Ein besoldetes Amt im Sinne des Art. 66 GG setzt ein Entgelt für geleistete Arbeit voraus. Demgegenüber sehen echte öffentliche Ehrenämter maximal eine Aufwandsentschädigung vor, die lediglich die aus der Amtstätigkeit folgenden zusätzlichen Ausgaben ausgleicht[194]. Echte öffentliche Ehrenämter sind z. B. die Ehrenämter der Schöffen, der Geschworenen, der Mitglieder in beratenden Sachverständigengremien und die Ämter von ehrenamtlichen Richtern[195]. Es gibt allerdings auch als Ehrenämter deklarierte Ämter, bei denen es sich in Wirklichkeit um ein besoldetes Amt im Sinne des Art. 66 GG handelt. Ein besoldetes Amt liegt mithin auch bei einer Bezeichnung als Ehrenamt vor, wenn das als Ehrenamt bezeichnete Amt über die Erstattung von konkret entstandenen Auslagen hinaus mit einer Aufwandsentschädigung verbunden ist, die auch nicht mehr als eine Pauschale zum Ausgleich der durch das Ehrenamt konkret entstandenen Verluste verstanden werden kann und wenn kein merklicher Unterschied zur Besoldung eines vergleichbaren „Hauptamtes" festzustellen ist[196]. In diesem Fall liegt in Wirklichkeit kein Ehrenamt, sondern ein mit dem Regierungsamt unvereinbares besoldetes Amt im Sinne des Art. 66 GG vor.

Fraglich ist es, ob es sich bei der Mitgliedschaft in einem kommunalen Vertretungsorgan im Sinne des Art. 28 I 2 GG und weiteren kommunalen Wahlämtern um ein anderes besoldetes Amt im Sinne des Art. 66 GG handelt. Kommunale Vertretungsorgane, die gemäß Art. 28 I 2 GG vom Volk gewählt werden, sind der Gemeinderat und der Kreistag[197]. Die Mitglieder dieser kommunalen Vertretungsorgane erhalten grundsätzlich keine Besoldung im Sinne des Art. 66 GG. Sowohl der Gemeinderat[198] als auch der Kreistag[199] setzen sich in aller Regel aus ehrenamtlichen Mandatsträgern zusammen. Somit verstößt die gleichzeitige Mitgliedschaft in der Bundesregierung und in einem kommunalen Vertretungsorgan im Sinne des Art. 28 I 2 GG nicht gegen Art. 66 GG, es sei denn, es wird im Einzelfall für die Mitgliedschaft in dem kommunalen Vertretungsorgan eine Besoldung gewährt[200]. Weitere kommunale Wahlämter sind das Amt des Bürgermeisters und des Landrats[201]. Der in der Gemeinde gewählte Bürgermeister ist im Regelfall hauptamtlich tätig; für kleinere Gemeinden

---

[193] Die Mitglieder der Bundesregierung sollen jedoch gemäß § 5 II 1 BMinG während ihrer Amtszeit kein öffentliches Ehrenamt bekleiden. Die Bundesregierung kann hiervon gemäß § 5 II 2 BMinG Ausnahmen zulassen. § 5 II BMinG stellt eine Erweiterung der Unvereinbarkeiten des Art. 66 GG dar und ist mithin konstitutiv (Epping in v. Mangoldt/Klein/Starck, Art. 66 Rn. 5). Verfassungsrechtliche Bedenken gegen diese Erweiterung der Unvereinbarkeiten des Art. 66 GG sind nicht berechtigt, da der Sinn und Zweck des Art. 66 GG bei dieser Erweiterung nicht verlassen wird (Oldiges in Sachs, Art. 66 Rn. 4).
[194] Meyn in v. Münch/Kunig, Art. 66 Rn. 4.
[195] Meyn in v. Münch/Kunig, Art. 66 Rn. 4.
[196] Epping in v. Mangoldt/Klein/Starck, Art. 66 Rn. 5; Herzog in Maunz/Dürig, Art. 66 Rn. 22.
[197] Dreier in Dreier II, Art. 28 Rn. 68.
[198] Steiner, S. 77.
[199] Schmidt-Aßmann, 1. Abschn Rn. 146.
[200] Ohne Einschränkung Schmidt-Bleibtreu/Klein, Art. 66 Rn. 1.
[201] Dreier in Dreier II, Art. 28 Rn. 68.

sehen die Gemeindeordnungen auch den ehrenamtlichen Bürgermeister vor[202]. Der Landrat ist der bezahlte Hauptverwaltungsbeamte des Kreises[203]. Mithin handelt es sich bei den kommunalen Wahlämtern des Bürgermeisters und des Landrats im Regelfall um ein besoldetes Amt im Sinne des Art. 66 GG, das mit der Mitgliedschaft in der Bundesregierung unvereinbar ist[204].

b. Verfassungsämter grundsätzlich vom Begriff des anderen besoldeten Amtes gemäß Art. 66 GG umfasst?

Es ist im Schrifttum umstritten, ob es sich auch bei Verfassungsämtern grundsätzlich um ein anderes besoldetes Amt gemäß Art. 66 GG handeln kann. Unter dem Begriff des Verfassungsamts ist die Mitgliedschaft in Verfassungsorganen zu verstehen[205]. Verfassungsorgane sind bestimmte in der Verfassung vorgesehene oberste Staatsorgane, die keinem anderen Staatsorgan unterstellt sind[206]. Verfassungsorgane des Bundes sind neben der Bundesregierung der Bundestag, der Bundesrat, der Gemeinsame Ausschuss gemäß Art. 53 a GG, die Bundesversammlung, das Bundesverfassungsgericht und der Bundespräsident[207].

Nach einer Ansicht im Schrifttum umfasst der Begriff des anderen besoldeten Amtes in Art. 66 GG grundsätzlich keine Verfassungsämter[208]. Diese Ansicht vergleicht Art. 66 GG mit dem fast gleichlautenden Art. 55 II GG[209]. Da der Begriff des anderen besoldeten Amtes in Art. 55 II GG jedenfalls keine anderen Verfassungsämter umfasse[210], gelte dies somit auch für den Begriff des anderen besoldeten Amtes in Art. 66 GG.

Fernerhin wird diese Ansicht mit der im Verhältnis zu Art. 66 GG bestehenden Eigenständigkeit von Art. 53 a I 2 GG, Art. 55 I GG und Art. 94 I 3 GG begründet[211]. Eine eigenständige Funktion dieser Regelungen wäre nicht gegeben, wenn bereits Art. 66 GG die Unvereinbarkeit der Mitgliedschaft in der Bundesregierung mit anderen Verfassungsämtern behandeln würde[212].

---

[202] Schmidt-Aßmann, 1. Abschn Rn. 71.
[203] Schmidt-Aßmann, 1. Abschn Rn. 147.
[204] Herzog in Maunz/Dürig, Art. 66 Rn. 23. Keine Besoldung im Sinne des Art. 66 GG liegt bei dem Amt des ehrenamtlichen Bürgermeisters in einer kleineren Gemeinde vor.
[205] Epping in v. Mangoldt/Klein/Starck, Art. 66 Rn. 6.
[206] Maurer, Staatsrecht I, § 12 Rn. 23.
[207] Maurer, Staatsrecht I, § 12 Rn. 23. Mithin handelt es sich auch bei einer Mitgliedschaft im Bundestag um ein Verfassungsamt.
[208] Hermes in Dreier II, Art. 66 Rn. 8; v. Mangoldt/Klein, Art. 66 Anm. IV 2; Meyn in v. Münch/Kunig, Art. 66 Rn. 5; Oldiges in Sachs, Art. 66 Rn. 22; Sturm, S. 86 f.
[209] Oldiges in Sachs, Art. 66 Rn. 21. Art. 55 II GG regelt Unvereinbarkeiten für den Bundespräsidenten und verwendet wie Art. 66 GG den Begriff des anderen besoldeten Amtes.
[210] Oldiges in Sachs, Art. 66 Rn. 22.
[211] Hermes in Dreier II, Art. 66 Rn. 8; Meyn in v. Münch/Kunig, Art. 66 Rn. 5; Oldiges in Sachs, Art. 66 Rn. 22.
[212] Hermes in Dreier II, Art. 66 Rn. 8.

Überdies wird von dieser Auffassung angeführt, dass eine Einbeziehung von Verfassungsämtern in den Begriff des anderen besoldeten Amtes bei Art. 66 GG zu Problemen bei den Rechtsfolgen führen würde[213]. Es bestehe Einigkeit im Schrifttum, dass als Rechtsfolge des Art. 66 GG mit dem Regierungsamt unvereinbare Ämter nur ruhen. Ein Ruhen bedeute jedoch, dass das Ruhen des anderen Amtes mit der Beendigung des Regierungsamts ipso jure seinerseits ende und damit das andere Amt wieder auflebe. Ein Aufleben von anderen Verfassungsämtern, z. B. des Amtes eines Richters am Bundesverfassungsgericht, sei jedoch nicht möglich. Mithin zeigten auch die Rechtsfolgen des Art. 66 GG, dass andere Verfassungsämter nicht von dem Begriff des anderen besoldeten Amtes gemäß Art. 66 GG erfasst seien. Schließlich wird zur Begründung auch die Entstehungsgeschichte des Art. 66 GG herangezogen[214]. Diese zeige, dass sich der Begriff des anderen besoldeten Amtes in Art. 66 GG nicht auf Verfassungsämter beziehe[215].

Wie die folgende Auslegung[216] des Begriffs des anderen besoldeten Amtes zeigt, ist die soeben dargestellte Auffassung abzulehnen[217]. Der Wortlaut des Art. 66 GG ist in dieser Hinsicht eindeutig[218]. Durch das Wort „anderes" wird - wie oben dargestellt - deutlich, dass mit dem Begriff „anderes besoldetes Amt" in Art. 66 GG alle öffentlichen Ämter gemeint sind, die dem Regierungsamt vergleichbar sind[219]. Eine Einschränkung dieser öffentlichen Ämter nur auf die Ämter der Beamten, Richter und Soldaten unter Ausschluss anderer Verfassungsämter enthält der Wortlaut des Art. 66 GG jedoch nicht[220]. Vielmehr sind die genannten Verfassungsämter – sogar eher als die Ämter der Beamten, Richter und Soldaten - dem Verfassungsamt eines Regierungsmitglieds vergleichbar. Somit werden bei einer grammatischen Auslegung grundsätzlich auch andere Verfassungsämter vom Begriff des anderen besoldeten Amtes umfasst.

Eine Einschränkung des Wortlauts des Art. 66 GG kann auch nicht durch eine systematische Auslegung und einen Vergleich mit dem fast gleichlautenden Art. 55 II GG erzielt werden[221]. Es ist nicht richtig, dass der Begriff des anderen besoldeten

[213] Meyn in v. Münch/Kunig, Art. 66 Rn. 5.
[214] JöR n. F. 1 (1951), S. 441.
[215] Meyn in v. Münch/Kunig, Art. 66 Rn. 5.
[216] Bei der Auslegung des Grundgesetzes werden die herkömmlichen Auslegungsmethoden für die Auslegung des einfachen Gesetzes angewendet (Jarass in Jarass/Pieroth, Einl. 6). Als herkömmliche Auslegungsmethoden werden verwendet: „Die Auslegung aus dem Wortlaut der Norm (grammatische Auslegung), aus ihrem Zusammenhang (systematische Auslegung), aus ihrem Zweck (teleologische Auslegung) und der Entstehungsgeschichte (historische Auslegung)" (BVerfGE 11, 126, 130).
[217] Schneider in AK I, Art. 66 Rn. 2 ff.; Beyer, S. 212; Pieroth in Jarass/Pieroth, Art. 66 Rn. 1; Epping in v. Mangoldt/Klein/Starck, Art. 66 Rn. 6 ff.; Herzog in Maunz/Dürig, Art. 66 Rn. 27 ff.; Liesegang in v. Münch, Art. 66 Rn. 3.; Hemmrich in v. Münch/Kunig, Art. 55 Rn. 7; Schmidt-Bleibtreu/Klein, Art. 66 Rn. 1.
[218] Herzog in Maunz/Dürig, Art. 66 Rn. 31.
[219] Siehe S. 36.
[220] Herzog in Maunz/Dürig, Art. 66 Rn. 31.
[221] Bei einem Vergleich mehrerer Grundgesetznormen ist zu beachten, dass „ein im Grundgesetz mehrfach verwendeter Begriff...nicht überall denselben Inhalt haben muss" (BVerfGE 6, 32, 38).

Amtes in Art. 55 II GG keine anderen Verfassungsämter umfasst. So umfasst der Begriff des anderen besoldeten Amtes in Art. 55 II GG z. B. die Mitgliedschaft beim Bundesverfassungsgericht[222]. Richtig ist zwar, dass Art. 55 II GG sich auf eine Reihe von Verfassungsämtern nicht bezieht. Somit könnte man dazu neigen, Art. 66 GG auch nicht weiter als Art. 55 II GG auszulegen. Die restriktive Auslegung des Art. 55 II erklärt sich jedoch dadurch, dass ihm ein Absatz I vorausgeht, der die Unvereinbarkeit mit einer Reihe von Verfassungsämtern gesondert untersagt. Art. 66 GG enthält demgegenüber keinen entsprechenden Absatz I. Folglich muss es bei Art. 66 GG bei der Wortbedeutung bleiben. Eine restriktive Auslegung des Art. 66 GG, die mit der Auslegung des Art. 55 II GG vergleichbar wäre, kommt mithin nicht in Betracht.

Überdies kann die Bedeutung des Art. 66 GG auch nicht durch einen Verweis auf Art. 53 a I 2, 2. HS GG, Art. 55 I GG und Art. 94 I 3 GG eingeschränkt werden. Art. 53 a I 2, 2. Hs. GG, Art. 55 I GG und Art. 94 I 3 GG sind jeweils lex specialis zu Art. 66 GG. Art. 53 a I 2, 2. Hs. GG, Art. 55 I GG und Art. 94 I 3 GG verhindern nicht, dass Art. 66 GG für die Verfassungsämter zur Anwendung gelangt, die sie nicht regeln[223].

Fernerhin zeigt auch eine historische Auslegung des Art. 66 GG, dass der Begriff des anderen besoldeten Amtes andere Verfassungsämter umfasst. Der Organisationsausschuss des Parlamentarischen Rates, auf dessen Anregung hin erst eine Unvereinbarkeitsbestimmung für den Regierungsbereich vorgesehen wurde, vertrat die Auffassung, dass ein so hohes Amt wie das des Bundeskanzlers oder Bundesministers von allen Bindungen frei sein müsse[224]. Auch stellte der Ausschuss auf Anfrage eines Abgeordneten fest, dass auf Grund der Bestimmung des anderen besoldeten Amtes in Art. 66 GG Mitglieder der Bundesregierung nur Ehrenämter übernehmen dürften[225]. Diese historischen Materialien legen somit die Schlussfolgerung nahe, dass grundsätzlich auch Verfassungsämter von dem Begriff des anderen besoldeten Amtes im Sinne des Art. 66 GG umfasst sein können. Anhaltspunkte für eine gegenteilige Auslegung sind zumindest nicht erkennbar.

Auch eine teleologische Auslegung des Art. 66 GG spricht für eine grundsätzliche Einbeziehung von Verfassungsämtern in den Begriff des anderen besoldeten Amtes. Die wesentlichen Ziele der in Art. 66 GG geregelten Unvereinbarkeit des Regierungsamts mit anderen besoldeten Ämtern sind die Verwirklichung der Gewaltenteilung und die Konzentration der Arbeitskraft des Regierungsmitglieds auf das Regierungsamt[226]. Probleme der Gewaltenteilung ergeben sich jedoch bei der gleichzeitigen Ausübung eines Regierungsamts und eines anderen Verfassungsamts zumindest genauso stark wie bei der gleichzeitigen Ausübung eines Regierungsamts

[222] Herzog in Maunz/Dürig, Art. 66 Rn. 33. Auch das Amt eines Landesstaatsoberhaupts wäre von Art. 55 II GG erfasst.
[223] Herzog in Maunz/Dürig, Art. 66 Rn. 30.
[224] JöR n. F. 1 (1951), 441.
[225] JöR n. F. 1 (1951), 442.
[226] Herzog in Maunz/Dürig, Art. 66 Rn. 2 ff.

und eines „einfachen" öffentlichen Amtes. Der von der Gegenansicht angeführte Vorschlag, die Unvereinbarkeit von Regierungsamt und anderen Verfassungsämter ausschließlich über verfassungsrechtliche Strukturprinzipien zu lösen, überzeugt nicht. Dies führt nur zu einer Verschiebung der Problematik aus dem Normbereich des Art. 66 GG heraus, obwohl letztlich die gleichen Maßstäbe zu Grunde gelegt werden[227]. Des Weiteren könnte die Konzentration auf das Regierungsamt bei der gleichzeitigen Ausübung eines anderen Verfassungsamts leiden oder sogar unmöglich werden. Somit wird auch das Ziel der Konzentration auf das Regierungsamt nur durch die Einbeziehung anderer Verfassungsämter in den Begriff des anderen besoldeten Amtes erreicht. Mithin belegt auch eine teleologische Auslegung, dass Verfassungsämter grundsätzlich neben den „einfachen" öffentlichen Ämtern in den Amtsbegriff des Art. 66 GG einzubeziehen sind.

Schließlich sei noch darauf hingewiesen, dass eine Einbeziehung von Verfassungsämtern in den Begriff des anderen besoldeten Amtes im Sinne des Art. 66 GG nicht zu Problemen bei den Rechtsfolgen führt, da nicht – wie von der oben dargestellten Ansicht behauptet - alle mit dem Regierungsamt unvereinbaren Ämter zwingend ruhen müssen[228]. Folglich sprechen auch die Rechtsfolgen des Art. 66 GG nicht gegen eine Einbeziehung anderer Verfassungsämter in den Begriff des anderen besoldeten Amtes im Sinne des Art. 66 GG.

c. Mitgliedschaft im Bundestag als ein anderes besoldetes Amt gemäß Art. 66 GG?

Nachdem grundsätzlich festgestellt wurde, dass Verfassungsämter unter den Begriff des anderen besoldeten Amtes im Sinne des Art. 66 GG fallen können, ist im folgenden gesondert zu ermitteln, ob die Mitgliedschaft im Bundestag ein anderes besoldetes Amt im Sinne des Art. 66 GG darstellt[229].

Nach einer Ansicht im Schrifttum handelt es sich bei der Mitgliedschaft im Bundestag um kein anderes besoldetes Amt im Sinne des Art. 66 GG. Es fehle an der für ein besoldetes Amt notwendigen Besoldung. Bundestagsabgeordnete hätten gemäß

[227] Epping in v. Mangoldt/Klein/Starck, Art. 66 Rn. 6.

[228] Vgl. Epping in v. Mangoldt/Klein/Starck, Art. 66 Rn. 38 ff.

[229] Im Schrifttum ist es umstritten, ob es sich bei der Mitgliedschaft im Bundestag um ein anderes besoldetes Amt im Sinne des Art. 66 GG handelt und mithin die Mitgliedschaft in der Bundesregierung mit der Mitgliedschaft im Bundestag unvereinbar ist. Achterberg, S. 236 f.; Schneider in AK I, Art. 66 Rn. 2 ff.; Badura, E Rn. 27; Beyer, S. 216 ff.; Schenke in BK, Art. 64 Rn. 32; Hermes in Dreier II, Art. 66 Rn. 18; Gralher, ZRP 1977, 156, 157 f.; Hesse, Rn. 489; Pieroth in Jarass/Pieroth, Art. 66 Rn. 1; v. Mangoldt/Klein, Art. 66 Anm. IV 2 a; Herzog in Maunz/Dürig, Art. 66 Rn. 33 ff.; Maunz/Zippelius, § 34 II 4; Liesegang in v. Münch, Art. 66 Rn. 5.; v. Münch, NJW 1998, 34; Meyn in v. Münch/Kunig, Art. 66 Rn. 8; Rieß, S. 61 ff; Oldiges in Sachs, Art. 66 Rn. 25; Schmidt-Bleibtreu/Klein, Art. 66 Rn. 1; Schmidt-Jortzig, ZStW 130 (1970), 123 ff.; Tsatsos in Schneider/Zeh, § 23 Rn. 6; Sturm, S. 91 ff. vertreten die herrschende Meinung im Schrifttum. Nach dieser Meinung ist eine Doppelmitgliedschaft in der Bundesregierung und im Bundestag verfassungsrechtlich zulässig. Demgegenüber vertreten Achterberg, ZgS 126 (1970), 344, 357 f.; Dittmann, ZRP 1978, 52; Epping in v. Mangoldt/Klein/Starck, Art. 66 Rn. 17 ff.; Meyer in Schneider/Zeh, § 4 Rn. 30 ff. die Mindermeinung im Schrifttum. Nach dieser Ansicht ist eine Doppelmitgliedschaft in der Bundesregierung und im Bundestag verfassungsrechtlich unzulässig.

Art. 48 III GG lediglich Anspruch auf eine angemessene, ihre Unabhängigkeit sichernde Entschädigung[230]. Ein Amt, für dessen Wahrnehmung sein Träger eine Entschädigung erhalte, sei aber das Gegenteil eines besoldeten Amtes[231]. Auch die Auffassung des Bundesverfassungsgerichts im sogenannten „Diätenurteil"[232], dass „die Aufwandsentschädigung der Bundestagsabgeordneten immer mehr den Charakter einer Besoldung annehme", überzeugt die Vertreter dieser Ansicht nicht. Sie unterstellt dem Bundesverfassungsgericht, dass ihm bei dieser Aussage „eine Art Motivverwechselung unterlaufen" sei[233]. Überdies sei die eindeutige Charakterisierung der Abgeordnetenbezüge, die Art. 48 III 1 GG vornehme, nicht einfach außer Betracht zu lassen[234]. Somit übe der Bundestagsabgeordnete zwar ein Amt aus, aber kein besoldetes im Sinne des Art. 66 GG. Folglich steht nach dieser Auffassung Art. 66 GG einer Doppelmitgliedschaft in Bundesregierung und Bundestag nicht entgegen.

Die soeben dargestellte Ansicht, dass es sich bei der Mitgliedschaft im Bundestag um kein anderes besoldetes Amt im Sinne des Art. 66 GG handele, da es an einer Besoldung fehle, überzeugt nicht. Zwar könnte der Wortlaut des Art. 48 III S. 1 GG, der von einer „angemessenen Entschädigung" spricht, nahelegen, dass der Bundestagsabgeordnete lediglich ein Ehrenamt ausübe; ein Blick auf die Realität, d. h. den zeitlichen Umfang der Tätigkeit des Bundestagsabgeordneten und die Höhe der Entschädigung, die er für diese Tätigkeit erhält, zeigt jedoch das Gegenteil[235]. Dies ist vom Bundesverfassungsgericht im sogenannten Diätenurteil zutreffend anerkannt worden[236]. In diesem Urteil wird die Tätigkeit des Abgeordneten wiederholt als „full-time-job" bezeichnet[237]. Die Abgeordnetentätigkeit fordert nach der Auffassung des Bundesverfassungsgerichts den vollen Einsatz der Arbeitskraft, ist auf Dauer angelegt und kann daher auch angesichts der gewährten angemessenen Entschädigung nicht mehr als ehrenamtliche Nebentätigkeit betrachtet werden[238]. Die Entschädigung für den Bundestagsabgeordneten im Sinne des Art. 48 III 1 GG ist somit als Entgelt für die Inanspruchnahme durch das seine Hauptbeschäftigung darstellende Abgeordnetenmandat zu verstehen[239]. Folglich kann die Vereinbarkeit der Mitgliedschaft in der Bundesregierung mit der Mitgliedschaft im Bundestag nicht mit der fehlenden Besoldung der Bundestagsabgeordneten begründet werden.

---

230 Herzog in Maunz/Dürig, Art. 66 Rn. 34.
231 Herzog in Maunz/Dürig, Art. 66 Rn. 34; Liesegang in v. Münch, Art. 66 Rn. 5.
232 BVerfGE 32, 157, 164.
233 Herzog in Maunz/Dürig, Art. 66 Rn. 34.
234 Herzog in Maunz/Dürig, Art. 66 Rn. 34.
235 Nach einer Vollerhebung aller Mitglieder des 11. Deutschen Bundestages beträgt der durchschnittliche Zeitaufwand für die Abgeordnetentätigkeit 77,9 Stunden pro Sitzungswoche und 78,1 Stunden in einer sitzungsfreien Woche (Schindler, S. 547). Die „Abgeordnetenentschädigung", die ein Bundestagsabgeordneter ab dem 1. Januar 2002 pro Jahr erhält, beträgt gemäß § 11 I 2 AbgG 82.536,-- Euro.
236 BVerfGE 40, 296.
237 BVerfGE 40, 296, 314.
238 BVerfGE 40, 296, 313 f.
239 BVerfGE 40, 296, 314; Dittmann, ZRP 1978, 52, 53; Epping in v. Mangoldt/Klein/Starck, Art. 66 Rn. 18.

Als weitere Begründung für die Zulässigkeit der Doppelmitgliedschaft in der Bundesregierung und dem Bundestag wird das parlamentarische Regierungssystem der Bundesrepublik Deutschland angeführt[240]. Die Vereinbarkeit von Regierungsamt und Parlamentsmandat sei in einem parlamentarischen Regierungssystem sachnotwendig, da in diesem System Regierung und Parlamentsmehrheit eine politische Handlungseinheit bildeten, die sowohl zum Interesse der Regierung als auch zum Vorteil der Mehrheitsfraktion(en) auch durch personelle Verflechtungen und Doppelmitgliedschaften zusammengehalten und effektiviert werden müsse[241]. Der Verweis auf das parlamentarische Regierungssystem der Bundesrepublik Deutschland ist jedoch nicht überzeugend, da mit einem parlamentarischen Regierungssystem nicht zwingend die Vereinbarkeit von Regierungsamt und Abgeordnetenamt verbunden ist[242]. Der Begriff des parlamentarischen Regierungssystems besagt ausschließlich, dass die Regierung vom Vertrauen des Parlaments abhängig ist[243]. Funktionelle Mindestvoraussetzung des parlamentarischen Regierungssystems ist nur, dass das Parlament die Möglichkeit eines Misstrauensvotums gegen die Regierung besitzt[244]. Die genaue Ausformung des parlamentarischen Regierungssystems ergibt sich jedoch aus der jeweiligen Verfassung[245]. Die Untersuchung einer Vielzahl von parlamentarischen Regierungssystemen anderer Staaten, die eine Unvereinbarkeit von Regierungsamt und Abgeordnetenmandat vorsehen, zeigt, dass eine Verknüpfung von Regierungsamt und Abgeordnetenmandat für ein parlamentarisches Regierungssystem nicht zwingend ist[246]. Dieses Ergebnis wird auch durch die Ausformung des parlamentarischen Regierungssystems in den Bundesländern Bremen und Hamburg bestätigt. Den Mitgliedern der Landesregierungen in Bremen[247] und Hamburg[248] ist die Mitgliedschaft im jeweiligen Landesparlament untersagt.

Als weitere Begründung für die Doppelmitgliedschaft in Bundesregierung und Bundestag wird Art. 53 a I 2, 2. Hs. GG angeführt[249]. Art. 53 a GG ist 1968 in das Grundgesetz eingefügt worden[250]. Art. 53 a I 1 GG bestimmt, dass der Gemeinsame Ausschuss aus Abgeordneten des Bundestages und Mitgliedern des Bundesrates

---

[240] Schneider in AK I, Art. 66 Rn. 4; Beyer, S. 216; Meyn in v. Münch/Kunig, Art. 66 Rn. 8; Oldiges in Sachs, Art. 66 Rn. 25; Sturm, S. 91 f.
[241] Schneider in AK I, Art. 66 Rn. 4.
[242] Hess, ZParl 2 (1971), 262.
[243] Badura, § 23 Rn. 10.
[244] Schneider in Isensee/Kirchhof I, § 13 Rn. 4 ff.
[245] Epping in v. Mangoldt/Klein/Starck, Art. 66 Rn. 19.
[246] Argentinien, Belgien, Brasilien, Frankreich, Luxemburg, Mexiko, die Niederlande, Norwegen, Portugal, Schweden, Schweiz, die Vereinigten Staaten von Amerika und Zypern haben u. a. ein parlamentarisches Regierungssystem, in dem ein Regierungsamt mit der Mitgliedschaft im Parlament unvereinbar ist (vgl. Laundy, S. 32).
[247] Art. 108 Brem Verf.
[248] Art. 38 a I Hamb Verf.
[249] Schneider in AK I, Art. 66 Rn. 4; Hermes in Dreier II, Art. 66 Rn. 18; Herzog in Maunz/Dürig, Art. 66 Rn. 35; Schmidt-Bleibtreu/Klein, Art. 66 Rn. 1; Meyn in v. Münch/Kunig, Art. 66 Rn. 8; Schmidt-Jortzig, ZStW 130 (1974), 123, 125.
[250] Siebzehntes Gesetz zur Ergänzung des Grundgesetzes v. 24. 6. 1968 (BGBl I S. 709).

besteht. Art. 53 a I 2, 2. Hs. GG legt fest, dass die vom Bundestag in den Gemeinsamen Ausschuss entsandten Abgeordneten nicht der Bundesregierung angehören dürfen. Im Umkehrschluss soll somit aus Art. 53 a I 2, 2. Hs. GG gefolgert werden können, dass generell eine Doppelmitgliedschaft in Bundesregierung und Bundestag vom Grundgesetz vorgesehen ist und Art. 53 a I 2, 2. Hs. GG nur eine Ausnahme von dieser Regelung bestimmt[251]. Folglich lege Art. 53 a I 2, 2. Hs. GG fest, dass die schon bis 1968 praktizierte Doppelmitgliedschaft in Bundesregierung und Bundestag verfassungsrechtlich zulässig sei[252]. Dieser Argumentation kann aber entgegengehalten werden, dass Art. 53 a I 2, 2. Hs. GG, der mit der Notstandsverfassung von 1968 eingeführt wurde, eine Rechtfertigung für diese Doppelmitgliedschaft nur dann liefern könnte, wenn er eine Rechtsgrundlage für die Vereinbarkeit der Mitgliedschaft in Bundesregierung und Bundesparlament enthält[253]. Eine Rechtsgrundlage für die Vereinbarkeit der Mitgliedschaft in der Bundesregierung mit der Mitgliedschaft in dem Bundestag wäre Art. 53 a I 2, 2. Hs. GG jedoch nur dann, wenn der verfassungsändernde Gesetzgeber von 1968 mit diesem Artikel grundsätzlich die verfassungsrechtliche Zulässigkeit der Doppelmitgliedschaft in Bundesregierung und Bundestag regeln wollte. Dies war jedoch nicht der Fall. Der verfassungsändernde Gesetzgeber ging von der damals im Schrifttum unstreitigen Vereinbarkeit von Regierungsamt und Abgeordnetenmandat aus, die für den Gemeinsamen Ausschuss durchbrochen werden sollte[254]. Wollte man Art. 53 a I 2, 2. Hs. GG demgegenüber konstitutive Wirkung beimessen, unterstellt man dem verfasungsändernen Gesetzgeber von 1968, dass er die bis 1968 praktizierte Vereinbarkeit von Mitgliedschaft in Bundesregierung und Bundestag als unautorisiert eingestanden hätte und für die Zukunft verfassungsrechtlich legitimieren wollte[255]. Für dieses Eingeständnis der Verfassungswidrigkeit der parlamentarischen Regierungspraxis bis 1968 gibt es jedoch keine Anhaltspunkte[256]. Mithin kann Art. 53 a I 2, 2. Hs. GG keine Rechtsgrundlage für die Vereinbarkeit von Regierungsamt und Abgeordnetenmandat darstellen[257].

Schließlich kann die Zulässigkeit der Doppelmitgliedschaft in Bundesregierung und Bundestag aber mit dem Verfassungsgewohnheitsrecht der Bundesrepublik Deutschland gerechtfertigt werden[258]. Das Bestehen und der Inhalt einer solchen gewohnheitsrechtlichen Verfassungsregel erklärt sich bei einer Betrachtung der deutschen Verfassungsgeschichte seit 1850[259]. Die preußische Verfassung von 1850,

---

[251] Schneider in AK I, Art. 66 Rn. 4; Herzog in Maunz/Dürig, Art. 66 Rn. 35.
[252] Schmidt-Jortzig, ZStW 130 (1974), 123, 125.
[253] Schmidt-Jortzig, ZStW 130 (1974), 123, 125.
[254] Epping in v. Mangoldt/Klein/Starck, Art. 66 GG Rn. 22.
[255] Schmidt-Jortzig, ZStW 130 (1974), 123, 125.
[256] Die amtliche Begründung gibt über die Motive der Einfügung des Art. 53 a I 2, 2. Hs. GG keine Auskunft (BT-Drucks. 5/1879).
[257] Fraglich bleibt noch das Verhältnis von Art. 53 a I 2, 2. Hs. zu den übrigen Normen und Prinzipien des Grundgesetzes. Nach der herrschenden Meinung stellt Art. 53 a I 2, 2. Hs. GG eine Ausnahme von der generellen Vereinbarkeit von Regierungsamt und Abgeordnetenmandat dar.
[258] Schmidt-Jortzig, ZStW 130 (1974), 123, 125, 136 ff.; Sturm, S. 92.
[259] Schmidt-Jortzig, ZStW 130 (1974), 123, 136.

die Verfassung des Norddeutschen Bundes von 1867 und die Reichsverfassung von 1871 regelten alle die Unvereinbarkeit von Regierungsamt und Abgeordnetenamt[260]. In Abkehr von diesen Verfassungen hat die Weimarer Reichsverfassung auf eine Regelung der Unvereinbarkeit von Regierungsamt und Reichstagsmandat verzichtet. Daraufhin ist als Folge der Nichtregelung die gleichzeitige Mitgliedschaft in Reichsregierung und Reichstag in Übereinstimmung mit dem damaligen Schrifttum in den insgesamt 20 Reichsregierungen bis zum 30. 1. 1933 praktiziert worden[261]. Das Grundgesetz hat, da es kein ausdrückliches Verbot der Vereinbarkeit von Regierungsamt und Abgeordnetenamt enthält, sich stillschweigend zur jener rechtlichen Praxis bekannt, die bis 1933 in Deutschland gegolten hat[262]. Die Zulässigkeit der Doppelmitgliedschaft in Bundesregierung und Bundestag beruht also auf „staatsrechtlichem, zur materiellen Verfassung gehörenden Gewohnheitsrecht, das seinen Ursprung im Weimarer Parlamentarismus" hat[263].

2. § 5 I 1 BMinG

§ 5 I 1 BMinG bestimmt wie Art. 66 GG, dass Mitglieder der Bundesregierung neben ihrem Amt kein anderes besoldetes Amt ausüben dürfen. Dabei kommt § 5 I 1 BMinG bezüglich der Vereinbarkeit der Mitgliedschaft in der Bundesregierung mit der Mitgliedschaft im Bundestag keine über Art. 66 GG hinausgehende Bedeutung zu, da der Begriff des anderen besoldeten Amtes in § 5 I 1 BMinG dieselben Ämter umfasst wie der Begriff des anderen besoldeten Amtes in Art. 66 GG und § 5 I 1 BMinG keine eigenständigen Rechtsfolgen bei einem Verstoß gegen dieses Verbot anordnet[264].

3. Finanzielle Auswirkungen der Mitgliedschaft im Bundestag

Mitglieder des Bundestages erhalten gemäß § 11 I 2 AbgG ab dem 1. Januar 2002 jährlich eine steuerpflichtige Abgeordnetenentschädigung in Höhe von 82.529 Euro. Mitglieder der Bundesregierung, die gleichzeitig dem Bundestag angehören, erhalten jedoch nicht die vollständigen Abgeordneteneinkünfte. In diesem Fall wird die steuerpflichtige Abgeordnetenentschädigung gemäß § 29 I AbgG um fünfzig Prozent gekürzt. Mitglieder der Bundesregierung erhalten mithin neben ihren Ministerbezügen jährlich 41.264,50 Euro steuerpflichtige Abgeordnetenentschädigung, wenn sie dem Bundestag angehören.

---

[260] Siehe Art. 78 III der Preußischen Verfassung von 1850; Art. 21 II der Verfassung des Norddeutschen Bundes von 1867; Art. 21 II und Art. 9 S. 2 der Reichsverfassung von 1871.

[261] Anschütz, Art. 44, Rn. 1; Gebhard, S. 280; Giese, S. 149; Tatarin-Tarnheyden in Anschütz/Thoma, S. 423; Thoma in Anschütz/Thoma, S. 506.

[262] Schmidt-Jortzig, ZStW 130 (1974), 123, 139.

[263] Schmidt-Jortzig, ZStW 130 (1974), 123, 140.

[264] Vgl. BT-Drucks. 1/3551, 7.

4. Stellungnahme

Nachdem die Untersuchung des geltenden Rechts die verfassungsrechtliche Zulässigkeit der Doppelmitgliedschaft in Bundesregierung und Bundestag gezeigt hat, soll im folgenden hinterfragt werden, ob diese Doppelmitgliedschaft auch verfassungspolitisch wünschenswert ist[265].

Gegen die Doppelmitgliedschaft in Regierung und Parlament könnte die Fülle an Aufgaben sprechen, die Regierungsmitglieder zu erledigen haben. Wie oben dargelegt, erfordern diese vielfältigen Aufgaben eines Regierungsmitglieds die Konzentration der gesamten Arbeitskraft auf das Regierungsamt. Diese Konzentration könnte bei einer gleichzeitigen Mitgliedschaft im Parlament und bei strikter Beachtung der dem Abgeordneten auferlegten Pflichten beeinträchtigt werden. So obliegen den Abgeordneten des Bundestages u. a. die vom Grundgesetz auferlegten Pflichten der Teilnahme an den Arbeiten des Parlaments und seiner Ausschüsse[266]. Im Durchschnitt verwendete ein Bundestagsabgeordneter in der 11. Legislaturperiode ca. 78 Stunden pro Woche für seine Abgeordnetentätigkeit[267]. Mithin scheint eine Konzentration der gesamten Arbeitskraft des Regierungsmitglieds auf das Regierungsamt schon aus Zeitgründen nicht mehr möglich zu sein, wenn der „full-time-job" des Abgeordneten pflichtgemäß ausgeübt wird. Diese These wird jedoch dadurch widerlegt, dass sich die Tätigkeiten eines Ministers mit den Tätigkeiten eines für diesen Bereich zuständigen Abgeordneten zum Teil überschneiden. Diese Einschätzung wird durch die Ausführungen des langjährigen Bundesaußenministers Hans-Dietrich Genscher bestätigt. Dieser berichtet, dass er als Außenminister im Interesse des Regierungsamts an allen Fraktionssitzungen, den Arbeitskreissitzungen zur Außenpolitik und den Sitzungen des Auswärtigen Ausschusses teilgenommen habe. Gleiches hätte er getan, wenn er „nur" Abgeordneter für Außenpolitik gewesen wäre[268]. Folglich ist eine Konzentration auf das Regierungsamt auch bei Erfüllung der Abgeordnetenpflichten möglich.

Gegen die Doppelmitgliedschaft in Bundesregierung und Bundestag wird überdies angeführt, dass eine effektive Kontrolle der Regierung durch Abgeordnete, die zugleich Minister sind, nicht möglich sei[269]. Es sollte vielmehr die Aufgabe des gesam-

---

[265] Bestrebungen, die im Bund seit über 50 Jahren praktizierte Doppelmitgliedschaft in Regierung und Parlament zu beseitigen, haben durch die jüngsten Änderungsvorschläge der Parteien FDP und Bündnis 90/Die Grünen wieder an Aktualität gewonnen. Beide Parteien haben auf Parteitagsbeschlüssen eine zwingende Trennung von Regierungsmitgliedschaft und Abgeordnetenmandat gefordert. Der Beschluss der FDP stammt vom 45. Bundesparteitag am 2. 4. 1994, der durch das Wahlprogramm zur Bundestagswahl 1998 etwas abgeändert wurde (angefordert bei der Bundesgeschäftsstelle der FDP in Berlin). Der Beschluss von Bündnis 90/Die Grünen ist auf der 16. Ordentlichen Bundesdelegiertenkonferenz am 10. 3. 2001 verabschiedet worden (angefordert bei der Bundesgeschäftsstelle von Bündnis 90/Die Grünen in Berlin).

[266] Epping in v. Mangoldt/Klein/Starck, Art. 66 Rn. 23.

[267] Vgl. Fn. 235.

[268] Genscher in Tsatsos, S. 39.

[269] Tsatsos in Tsatsos, S. 21.

ten Parlaments bleiben, die Regierung zu kontrollieren[270]. Gehe man von dieser Kontrollfunktion des gesamten Parlaments aus, müsse auch der Grundsatz gelten, dass Kontrolleure sich nicht selbst kontrollieren können[271]. Dieser Grundsatz werde aber verletzt, wenn Mitglieder der Regierung auch dem Parlament derselben Staatsebene angehören[272]. Dieser Ansicht kann aber zu Recht entgegengehalten werden, dass sich der moderne Rechtsstaat des Grundgesetzes von der strikten Gewaltenteilung im Sinne Montesquieus bewusst entfernt hat[273]. Vielmehr sind – wie oben gesehen – Durchbrechungen der Gewaltenteilung zulässig[274]. Um eine solche Durchbrechung handelt es sich auch bei der Mitgliedschaft von Regierungsmitgliedern im Parlament derselben Staatsebene. Diese Durchbrechung der Gewaltenteilung schafft auch keine unangemessene Machtkonzentration bei der Regierung, da nach einem richtigen politikwissenschaftlichen Befund die Linie der Gewaltenteilung heute nicht mehr allein zwischen Regierung und Parlament, sondern (überlagernd) zwischen der sie stützenden Parlamentsmehrheit auf der einen Seite und der Opposition im Parlament auf der anderen Seite verläuft[275].

Für ein Verbot der Doppelmitgliedschaft in Bundesregierung und Bundestag könnte fernerhin auch ein Vergleich mit den Unvereinbarkeitsregelungen für Beamte sprechen. Art. 137 I GG bestimmt, dass die Wählbarkeit von Beamten im Bund, in den Ländern und den Gemeinden gesetzlich beschränkt werden kann[276]. Der Gesetzgeber hat von dieser Möglichkeit durch die Einführung der §§ 5 ff. AbgG, §§ 7 a, 33 BRRG und §§ 8 a, 28 Nr. 2, 89 a BBG Gebrauch gemacht. Aus diesen Normen ergibt sich, dass Beamte nicht gleichzeitig dem Bundestag angehören dürfen. Es soll verhindert werden, dass „durch Personalunion die Kontrolleure der Verwaltung sich selbst kontrollieren, insofern sie zugleich Aufgaben und Verantwortung innerhalb der Verwaltung wahrnehmen, und damit die Gefahr von Entscheidungskonflikten und daraus möglicherweise resultierender Verfilzungen“ abwehren[277]. Überdies sollen Beamte nicht an der parlamentarischen Beschlussfassung über Gesetze mitwirken, die sie nachher auszuführen haben[278]. Wird gesetzlich nur eine Unvereinbarkeit für die Beamten und nicht für ihre obersten Vorgesetzten, die Regierungsmitglieder, geregelt, liegt der Vorwurf nahe, dass Regierungsmitglieder gegenüber einer vergleichbaren Berufsgruppe bessergestellt werden[279]. Dieser Vorwurf ist jedoch unberechtigt, da sich die Aufgaben der Regierungsmitglieder im Gegensatz zu den der Beamten nicht im Gesetzesvollzug

---

[270] V. Arnim, Politik, Macht, Geld, S. 109 ff.
[271] Rassow, liberal 1997, S. 24 ff.
[272] Meyer in Schneider/Zeh, Rn. 33.
[273] Sturm, S. 93.
[274] Vgl. S. 27 f.
[275] Hermes in Dreier II, Art. 66 Rn. 18; Steffani, S. 138 f., 148 ff.; Sturm, S. 94 f.; Wrege, Jura 1996, 436, 438.
[276] Art. 137 I GG ermächtigt damit den Gesetzgeber, Inkompatibilitäten zu schaffen (Schmidt-Bleibtreu/Klein, Art. 137 Rn. 1 d).
[277] BVerfGE 38, 326, 339.
[278] BVerfGE 18, 172, 183.
[279] Vesper in Tsatsos, S. 30.

erschöpfen. Die Regierungsmitglieder sind – wie oben gesehen - auch maßgebend an der politischen Staatsleitung beteiligt. Die Erfüllung dieser Aufgaben durch die Regierung erfordert eine enge Verbindung der Regierung mit dem Parlament. So bedürfen die Minister, wenn sie politisch aktionsfähig sein sollen, zur Durchsetzung ihrer Absichten der Hausmacht im Parlament[280]. Die notwendige Wechselbeziehung von Regierung und Parlament findet mithin ihren Ausdruck in der Tatsache, dass die Regierungsmitglieder in der Regel dem Parlament entstammen und auch während ihrer Amtszeit als Minister ihr Abgeordnetenmandat ausüben[281]. Die Unvereinbarkeit von Regierungsamt und Parlamentsmandat würde demgegenüber die Gefahr einer handlungsunfähigen Regierung mit sich bringen. Eine vom Parlament personell unabhängige Regierung könnte diese in einen „luftleeren Raum versetzen", wo die Regierung der „Realität des pluralistischen Parteienstaats entrückt zur politischen Unwirksamkeit verurteilt" wäre[282]. Mögliche Folge wäre eine Nebenregierung durch die Führer der Parlamentsmehrheit[283]. Diese ist jedoch zwingend zu vermeiden, da sie die Handlungsfähigkeit des gesamten Staates in Frage stellen könnte.

Fernerhin spricht für die Doppelmitgliedschaft in Regierung und Parlament, dass damit eine übermächtige Stellung des Regierungschefs gegenüber den anderen Regierungsmitgliedern verhindert wird[284]. So würde bei einem Verbot der Doppelmitgliedschaft in Regierung und Parlament die Entlassung eines Regierungsmitglieds durch den Regierungschef oft das Ende des politischen Lebens des Regierungsmitglieds bedeuten. Diese Gefahr des politischen Absturzes kann mithin dazu führen, dass die Position und Unabhängigkeit des Ministers gegenüber dem Regierungschef beeinträchtigt wäre[285]. Überdies würde es die Mitgliedschaft in den Regierungen für viele Berufspolitiker, die in der Bundesrepublik Deutschland die ganz überwiegende Zahl der Regierungsmitglieder stellen, unattraktiv machen[286].

Nachdem die Zulässigkeit der Doppelmitgliedschaft in Regierung und Parlament derselben Staatsebene als verfassungspolitisch wünschenswert bewertet wurde, muss jedoch Kritik an der konkreten Ausgestaltung auf Bundesebene geäußert werden. So verwundert es, dass sich die Zulässigkeit der Doppelmitgliedschaft nur auf Gewohnheitsrecht stützen kann. Aus dem Bestimmtheitsgebot folgt, dass den Gesetzen eindeutig zu entnehmen sein müsste, ob eine Doppelmitgliedschaft in Regierung und Parlament zulässig ist oder nicht. Mithin wäre in diesem, für das ordnungsgemäße Funktionieren des gesamten Staates so entscheidenden Bereich, eine ausdrückliche Normierung im Grundgesetz vorzuziehen.

Fernerhin ist nicht ersichtlich, warum Mitglieder der Bundesregierung zusätzlich zu den steuerpflichtigen Amtsbezügen eines Regierungsmitglieds noch eine

---

[280] Köttgen, S. 210; Schneider in AK I, Art. 66 Rn. 4.
[281] Sturm, S. 92.
[282] Sturm, S. 92.
[283] Köttgen, S. 210.
[284] Der ehemalige Bundesminister Hans-Dietrich Genscher in Tsatsos, S. 26 ff.
[285] Willand, S. 129.
[286] Genscher in Tsatsos, S. 26 ff.

steuerpflichtige Abgeordnetenentschädigung erhalten, wenn sie dem Bundestag angehören. Es ist den Regierungsmitgliedern vielmehr zumutbar, sich auf die finanziellen Leistungen des Staates an seine Regierungsmitglieder zu beschränken, da diese – wie oben gesehen - die finanzielle Unabhängigkeit der Regierungsmitglieder bereits sichern[287]. Es besteht somit kein Bedürfnis, die Mitgliedschaft im Parlament zusätzlich zu entlohnen, da alle Tätigkeiten der Regierungsmitglieder durch die Leistungen des Staates an seine Regierungsmitglieder bereits abgedeckt sind[288]. Anderenfalls entsteht zudem der Eindruck, dass Regierungsmitglieder eine Mitgliedschaft im Parlament nur deshalb anstreben, um zusätzliche finanzielle Vorteile zu erlangen.

II. Zulässigkeit der Doppelmitgliedschaft in Landesregierung und Landesparlament

In den Bundesländern Baden-Württemberg, Bayern, Berlin, Brandenburg, Hessen, Mecklenburg-Vorpommern, Niedersachsen, Rheinland-Pfalz, Saarland, Sachsen, Sachsen-Anhalt, Schleswig-Holstein und Thüringen ist die Doppelmitgliedschaft in der Landesregierung und dem Landesparlament zulässig[289]. Mithin kann in diesen Bundesländern ein Mitglied der Landesregierung dem Landtag angehören, muss dies jedoch nicht. Überdies ist anzumerken, dass die Mitglieder der Landesregierungen, die gleichzeitig einem Landesparlament angehören, grundsätzlich einen Anspruch auf die den Landtagsabgeordneten zustehende steuerpflichtige Abgeordnetenentschädigung haben. Alle Landesabgeordnetengesetze kürzen jedoch in diesem Fall die steuerpflichtige Abgeordnetenentschädigung um einen bestimmten Prozentsatz. Regierungsmitglieder, die gleichzeitig dem Landtag angehören, erhalten in Baden-Württemberg[290] 70 %, in Bayern, Berlin, Nordrhein-Westfalen und Sachsen[291] 50 %, in Thüringen[292] 35 %, in Rheinland-Pfalz[293] 30 % und in Brandenburg, Hessen, Mecklenburg-Vorpommern, dem Saarland, Sachsen-Anhalt und Schleswig-Holstein[294] 25 % der jeweiligen steuerpflichtigen Landtagsabgeordnetenentschädigung. Nur in Niedersachsen ist ein vollständiger Wegfall der steuerpflichtigen Abgeordnetenentschädigung für Abgeordnete geregelt, die gleichzeitig der Landesregierung angehören[295].

---

[287] Vgl. § 2.

[288] Vgl. v. Arnim, Diener vieler Herren, S. 59.

[289] Vgl. für Baden-Württemberg: Braun, Art. 53 Rn. 5; für Bayern: Meder, Art. 45 Rn. 1; für Berlin: Neumann in Pfennig/Neumann, Art. 55 Rn. 21; für Brandenburg: Jahn in Simon/Franke/Sachs, § 14 Rn. 19; für Hessen: Zinn/Stein, Art. 75 Rn. 24; für Mecklenburg-Vorpommern: Thiele in Thiele/Pirsch/Wedemeyer, Art. 41 Rn. 9; für Niedersachsen: Korte/Rebe, S. 261; für Rheinland-Pfalz: Gebauer in Grimm/Caesar, Art. 98 Rn. 18; für das Saarland: Brosig, S. 157; für Sachsen: Müller, Art. 62 Rn. 3; für Sachsen-Anhalt: Reich, Art. 64 Rn. 3; für Schleswig-Holstein: Staak, S. 100; für Thüringen: Linck/Jutzi/Hopfe, Art. 73 Rn. 7.

[290] § 21 I B-W AbgG.

[291] § 22 I Bay AbgG; § 21 I Berl AbgG; § 22 I N-W AbgG; § 23 I Sächs AbgG.

[292] § 22 I Thür AbgG.

[293] § 21 I R-P AbgG.

[294] § 21 I Brb AbgG; § 18 I Hess AbgG; § 27 I M-V AbgG; § 21 I Saarl AbgG; § 27 I S-H AbgG.

[295] § 14 II 1 Nds AbgG.

Für die Doppelmitgliedschaften in den genannten Bundesländern sprechen die gleichen verfassungspolitischen Argumente wie für die Doppelmitgliedschaft im Bund, so dass auf die oben dargestellte Auseinandersetzung verwiesen werden kann[296]. Positiv ist überdies anzumerken, dass in Niedersachsen bei Vorliegen einer Doppelmitgliedschaft in Landesregierung und Landesparlament die steuerpflichtige Abgeordnetenentschädigung vollständig gestrichen wird.

III. Zwingende Verbindung des Amts des Ministerpräsidenten mit der Mitgliedschaft im Landtag

Auch in Nordrhein-Westfalen ist die Doppelmitgliedschaft in Landesregierung und Landesparlament zulässig[297]. Überdies bestimmt Art. 52 I N-W Verf., dass der Landtag aus seiner Mitte den Ministerpräsidenten wählt. Aus der Formulierung „aus seiner Mitte" ergibt sich die Verpflichtung des Landtages, nur einen Ministerpräsidenten zu wählen, der dem wählenden Landtag als Abgeordneter angehört. Die Nichtbeachtung dieser Verpflichtung macht die Wahl ungültig[298]. Fernerhin handelt es sich bei der Abgeordneteneigenschaft des Ministerpräsidenten nicht nur um eine bloße Wählbarkeitsvoraussetzung, sondern um eine unverzichtbare Grundlage des Ministerpräsidentenamtes[299]. Somit hat der nachträgliche Verlust der Abgeordnetenstellung des Ministerpräsidenten auch zwingend den Verlust des Ministerpräsidentenamtes zur Folge[300].

Für die generelle Zulässigkeit der Doppelmitgliedschaft in Regierung und Parlament in Nordrhein-Westfalen sprechen die gleichen verfassungspolitischen Argumente wie für die Doppelmitgliedschaft im Bund[301]. Jedoch bedeutet die zwingende Verbindung des Ministerpräsidentenamtes mit der Mitgliedschaft im Parlament eine unnötige Beschränkung bei der Wahl eines kompetenten Ministerpräsidenten. Fähige Kandidaten, die mit der Politik in Nordrhein-Westfalen eng verbunden sind, jedoch zur Zeit der Wahl kein Landtagsmandat besitzen, sondern z. B. dem Bundestag angehören oder das Amt eines Bundesministers übernommen haben, sind von vornherein ausgeschlossen.

---

[296] Vgl. S. 46 ff.

[297] Geller/Kleinrahm, Art. 64 Rn. 4 h. Bei Vorliegen einer Doppelmitgliedschaft in Landesregierung und Landesparlament wird die steuerpflichtige Abgeordnetenentschädigung in Nordrhein-Westfalen – wie im Bund - gemäß § 22 I N-W AbgG um 50 % gekürzt.

[298] Geller/Kleinrahm, Art. 64 Rn. 4 h.

[299] V. Münch, NJW 1998, 34 lässt diese Frage offen.

[300] Geller/Kleinrahm, Art. 64 Rn. 4 h.

[301] Vgl. S. 46 ff.

IV. Unzulässigkeit der Doppelmitgliedschaft in Landesregierung und Landtag/Einrichtung eines ruhenden Mandats

1. Inhaltliche Ausgestaltung

In den Bundesländern Bremen und Hamburg bestimmen die Landesverfassungen ausdrücklich, dass die Mitglieder der Landesregierung nicht dem Landesparlament angehören dürfen[302]. Fernerhin existiert in diesen Bundesländern das sogenannte ruhende Mandat, d. h. das Abgeordnetenmandat eines Ministers ruht während seiner Amtszeit als Minister[303]. Das Ruhen des Mandats steht nicht einem Verzicht im Sinne einer Beendigung gleich; es besagt, dass der Minister nach dem Ausscheiden aus der Regierung sein Abgeordnetenmandat wieder ausüben kann, es sei denn er verzichtet endgültig auf dieses[304]. Während das Abgeordnetenamt eines Ministers ruht, rückt der nächstfolgende Listenbewerber nach, der in dieser Zeit das Abgeordnetenmandat des Ministers ausübt. Scheidet der Minister aus der Regierung aus, verliert der nachrückende Listenbewerber den Sitz in dem Parlament und der ehemalige Minister übt wieder das Abgeordnetenmandat aus.

2. Verfassungsrechtliche Zulässigkeit des ruhenden Mandats

Umstritten ist, ob die Einrichtung des ruhenden Mandats in den Bundesländern Bremen und Hamburg verfassungsrechtlich zulässig ist[305]. Die verfassungsrechtliche Problematik des ruhenden Mandats ergibt sich daraus, dass der Listennachfolger sein Mandat automatisch verliert, wenn das ruhende Mandat des Regierungsmitglieds wieder auflebt[306].

a. Verfassungswidriges Verfassungsrecht

Bevor die Vereinbarkeit des ruhenden Mandats in Bremen und Hamburg, die in den Landesverfassungen dieser Bundesländer geregelt ist, mit dem Grundgesetz und mit

---

[302] Vgl. Art. 108 I Brem Verf.; Art. 38 a I Hamb Verf.
[303] Vgl. Art. 108 II Brem Verf.; Art. 38 a II-III Hamb Verf.
[304] David, Art. 38 a Rn. 2.
[305] Der Hessische Verfassungsgerichtshofs hat 1977 eine einfachgesetzliche Vorschrift über das Ruhen des Mandats bei Minister-Abgeordneten für nichtig erklärt (NJW 1977, 2065; Besprechung dieser Entscheidung u. a. durch Franke, ZParlR 9 (1978), 49 ff.). Diese frühere hessische Regelung des ruhenden Mandats ist jedoch aus mehreren Gründen mit den Regelungen des ruhenden Mandats in Bremen und Hamburg nicht identisch: Erstens ging die hessische Regelung von der Vereinbarkeit von Ministeramt und Abgeordnetenmandat aus. Demgegenüber ist in Bremen und Hamburg die Unvereinbarkeit von Senatorenamt mit einem Bürgerschaftsmandat zwingend vorgegeben. Zweitens ist in Bremen und Hamburg das ruhende Mandat nicht wie in Hessen einfachgesetzlich, sondern in den Landesverfassungen geregelt. Drittens ist das ruhende Mandat in Bremen und Hamburg – anders als in Hessen - nicht nach den Wahlen für die laufende Wahlperiode eingefügt worden. Mithin lässt die Verfassungswidrigkeit der hessischen Regelung keine Rückschlüsse für oder gegen die verfassungsrechtliche Zulässigkeit des ruhenden Mandats in Bremen und Hamburg zu.
[306] Epping in v. Mangoldt/Klein/Starck, Art. 66 Rn. 24.

den Landesverfassungen von Bremen und Hamburg untersucht werden kann, muss vorab geprüft werden, ob es überhaupt verfassungswidriges Verfassungsrecht geben kann. Bei verfassungswidrigem Verfassungsrecht wird danach gefragt, ob eine Verfassungsnorm wegen eines Widerspruchs zu einer anderen Verfassungsnorm ungültig ist[307]. Die Anwort auf diese Frage muss zwischen zwei Konstellationen unterscheiden.

Verfassungswidriges Verfassungsrecht ist unzweifelhaft denkbar, wenn es sich um Verfassungsnormen in verschiedenen Verfassungen unterschiedlicher Ebene handelt: Normen in einer Landesverfassung können der Bundesverfassung (dem Grundgesetz) widersprechen[308]. Ist dies der Fall, so handelt es sich um (bundes-)verfassungswidriges (Landes-)Verfassungsrecht, das auf Grund von Art. 31 GG außer Kraft tritt[309].

Verfassungswidriges Verfassungsrecht innerhalb ein und derselben Verfassung, also z. B. innerhalb einer Landesverfassung, ist demgegenüber grundsätzlich nicht denkbar. Das Bundesverfassungsgericht hat dazu ausgeführt, dass Verfassungen „nur als Einheit begriffen werden. Daraus folgt, dass auf der Ebene der Verfassung selbst ranghöhere und rangniedere Normen in dem Sinne, dass sie aneinander gemessen werden könnten, grundsätzlich nicht denkbar sind“[310]. Das Bundesverfassungsgericht hält es jedoch für denkbar, dass eine Verfassungsnorm gegen überpositive Grundsätze der Gerechtigkeit verstößt, die auch den Verfassungsgeber binden[311]. Die Wahrscheinlichkeit, dass ein freiheitlich demokratischer Verfassungsgeber diese Grenzen überschreite, komme jedoch einer praktischen Unmöglichkeit nahezu gleich[312].

b. Vereinbarkeit des ruhenden Mandats mit dem Grundgesetz

Im folgenden wird die Regelung des ruhenden Mandats in den Landesverfassungen von Bremen und Hamburg zunächst an den Normen des Grundgesetzes gemessen.

aa. Verstoß gegen die Freiheit des Mandats gemäß Art. 38 I 2 GG

Die Regelung des Art. 38 I 2 GG bezieht sich nach dem Wortlaut und der Rechtsprechung des Bundesverfassungsgerichts ausschließlich auf die Abgeordneten des Deutschen Bundestages[313]. Mithin kann die Regelung des ruhenden Mandats für die Mitglieder der Bürgerschaft in Bremen und Hamburg nicht an Art. 38 I 2 GG gemessen werden[314].

---

[307] Maunz/Zippelius, § 41 IV 4 a.
[308] V. Münch, Staatsrecht, Rn. 99.
[309] V. Münch, Staatsrecht, Rn. 99.
[310] BVerfGE 3, 325, 331.
[311] BVerfGE 3, 325, 332 ff.
[312] BVerfGE 3, 325, 333.
[313] Vgl. BVerfGE 3, 383, 390 f.; 6, 445, 447.
[314] Rosenau, ZParl 19 (1988), 35, 38.

bb. Verstoß gegen die Freiheit des Mandats gemäß Art. 28 I 1 GG

In der Bundesrepublik Deutschland haben die Länder Verfassungsautonomie und Verfassungshoheit. Diese Rechte bilden ein zentrales Element sowohl des föderalistischen Prinzips als auch der Eigenstaatlichkeit der Länder[315]. Die doppelte Staatlichkeit von Bund und Ländern gibt den Bundesländern die Kompetenz, ihre Staatsorganisation und Staatsziele selbständig im Rahmen einer eigenen gliedstaatlichen Verfassung festzulegen[316]. Der insoweit bestehende Gestaltungsspielraum der Länder ist groß, aber nicht unbeschränkt[317]. Das bundes- und gliedstaatliche Verfassungsgefüge verlangt ein gewisses Mindestmaß an verfassungsstruktureller und –materieller Übereinstimmung[318]. Aufgabe des Art. 28 I 1 GG ist es, dieses Minimum an Homogenität, nicht aber Uniformität, zu sichern, das für das Funktionieren des Bundesstaates unerlässlich ist[319]. Art. 28 I 1 GG bestimmt u. a., dass die verfassungsmäßige Ordnung in den Ländern den Grundsätzen des demokratischen Rechtsstaates im Sinne des Grundgesetzes entsprechen muss.

Zu diesen Grundsätzen des demokratischen Rechtsstaates im Sinne des Grundgesetzes gehört u. a. auch das freie Mandat i. S. d. Art. 38 I 2 GG[320]. Art. 38 I 2 GG bestimmt, dass die Abgeordneten des Deutschen Bundestages an Aufträge und Weisungen nicht gebunden und nur ihrem Gewissen unterworfen sind. Damit knüpft das Grundgesetz an die Tradition des freien Mandats an, das die Abgeordneten von Instruktionen der Vertretenen unabhängig und die parlamentarische Versammlung kompromiss- und entscheidungsfähiger machen sollte[321]. Vorrangiges Ziel des freien Mandats ist es, die Abgeordneten von Fremdbestimmung freizustellen und den Staatswillen rechtsverbindlich autonom im Parlament zu bilden[322]. Das freie Mandat steht somit im Gegensatz zu einem imperativen oder anderweit gebundenen Mandat[323].

Das ruhende Mandat in Bremen und Hamburg ist mit dem soeben beschriebenen freien Mandat nicht vereinbar. Wesentlicher Bestandteil der Entscheidungsfreiheit des Abgeordneten ist es, dass er über die Beendigung seiner Parlamentstätigkeit in der Regel selbst entscheiden kann[324]. Diese Entscheidungsfreiheit steht dem nachgerückten Abgeordneten jedoch nicht zu, da er durch den Rücktritt eines Senators jederzeit um sein Mandat gebracht werden kann[325].

Überdies ist es bei der Regelung des ruhenden Mandats in Bremen und Hamburg denkbar, dass ein nachgerückter Abgeordneter in seinem Abstimmungs-

---

315 Nierhaus in Sachs, Art. 28 Rn. 1.
316 BVerfGE 36, 342, 361.
317 Nierhaus in Sachs, Art. 28 Rn. 1.
318 Stern I, S. 704.
319 BVerfGE 36, 342, 361; 60, 175, 207 f.; 90, 60, 84.
320 BVerfG, DVBl 2000, 1600, 1602; Dress, S. 173; Gottschalck, S. 172.
321 JöR n. F. 1 (1951), S. 354 f.; Magiera, S. 137 f.
322 Scheuner, S. 240.
323 Stern I, S. 169 ff.
324 Kremer, S. 68.
325 Klein in Isensee/Kirchhof II, § 41 Rn. 20.

verhalten dadurch beeinflusst wird, dass sein Mandat jederzeit durch die Entscheidung eines anderen beendet werden kann[326]. Das heißt, es besteht die Gefahr, dass versucht werden könnte, „unzuverlässige Nachrücker" mit der Drohung des Wiedereintritts in das Parlament zu disziplinieren, falls der Nachrücker nicht im Sinne der Partei oder des Senators, für den er nachgerückt ist, abstimmt[327]. Besonders deutlich wird die Einschränkung der Entscheidungsfreiheit des nachgerückten Abgeordneten bei der Abstimmung über einen Misstrauensantrag gegen einen Senator in Bremen bzw. den gesamten Senat in Hamburg. Bei einem Erfolg dieses Antrags muss in Bremen der Senator bzw. in Hamburg der gesamte Senat zurücktreten[328]. Infolgedessen lebt das Bürgerschaftsmandat des Senators bzw. der Senatoren wieder auf. Der nachgerückte Abgeordnete würde also bei dem Sturz eines Senators bzw. des Senats in Kauf nehmen, dass er selbst sein Mandat verliert. Somit ist der nachgerückte Abgeordnete, um sein Mandat zu behalten, praktisch genötigt, für den einzelnen Senator bzw. den gesamten Senat zu stimmen[329]. Diese Beschränkung des Abstimmungsverhaltens ist mit dem freien Mandat im Sinne des Grundgesetzes jedoch nicht vereinbar. Folglich verstößt die Regelung des ruhenden Mandats in den Landesverfassungen von Bremen und Hamburg gegen die Grundsätze des demokratischen Rechtsstaats im Sinne des Art. 28 I 1 GG.

cc. Verstoß gegen die Unmittelbarkeit der Wahl gemäß Art. 28 I 2 GG

Art. 28 I 2 GG bestimmt, dass das Volk in den Ländern eine Vertretung haben muss, die aus unmittelbaren Wahlen hervorgegangen ist. Bei der Auslegung des Begriffs der Unmittelbarkeit der Wahl gelten die zu Art. 38 I 1 GG entwickelten Grundsätze[330]. Der Grundsatz der Unmittelbarkeit der Wahl „verlangt, dass die Mitglieder einer Volksvertretung direkt ohne die Einschaltung von Wahlmännern gewählt werden. Er schließt darüber hinaus jedes Wahlverfahren aus, bei dem zwischen Wähler und Wahlbewerber nach der Wahlhandlung eine Instanz eingeschaltet ist, die nach ihrem Ermessen den Vertreter auswählt und damit dem einzelnen Wähler die Möglichkeit nimmt, die zukünftigen Mitglieder der Volksvertretung durch die Stimmabgabe selbständig zu bestimmen"[331]. Die Unmittelbarkeit der Wahl bleibt nach dem Bundesverfassungsgericht erhalten, wenn – abgesehen von Nichtannahme, späterem Rücktritt oder ähnlichen Handlungen der Gewählten selbst – das Wahlergebnis allein von der im Wahlakt bekundeten Willensentscheidung der Wähler abhängig ist[332]. Bei der Frage, ob das ruhende Mandat in Hamburg und Bremen den zuvor beschriebenen Grundsatz der Unmittelbarkeit verletzt, ist zwischen zwei Konstellationen zu unterscheiden. Zum einen ist das Nachrücken eines Listenbewerbers zu beurteilen, nachdem ein Abgeord-

---

[326] Lohmeier, DVBl 1977, 405, 407.
[327] Epping in v. Mangoldt/Klein/Starck, Art. 66 Rn. 24.
[328] Vgl. 110 I, III Brem Verf.; Art. 35 I, III Hamb Verf.
[329] Achterberg/Schulte in v. Mangoldt/Klein/Starck, Art. 38 Rn. 59.
[330] Maunz in Maunz/Dürig, Art. 28 Rn. 28; Pieroth in Jarass/Pieroth, Art. 28 Rn. 6.
[331] BVerfGE 47, 253, 279 f.
[332] BVerfGE 3, 35, 51.

neter zum Senator ernannt ist. Zum anderen ist der Verlust des Mandats des Listennachfolgers zu betrachten, wenn das ruhende Mandat des Senators nach der Beendigung des Regierungsamts wieder auflebt.

Das Nachrücken eines Listenbewerbers, nachdem ein Abgeordneter zum Senator ernannt ist, verletzt den Grundsatz der Unmittelbarkeit der Wahl gemäß Art. 28 I 2 GG nicht. Ebenso wie die Nichtannahme des Gewählten, dessen Verzicht oder Rücktritt ist auch die Annahme eines Senatorenamtes, das zum Nachrücken eines Listenbewerbers führt, nicht auf die Entscheidung eines Dritten zurückzuführen. Überdies ist die Möglichkeit des vorzeitigen Ausscheidens des Gewählten durch die Annahme eines Senatorenamtes dem Wähler ebenso wie die Person des Nachfolgers auf der Landesliste bekannt. Durch die Erklärung des Gewählten, ein Senatorenamt anzunehmen, tritt insoweit keine Korrektur des Wählerwillens, sondern nur eine Bedingung für den Erwerb des Abgeordnetensitzes durch den Nachfolger ein. Der Vorgang des Nachrückens wird noch vom Wählerwillen umfasst; der Wechsel in der Mandatsausübung zu diesem Zeitpunkt ist kein sich zwischen Wahlakt und Wahlergebnis schiebender Vorgang. Vielmehr ist die Annahme des Senatorenamtes und der damit verfassungsrechtlich verbundene Verlust des Abgeordnetensitzes mit einer Verzichtserklärung vergleichbar.

Demgegenüber ist die Rückkehr des Senators in das Parlament nach der Erledigung seines Regierungsamts eine Form des Mandatserwerbs, die sich nicht unmittelbar aus der Wählerentscheidung ableitet[333]. Der Senator kehrt in die Bürgerschaft automatisch in dem Augenblick zurück, in dem er aus dem Senat ausscheidet[334]. Zum Ausscheiden aus dem Senat kann es in Bremen und Hamburg durch Rücktritt[335] oder Misstrauensvotum durch die Bürgerschaft[336], in Hamburg ferner durch Entlassung durch den Bürgermeister[337] und durch Neuwahl des gesamten Senats[338] kommen. Die Rückkehr in die Bürgerschaft ist in all diesen Fällen ein Automatismus, doch die Bedingung, die ihn auslöst, ist in all diesen Fällen nicht die Entscheidung des Wählers. Beim Misstrauensvotum, der Entlassung oder der Neuwahl sind es Dritte, die die Änderung der personellen Zusammensetzung während der Legislaturperiode herbeiführen; beim Rücktritt ist es sogar der Begünstigte selbst, dessen freie Willensentscheidung ganz nach seinem Belieben zur Reaktivierung des Mandats, zu seinem (Wieder-) Einzug in das Parlament und zum „Hinauswurf" des Platzhalters führt[339]. Folglich verstößt das ruhende Mandat in Bremen und Hamburg gegen den Grundsatz der Unmittelbarkeit der Wahl, der gemäß Art. 28 I 2 GG auch für die Landesparlamente in Bremen und Hamburg gilt.

---

333 Rosenau, ZParl 19 (1988), 35, 39.
334 Dress, Art. 38 a Rn. 6.
335 Art. 107 VI Brem Verf.; Art. 35 II Hamb Verf.
336 Art. 110 Brem Verf.; Art. 35 I, 36 I 1 Nr. 1 Hamb Verf.
337 Art. 34 II 1 Hamb Verf.
338 Art. 35 I, 36 I 1 Nr. 3 Hamb Verf.
339 Rosenau, ZParl 19 (1988), 35, 39.

dd. Verstoß gegen die Gleichheit der Wahl gemäß Art. 28 I 2 GG

Art. 28 I 2 GG bestimmt auch, dass das Volk in den Ländern eine Vertretung haben muss, die aus gleichen Wahlen hervorgegangen ist. Bei der Auslegung des Begriffs der Gleichheit der Wahl gelten die zu Art. 38 I 1 GG entwickelten Grundsätze[340]. Der Grundsatz der Gleichheit i. S. d. Art. 38 I 1 GG verbietet zunächst alle unsachlichen Differenzierungen des Stimmengewichts wie Plural-, Klassen- und Kurienwahlrechte[341]; alle Wähler müssen gleich viele Stimmen haben mit der gleichen Stimmkraft[342]. Darüber hinaus hat der Gleichheitssatz jedoch eine erhebliche Ausweitung erfahren[343]. So wirkt er auch zugunsten der Wahlbewerber[344] und im Wahlvorbereitungsverfahren[345], also im Vorfeld politischer Willensbildung[346]. Überdies hatte das Bundesverfassungsgericht 1975 festgelegt, dass der Gleichheitsgrundssatz des Art. 38 I 2 GG nicht nur für die Ausübung des aktiven und passiven Wahlrechts im engeren Sinne, sondern auch für die Ausübung des Mandats gilt[347]. Es ordnete den Status des Abgeordneten augenscheinlich dem Sachbereich der Wahlen zu[348]. Dies hatte dazu geführt, dass das ruhende Mandat, das den Status der Abgeordneten betrifft, an Art. 38 I 1 GG gemessen wurde[349].

Von dieser Zuordnung des Status der Abgeordneten zu Art. 38 I 1 GG ist das Bundesverfassungsgericht jedoch in zwei Entscheidungen aus den Jahren 1989 und 1991 ausdrücklich abgerückt[350]. Es bestimmte: „Der Grundsatz der Wahlrechtsgleichheit aus Art. 38 Abs. 1 Satz 1 GG betrifft weder die Stellung des Abgeordneten im Parlament...; sein Anwendungsbereich ist auf Wahlen beschränkt. Demgegenüber hat der parlamentsbezogene Grundsatz, wonach alle Mitglieder des Parlaments einander formal gleichgestellt sind ..., seine verfassungsrechtliche Grundlage in Art. 38 Abs. 1 Satz 2 GG.“[351]. Mithin verstößt das ruhende Mandat in Bremen und Hamburg nicht gegen die Gleichheit der Wahl gemäß Art. 28 I 2 GG.

ee. Verstoß gegen die Gleichheit der Abgeordneten gemäß Art. 38 I 2 GG

Die Regelung des Art. 38 I 2 GG bezieht sich – wie oben gesehen - ausschließlich auf die Abgeordneten des Deutschen Bundestages[352]. Somit kann die Regelung des ruhenden Mandats für Mitglieder der Bürgerschaft in Bremen und Hamburg hinsichtlich

---

[340] Maunz in Maunz/Dürig, Art. 28 Rn. 28; Pieroth in Jarass/Pieroth, Art. 28 Rn. 6.
[341] BVerfGE 1, 42; 3, 240; 36, 141.
[342] Pieroth in Jarass/Pieroth, Art. 38 Rn. 6.
[343] Rosenau, ZParl 19 (1988), 35, 40.
[344] BVerfGE 41, 399, 413.
[345] BVerfGE 20, 56, 116.
[346] BVerfGE 8, 51, 68.
[347] BVerfGE 40, 296, 317.
[348] BVerfGE 40, 296, 317.
[349] Vgl. u. a. Rosenau, ZParl 19 (1988), 35, 40; Versteyl in Schneider/Zeh, § 14 Rn. 37.
[350] BVerfGE 80, 188, 221; 84, 304, 324 f.; vgl. hierzu auch David, Art. 38 a Rn. 27 f.
[351] BVerfGE 84, 304, 324 f.
[352] Vgl. S. 52.

eines Verstoßes gegen die Gleichheit der Abgeordneten nicht unmittelbar an Art. 38 I 2 GG gemessen werden.

ff. Verstoß gegen die Gleichheit der Abgeordneten gemäß Art. 28 I 1 GG

Art. 28 I 1 GG bestimmt – wie oben ausgeführt - , dass die verfassungsmäßige Ordnung in den Ländern den Grundsätzen des demokratischen Rechtsstaates im Sinne des Grundgesetzes entsprechen muss. Eine Grundbedingung für die repäsentative Demokratie im Sinne des Grundgesetzes ist die Gleichheit der Abgeordneten[353]. Mithin gehört zu den Grundsätzen des demokratischen Rechtsstaates im Sinne des Grundgesetzes u. a. auch die Gleichheit der Abgeordneten i. S. d. Art. 38 I 2 GG[354]. Die Gleichheit der Abgeordneten i. S. d. Art. 38 I 2 GG verbietet Differenzierungen ihres verfassungsrechtlichen Status[355]. Alle Mitglieder des Parlaments sind einander formal gleichgestellt[356].

Diese Gleichheit der Abgeordneten wird aber in Hamburg und Bremen durch das ruhende Mandat verletzt[357]. Die Landesverfassungen in Bremen und Hamburg sehen sogar drei Gruppen von Abgeordneten vor: Die privilegierten Minister-Abgeordneten, die nach politischer Opportunität phasenweise der Landesregierung oder dem Parlament angehören können, die schlichten „Normalabgeordneten“ ohne Vorrechte, aber auch ohne Nachteile sowie die „Abgeordneten dritter Klasse“, die bei einem Rücktritt eines Senators mit einem ruhenden Mandat aus dem Parlament ausscheiden müssen[358]. Mithin verstößt die Regelung des ruhenden Mandats in den Landesverfassungen von Bremen und Hamburg gegen die Grundsätze des demokratischen Rechtsstaates im Sinne des Grundgesetzes, denen die verfassungsmäßige Ordnung in den Ländern gemäß Art. 28 I 1 GG entsprechen muss.

gg. Konsequenzen der Verfassungswidrigkeit für das Landesrecht

Folge des Verstoßes der landesverfassungsrechtlichen Regelung des ruhenden Mandats in Bremen und Hamburg gegen Art. 28 I 1 GG und Art. 28 I 2 GG ist deren Nichtigkeit gemäß Art. 31 GG. Art. 108 Brem Verf. und Art. 38 a Hamb Verf. nebst ihren Ausführungsgesetzen sind mithin nichtig[359].

Überdies ist festzuhalten, dass der Bund gemäß Art. 28 III GG gewährleistet, dass die verfassungsmäßige Ordnung in den Ländern den Bestimmungen des Art. 28 I GG entspricht. Dabei handelt es sich um ein rechtlich bindendes Versprechen des Bundes im Sinne einer Garantie, das den Bund zum Einschreiten zwingt[360]. Diese

---

353 BVerfG, DVBl 2000, 1600, 1603.
354 BVerfG, DVBl 2000, 1600, 1603.
355 Pieroth in Jarass/Pieroth, Art. 20 Rn. 8.
356 BVerfGE 80, 188, 221.
357 Dress, S. 211 ff.; Rosenau, ZParl 19 (1988), 35, 41.
358 Rosenau, ZParl 19 (1988), 35, 41.
359 Rosenau, ZParl 19 (1988), 35, 42.
360 Dreier in Dreier II, Art. 28 Rn. 170.

Gewährleistungspflicht des Bundes kann - neben politischen Einwirkungsmöglichkeiten - mit den folgenden Mitteln durchgesetzt werden. Als verfassungsgerichtliche Verfahren kommen die abstrakte Normenkontrolle gemäß Art. 93 I Nr. 2 GG und die verfassungsrechtliche Bund-Länder-Streitigkeit gemäß Art. 93 I Nr. 3 GG in Betracht[361]. Als weiteres Mittel ist der Bundeszwang gemäß Art. 37 GG denkbar, für dessen Einsatz die Bundesregierung allerdings auf die Zustimmung des Bundesrates angewiesen ist[362]. Das Verfahren der Bundesaufsicht nach Art. 84 III, IV GG oder Art. 85 IV GG scheidet demgegenüber aus, da Art. 28 I GG kein Bundesgesetz ist, das von den Ländern ausgeführt wird[363].

c. Vereinbarkeit des ruhenden Mandats mit den Landesverfassungen von Bremen und Hamburg

Auch in den Landesverfassungen von Bremen und Hamburg sind die Grundsätze der Freiheit des Mandats[364], der Unmittelbarkeit des Mandats[365] und der Gleichheit der Abgeordneten[366] enthalten. Jedoch ist auch das ruhende Mandat selbst in diesen Landesverfassungen enthalten. Mithin würde die Annahme, dass es sich bei dem ruhenden Mandat in den Landesverfassungen von Bremen und Hamburg um verfassungswidriges Verfassungsrecht handelt, – wie oben dargestellt – verlangen, dass das ruhende Mandat gegen überpositive Grundsätze der Gerechtigkeit verstößt, die auch den Verfassungsgeber binden[367]. Verfassungswidriges Verfassungsrecht liegt jedoch, die enge Auslegung eines Verstoßes gegen überpositive Grundsätze der Gerechtigkeit durch das Bundesverfassungsgericht berücksichtigend, bei der Regelung des ruhenden Mandats in den Landesverfassungen von Bremen und Hamburg, nicht vor[368]. Mithin verstößt das ruhende Mandat in Bremen und Hamburg nicht gegen die Landesverfassungen dieser Bundesländer.

3. Stellungnahme

Die obigen Ausführungen haben gezeigt, dass gerade die Doppelmitgliedschaft in Regierung und Parlament verfassungspolitisch wünschenswert ist[369]. Mithin ist die Einführung des ruhenden Mandats für Regierungsmitglieder auch im Wege einer Verfassungsänderung abzulehnen, da diese Einführung auf einem Verbot der Doppelmitgliedschaft in Regierung und Parlament basieren würde.

---

[361] Nierhaus in Sachs, Art, 28 Rn. 74.
[362] Tettinger in v. Mangoldt/Klein/Starck, Art. 28 Rn. 263.
[363] Stern in BK, Art. 28 Rn. 200 f.; Tettinger in v. Mangoldt/Klein/Starck, Art. 28 Rn. 263; Nierhaus in Sachs, Art. 28 Rn. 74.
[364] Art. 83 I 3 Brem Verf.; Art. 7 S. 2 Hamb Verf.
[365] Art. 75 I Brem Verf.; Art. 6 II Hamb Verf.
[366] Art. 83 I 3 Brem Verf.; Art. 7 S. 2 Hamb Verf.
[367] Vgl. S. 52.
[368] BVerfGE 3, 325, 333.
[369] Vgl. S. 46 ff.

Sollte man jedoch entgegen der hier vertretenen Ansicht ein Verbot der Doppelmitgliedschaft in Regierung und Parlament derselben Staatsebene wünschen, wäre auch in diesem Fall die zusätzliche Einführung eines ruhenden Mandats nicht erforderlich[370]. Der einzige Grund, der für die Einführung des ruhenden Mandats sprechen könnte, ist es, ehemaligen Regierungsmitgliedern die Rückkehr in das Parlament zu ermöglichen, um sie vor der Gefahr des politischen und finanziellen Absturzes zu bewahren[371]. Diesem Vorteil für die Regierungsmitglieder stehen jedoch erhebliche Nachteile für die nachrückenden Abgeordneten gegenüber. Die nachrückenden Abgeordneten müssen mit der ständigen Gefahr eines Mandatsverlustes leben. Diese Gefahr legt es nahe, dass nachrückende Abgeordnete Entscheidungen treffen, die nur durch den Wunsch nach Erhalt des Mandats motiviert sind[372]. Das ruhende Mandat für Regierungsmitglieder würde mithin einen Zustand schaffen, der, um Regierungsmitglieder vor der Gefahr des politischen und finanziellen Absturzes zu bewahren, die nachrückenden Parlamentarier dieser Gefahr aussetzt. Diese Verschiebung der Gefahren des politischen und finanziellen Absturzes von den Regierungsmitgliedern auf die nachrückenden Abgeordneten durch die Einführung des ruhenden Mandats ist verfassungspolitisch abzulehnen, da sie einer politisch schwächeren Person, dem nachgerückten Abgeordneten, etwas aufbürdet, was sie einer politisch stärkeren Person, dem Regierungsmitglied, nicht zumuten möchte.

V. Einführung des stimmrechtslosen Titularabgeordneten als alternativer Lösungsansatz

Im Schrifttum ist, als Alternative zu den dargestellten gesetzlichen Regelungen der Doppelmitgliedschaft in Regierung und Parlament derselben Staatsebene, die Einführung des stimmrechtslosen Titularabgeordneten vorgeschlagen worden. Dieses Modell sieht vor, dass Abgeordnete ihre Mitgliedschaft im Parlament verlieren, sobald sie ein Regierungsamt erwerben[373]. Nach dem Ausscheiden aus der Regierung können jedoch diese Regierungsmitglieder die Stellung eines nicht stimmberechtigten Abgeordneten erwerben. Ein Ausscheiden des zwischenzeitlich nachgerückten Abgeordneten ist nach diesem Modell nicht erforderlich. Die nachgerückten Abgeordneten behalten ihre einmal erworbene Stellung[374].

Das Modell des stimmrechtslosen Titularabgeordneten ist jedoch weder mit dem Grundgesetz noch mit den Landesverfassungen vereinbar. Dem Stimmrecht der Abgeordneten des Bundestages und der Landtage kommt auf Grund seiner Bedeutung für die Beschlüsse der Parlamente eine fundamentale Bedeutung zu[375]. Es ist grund-

[370] Rosenau, ZParl 19 (1988), 35, 41 f.
[371] Vgl. Rosenau, ZParl 19 (1988), 35, 42.
[372] Versteyl in Schneider/Zeh, § 14 Rn. 37.
[373] Meyer in Schneider/Zeh, § 4 Rn. 38.
[374] Meyer in Schneider/Zeh, § 4 Rn. 38.
[375] Schneider in AK I, Art. 38 Rn. 23.

sätzlich unentziehbar und unbeschränkbar[376]. Ein dauerhafter Entzug des Stimmrechts für ehemalige Regierungsmitglieder nach ihrer Rückkehr in das Parlament würde somit dem im Grundgesetz und den Landesverfassungen vorgesehenen Abgeordnetenverständnis diametral entgegenstehen.

Überdies ist die Einführung des stimmrechtslosen Titularabgeordneten auch im Wege einer Verfassungsänderung abzulehnen, da das Modell des stimmrechtslosen Titularabgeordneten auf einem Verbot der Doppelmitgliedschaft in Regierung und Parlament basiert. Die obigen Ausführungen haben gezeigt, dass gerade die Doppelmitgliedschaft in Regierung und Parlament verfassungspolitisch wünschenswert ist[377]. Sollte man jedoch entgegen der hier vertretenen Ansicht ein Verbot der Doppelmitgliedschaft in Regierung und Parlament derselben Staatsebene wünschen, wäre auch in diesem Fall die zusätzliche Einführung eines stimmrechtslosen Titularabgeordneten nicht erforderlich[378]. Der einzige Grund, der die Einführung des stimmrechtslosen Titularabgeordneten verfassungspolitisch rechtfertigen könnte, ist es, ehemalige Regierungsmitglieder vor einem vollständigen politischen und finanziellen Absturz zu bewahren. Hierzu ist aber anzumerken, dass es in der Demokratie auch für ehemalige Regierungsmitglieder nach einem Amtsverlust keinen Anspruch auf ein neues politisches Amt gibt. Fernerhin sollten finanzielle Probleme für ehemalige Regierungsmitglieder nicht durch die Vergabe neuer Ämter vermieden werden, sondern durch ein angemessenes Übergangsgeld.

VI. Ergebnis

Die im Bund und den meisten Bundesländern praktizierte Doppelmitgliedschaft in Regierung und Parlament ist nicht nur verfassungsrechtlich zulässig, sondern auch verfassungspolitisch wünschenswert. So wird durch die Doppelmitgliedschaft in Regierung und Parlament derselben Staatsebene gewährleistet, dass die Regierung politisch handlungsfähig bleibt, und damit auch die Handlungsfähigkeit des gesamten Staates gesichert. Überdies verhindert diese Doppelmitgliedschaft eine übermächtige Stellung des Regierungschefs gegenüber den anderen Regierungsmitgliedern. Kritik muss jedoch an der konkreten Ausgestaltung dieser Doppelmitgliedschaft geäußert werden. So verwundert es, dass sich die Zulässigkeit der Doppelmitgliedschaft nur auf Verfassungsgewohnheitsrecht stützen kann. Fernerhin ist nicht ersichtlich, warum Mitglieder der Regierung, die Regelung in Niedersachsen ausgenommen, zusätzlich zu den steuerpflichtigen Amtsbezügen eines Regierungsmitglieds eine steuerpflichtige Abgeordnetenentschädigung erhalten, wenn sie dem Parlament angehören. Überdies bedeutet die in Nordrhein-Westfalen vorgesehene zwingende Verbindung des Ministerpräsidentenamtes mit der Mitgliedschaft im Parlament eine unnötige Beschränkung bei der Wahl eines kompetenten Ministerpräsidenten. Das in Bremen und Hamburg gelten-

[376] Magiera in Sachs, Art. 38 Rn. 61.
[377] Vgl. S. 46 ff.
[378] Rosenau, ZParl 19 (1988), 35, 41 f.

de ruhende Mandat sowie das im Schrifttum vorgeschlagene Modell des stimmrechtslosen Titularabgeordneten sind verfassungswidrig. Beide Regelungen wären auch nach einer Verfassungsänderung verfassungspolitisch abzulehnen.

§ 6: Regelungen betreffend die Annahme von Vorteilen durch Regierungsmitglieder

Im folgenden werden die gesetzlichen Regelungen betreffend die Annahme von Vorteilen durch Regierungsmitglieder des Bundes und der Länder dargestellt und bewertet. Thematisch ausgespart werden Sachbereiche, die zwar in den erweiterten Bereich der Annahme von Vorteilen durch Regierungsmitglieder gehören, gleichwohl ein rechtliches Eigenleben führen. Dies gilt vor allem für die Regelungen für die Annahme von Vorteilen durch Abgeordnete. Diese Regelungen können zwar auch für die Mitglieder der Bundesregierung und der Landesregierung Anwendung finden, wenn man mit der herrschenden Meinung von der Vereinbarkeit von Regierungsamt und Mitgliedschaft im Parlament derselben Staatsebene ausgeht[379], eine solche Doppelmitgliedschaft tatsächlich vorliegt und das Regierungsmitglied den Vorteil in seiner Funktion als Abgeordneter annimmt. Auf die Darstellung dieser Regelungen wird jedoch verzichtet, da sie in der Wissenschaft gesondert untersucht werden und bei der Annahme von Vorteilen in Bezug auf das Regierungsamt nicht zur Anwendung gelangen[380].

Ebenfalls nicht behandelt wird die Annahme von Parteispenden durch Regierungsmitglieder. Dieser Komplex, der vor allem durch die Annahme von Parteispenden durch den ehemaligen Bundeskanzler Helmut Kohl[381] große öffentliche Aufmerksamkeit erlangt hat, ist gesetzlich speziell geregelt[382] und wird auch in der Wissenschaft gesondert behandelt[383]. Auf den Bereich der Parteispenden wird in dieser Arbeit nur insoweit eingegangen, als die Annahme einer Parteispende durch ein Regierungsmitglied einen mittelbaren persönlichen Vorteil für das betreffende Regierungsmitglied bewirkt.

---

379 Vgl. hierzu die Ausführungen auf S. 35 ff.

380 Vgl. stattdessen: Becker, Korruptionsbekämpfung im parlamentarischen Bereich; Epp, die Abgeordnetenbestechung - § 108 e StGB; Heisz, Die Abgeordnetenbestechung nach § 108 e StGB – Schließung einer Regelungslücke.

381 Vgl. hierzu: Nonnenmacher, Die gespendete Macht: Parteiendemokratie in der Krise; Scheuch/Scheuch, Die Spendenkrise: Parteien außer Kontrolle.

382 Vgl. Art. 21 I 4 GG; §§ 23 ff. ParteiG.

383 Vgl. stattdessen: de Boor/Pfeiffer/Schünemann, Parteispendenproblematik; Boyken, Die neue Parteienfinanzierung; Hettich, Parteispenden und Verfassungsrecht.

I. Ministerrechtliche Regelungen

1. Verweise auf das Beamtenrecht

In einer Reihe von Bundesländern wird für die Annahme von Vorteilen durch Regierungsmitglieder auf beamtenrechtliche Regelungen verwiesen. Nach der Rechtsnatur der Verweises können diese Bundesländer in die folgenden zwei Gruppen unterteilt werden:

a. Verweise im Ministergesetz/Senatorengesetz

In den Bundesländern Berlin[384], Brandenburg[385], Saarland[386] und Schleswig-Holstein[387] wird für die Annahme von Vorteilen durch Regierungsmitglieder im Ministergesetz bzw. Senatorengesetz ausschließlich auf beamtenrechtliche Bestimmungen verwiesen.

aa. Inhalt der Beamtengesetze

Diese beamtenrechtlichen Bestimmungen zur Annnahme von Vorteilen stimmen in Brandenburg, dem Saarland und Schleswig-Holstein mit § 70 BBG überein[388]. In Berlin ist die beamtenrechtliche Regelung zur Annahme von Vorteilen bis auf § 70 S. 3 BBG, der in Berlin fehlt, auch mit § 70 BBG identisch[389]. § 70 S. 1 BBG regelt, dass der Beamte, auch nach Beendigung des Beamtenverhältnisses, keine Belohnungen oder Geschenke in Bezug auf sein Amt annehmen darf. Gemäß § 70 S. 2 BBG bedürfen Ausnahmen der Zustimmung der obersten oder letzten obersten Dienstbehörde. Die Befugnis zur Zustimmung kann nach § 70 S. 3 BBG auf andere Behörden übertragen werden.

---

[384] Gemäß § 21 III Berliner Senatorengesetz finden auf die Mitglieder des Berliner Senats die beamtenrechtlichen Grundsätze in dem Umfang sinngemäße Anwendung, als dies dem Wesen des öffentlichrechtlichen Amtsverhältnisses entspricht.

[385] Gemäß § 1 III Brandenburgisches Ministergesetz finden auf die Mitglieder sowie ehemaligen Mitglieder der Landesregierung die für die Landesbeamten geltenden Vorschriften unter Berücksichtigung des besonderen öffentlich-rechtlichen Amtsverhältnisses entsprechende Anwendung.

[386] Gemäß § 7 III Saarländisches Ministergesetz gelten die Mitglieder der Landesregierung als Beamte im Sinne des § 85 Saarländisches Beamtengesetz, der sich mit der Annahme von Belohnungen und Geschenken durch Beamte beschäftigt.

[387] Gemäß § 5 I Schleswig-Holsteinisches Landesministergesetz finden auf die Rechte und Pflichten einer Landesministerin oder eines Landesministers die Grundsätze der für die Landesbeamtinnen und Landesbeamten geltenden Vorschriften unter Berücksichtigung des besonderen öffentlich-rechtlichen Amtsverhältnisses der Landesministerin oder des Landesministers entsprechende Anwendung.

[388] Siehe § 37 Brandenburgisches Landesbeamtengesetz; § 85 Saarländisches Beamtengesetz; § 86 Schleswig-Holsteinisches Landesbeamtengesetz.

[389] Siehe § 34 Berliner Landesbeamtengesetz.

bb. Inhalt der Verwaltungsvorschriften, die die Beamtengesetze konkretisieren

Betreffend die Regelungen der Landesbeamtengesetze zur Annahme von Geschenken und Belohnungen sind in Berlin, Brandenburg, Saarland und Schleswig-Holstein Verwaltungsvorschriften verabschiedet worden[390]. Diese Verwaltungsvorschriften weisen folgende Gemeinsamkeiten auf:

(1). Vorteilsbegriff

Vorteile im Sinne der Landesbeamtengesetze sind alle Zuwendungen, auf die der Beamte keinen Rechtsanspruch hat und die ihn objektiv materiell oder immateriell besser stellen. Ein Vorteil besteht auch dann, wenn zwar der Beamte eine Leistung erbracht hat, diese aber in keinem angemessenen Verhältnis zur gewährten Gegenleistung steht. Ein derartiger Vorteil kann beispielsweise liegen in der Zahlung von Geld, der Überlassung von Gutscheinen oder Gegenständen zum privaten Gebrauch oder Verbrauch, besonderen Vergünstigungen bei Privatgeschäften (z. B. zinslose oder zinsgünstige Darlehen), der Zahlung unverhältnismäßiger Vergütungen für – auch genehmigte – private Nebentätigkeiten, der Überlassung von Fahrkarten oder Flugtickets, der Mitnahme auf Reisen, Bewirtungen, der Gewährung von Unterkunft, erbrechtlichen Begünstigungen (z. B. Bedenken mit einem Vermächtnis oder Einsetzung als Erbe) oder sonstigen Zuwendungen jeder Art. Es kommt dabei nicht darauf an, ob der Vorteil von der zuwendenden Person unmittelbar oder in ihrem Auftrag von Dritten gewährt wird. Für die Anwendung der Landesbeamtengesetze ist es auch ohne Bedeutung, ob der Vorteil dem Beamten unmittelbar oder – z. B. bei Zuwendungen an Angehörige – nur mittelbar zugute kommt. Die Weitergabe von Zuwendungen durch den Empfänger an Dritte, wie z. B. Verwandte, Bekannte, andere Beschäftigte oder soziale Einrichtungen, „rechtfertigt“ nicht deren Annahme; auch in diesen Fällen liegt ein Vorteil vor.

(2). In Bezug auf das Amt

In Bezug auf das Amt im Sinne der Landesbeamtengesetze ist ein Vorteil immer dann gewährt, wenn die zuwendende Person sich davon leiten lässt, dass der Beamte ein bestimmtes Amt bekleidet oder bekleidet hat. Ein Bezug zu einer bestimmten Amtshandlung ist nicht erforderlich. Zum Amt in diesem Sinne gehören neben dem Hauptamt auch jedes Nebenamt und jede sonstige auf Verlangen, Vorschlag oder Veranlassung der obersten Dienstbehörde ausgeübte Nebentätigkeit. In Bezug auf das Amt gewährt kann auch eine Zuwendung sein, die der Beamte durch eine im Zusammenhang mit seinen dienstlichen Aufgaben stehende sonstige Nebentätigkeit erhält. Vorteile, die ausschließlich mit Rücksicht auf Beziehungen innerhalb der privaten

[390] Dienstblatt des Senats von Berlin, Teil I Nr. 4, 88 ff. (1990); Amtsblatt für Brandenburg, 7. Jahrgang, Nr. 20, 418 ff. (1996); GMBl Saar, 516 ff. (1976); Amtsblatt für Schleswig-Holstein, Nr. 31, 400 ff. (1989).

Sphäre des Beamten gewährt werden, sind nicht in Bezug auf das Amt gewährt. Derartige private Beziehungen dürfen aber nicht mit Erwartungen in Bezug auf die dienstliche Tätigkeit des Beamten verknüpft sein. Erkennt der Beamte, dass an den persönlichen Umgang derartige Erwartungen geknüpft werden, darf er weitere Vorteile nicht annehmen. Er muss den Dienstvorgesetzten von der versuchten Einflussnahme auf die Amtsführung unterrichten.

(3). Voraussetzungen für die Erteilung der Zustimmung zur Annahme von Vorteilen

Die Zustimmung zur Annahme eines Vorteils darf nur erteilt werden, wenn nach der Lage des Falles nicht zu besorgen ist, dass die Annahme die objektive Amtsführung des Beamten beeinträchtigt oder bei dritten Personen, die von der Zuwendung Kenntnis erlangen, den Eindruck seiner Befangenheit entstehen lassen könnte. Die Zustimmung darf nicht erteilt werden, wenn mit der Zuwendung von Seiten der zuwendenden Person erkennbar eine Beeinflussung des amtlichen Handelns beabsichtigt ist oder in dieser Hinsicht Zweifel bestehen. Die Zustimmung kann mit der Auflage erteilt werden, die Zuwendung an eine soziale Einrichtung, an den Dienstherrn oder eine sonstige Körperschaft, Anstalt oder Stiftung des öffentlichen Rechts weiterzugeben; in der Regel wird es zweckmäßig sein, die zuwendende Person von der Weitergabe der Zuwendung zu unterrichten. Die Zustimmung soll schriftlich erteilt werden.

Für die Annahme von nach allgemeiner Auffassung nicht zu beanstandenden geringwertigen Aufmerksamkeiten (z. B. Massenwerbeartikel wie Kugelschreiber, Kalender, Schreibblocks) sowie von üblichen und angemessenen Geschenken aus dem Kollegenkreis des Beamten (z. B. aus Anlass eines Geburtstages oder Dienstjubiläums) kann die Zustimmung allgemein als stillschweigend erteilt angesehen werden. Das Gleiche gilt für übliche und angemessene Bewirtungen bei allgemeinen Veranstaltungen, an denen der Beamte im Rahmen seines Auftrags, in dienstlichem Auftrag oder mit Rücksicht auf die ihm durch sein Amt auferlegten gesellschaftlichen Verpflichtungen teilnimmt, z. B. Einführungen und Verabschiedungen von Amtspersonen, offizielle Empfänge, gesellschaftliche Veranstaltungen, die der Pflege dienstlicher Interessen dienen, Jubiläen, Grundsteinlegungen, Richtfeste, Einweihungen, Eröffnungen von Ausstellungen, Betriebsbesichtigungen sowie Sitzungen von Organen wirtschaftlicher Unternehmungen, an denen die öffentliche Hand beteiligt ist. Die gesellschaftliche Vertretung einer Behörde beschränkt sich auf die Behördenleitung und die von ihr damit beauftragten Beschäftigten. Fernerhin kann auch für die Annahme von Vorteilen, die die Durchführung eines Dienstgeschäftes erleichtern oder beschleunigen (z. B. das Abholen eines Beamten mit einem Kraftfahrzeug vom Bahnhof), die Zustimmung als stillschweigend erteilt angesehen werden.

(4). Zuständigkeit betreffend die Entscheidung über die Erteilung der Zustimmung

Über die Erteilung der Zustimmung zur Annahme von Vorteilen entscheidet für Beamte der Leiter der obersten Dienstbehörde, sein ständiger Stellvertreter oder der Leiter der Personalverwaltung. Für Regierungsmitglieder gibt es weder eine oberste Dienstbehörde noch haben Regierungsmitglieder einen Dienstvorgesetzten[391]. Mithin kann die Bestimmung über die Erteilung der Zustimmung auf Regierungsmitglieder nicht direkt angewendet werden. Um jedoch die vom Gesetzgeber gewollte Anwendung der beamtenrechtlichen Regelungen für die Annahme von Vorteilen auf Regierungsmitglieder zu gewährleisten, sollte der Ministerpräsident über die Zustimmung entscheiden, wenn ein Minister einen Vorteil angenommen hat und das Kabinett ohne Mitwirkung des Ministerpräsidenten, wenn der Ministerpräsident einen Vorteil angenommen hat.

(5). Rechtsfolgen bei Verstößen gegen das Verbot der Annahme von Vorteilen

Ein schuldhafter Verstoß gegen das Verbot der Annahme von Vorteilen stellt bei Beamten ein dienstrechtlich zu untersuchendes Dienstvergehen dar. Mit folgenden Disziplinarmaßnahmen kann bei Beamten auf dieses Dienstvergehen reagiert werden: schriftlicher Verweis, Geldbuße, Gehaltskürzung, Rangherabsetzung, Entfernung aus dem Dienst, Kürzung des Ruhegehalts, Aberkennung des Ruhegehalts. Die Festsetzung dieser Rechtsfolgen gegen Mitglieder der Regierungen als Disziplinarmaßnahme kommt jedoch nicht in Betracht, da gegen Mitglieder der Regierung kein Disziplinarverfahren stattfindet[392].

b. Eine dem Beamtenrecht entsprechende Bestimmung im Ministergesetz und Verweis auf das Beamtenrecht durch einen Kabinettsbeschluss

§ 5 IV Nds MinG regelt die Annahme von Vorteilen durch Regierungsmitglieder in einer dem Beamtenrecht entsprechenden Weise: Die Mitglieder der Landesregierung dürfen, auch nach der Beendigung ihres Amtsverhältnisses, keine Belohnungen und Geschenke in Bezug auf ihr Amt annehmen. Die Landesregierung kann Ausnahmen zulassen. Sie kann diese Befugnisse auf die Staatskanzlei übertragen. § 5 IV Nds MinG ist durch einen Kabinettsbeschluss der Niedersächsischen Landesregierung vom 6. Juni 2000[393] zum Verbot der Annahme von Belohnungen und Geschenken durch Mitglieder der Landesregierung weiter ausgefüllt worden. Dieser Kabinettsbeschluss legt fest, dass die Verwaltungsvorschrift zu § 78 des Niedersächsischen Beamtengesetzes – Annahme von Belohnungen und Geschenken – [394] sinngemäß auf die Mitglieder der

[391] Sachs, Art. 64 Rn. 34.
[392] Siehe z. B. § 8 BMinG.
[393] Dieser Kabinettsbeschluss ist nicht veröffentlicht/angefordert bei der niedersächsischen Staatskanzlei.
[394] Diese Verwaltungsvorschrift entspricht sinngemäß den Regelungen der oben dargestellten Verwaltungsvorschriften zur Annahme von Geschenken und Belohnungen durch Beamte.

Landesregierung Anwendung findet. Darüber hinaus bestimmt der Kabinettsbeschluss, dass die Landesregierung die Zustimmung zur Entgegennahme eines Geschenkes oder eines geldwerten Vorteils erteilt, wenn die Entgegennahme wegen der Regeln des gesellschaftlichen Verkehrs und der Höflichkeit, denen sich ein Mitglied der Landesregierung nicht entziehen kann, geboten ist. In diesen Fällen entscheidet die Landesregierung über die Annahme; sie kann diese Entscheidung der Staatskanzlei übertragen.

c. Stellungnahme

Bei der Regelung der Annahme von Vorteilen durch Regierungsmitglieder mit Hilfe des Verweises auf das Beamtenrecht ist positiv festzuhalten, dass durch die entsprechende Anwendung der Verwaltungsvorschriften zur Annahme von Geschenken und Belohnungen durch Beamte detaillierte Regelungen auch für Regierungsmitglieder vorliegen, die die Begriffe „Vorteil" und „in Bezug auf das Amt" sinnvoll bestimmen. Überdies gelingt es durch die Gleichbehandlung von Regierungsmitgliedern und Beamten, die Befürchtungen in Teilen der Bevölkerung abzubauen, dass Regierungsmitglieder sich den Staat bzw. ihr Amt zu eigenen Vorteilen zu Nutze machen.

Problematisch an den Verweisen auf das Beamtenrecht ist jedoch zum einen, dass die beamtenrechtlichen Rechtsfolgen bei Verstößen gegen die beamtenrechtlichen Vorschriften auf Regierungsmitglieder nicht anwendbar sind. Zum anderen ist die Entscheidung durch den Regierungschef bzw. das Kabinett über die Annahme von Vorteilen nicht sinnvoll, da die Gefahr besteht, dass der Regierungschef bzw. das Kabinett bei einer Entscheidung gegenüber einem Regierungskollegen befangen sind.

2. Spezielle ministerrechtliche Regelungen zur Annahme von Vorteilen

Im Bund, in Baden-Württemberg, Mecklenburg-Vorpommern, Sachsen und Sachsen-Anhalt gibt es spezielle ministerrechtliche Regelungen zur Annahme von Vorteilen. Sie bestimmen, dass die Mitglieder der Regierungen Geschenke ab einer bestimmten Höhe nur noch mit Zustimmung des Kabinetts annehmen dürfen. Die einzelnen gesetzlichen Regelungen unterscheiden sich jedoch vor allem durch die Rechtsnatur der Regelung und die Höhe, ab der eine Zustimmung des Kabinetts erforderlich wird.

a. Regelungen im Ministergesetz und durch Kabinettsbeschluss

Die Annahme von Vorteilen durch Mitglieder der Bundesregierung und durch Mitglieder der sächsischen Landesregierung ist in Ministergesetzen und Kabinettsbeschlüssen geregelt. Gemäß § 5 III S. 1 BMinG haben die Mitglieder und ehemaligen Mitglieder der Bundesregierung dieser über Geschenke Mitteilung zu machen. Gemäß § 5 III S. 2 BMinG entscheidet die Bundesregierung über die Verwendung der Geschenke. Die Bundesregierung hat zur Konkretisierung des § 5 III BMinG am 20.

November 1984 durch einen Kabinettsbeschluss eine Verfahrensregelung[395] zur Annahme von Geschenken durch Regierungsmitglieder beschlossen, die noch Gültigkeit hat. Diese Verfahrensregelung legt im Wesentlichen folgendes fest:

1. Ein Mitglied oder ehemaliges Mitglied der Bundesregierung, das ein Geschenk in Bezug auf sein Amt erhalten hat, teilt dies schriftlich dem Chef des Bundeskanzleramtes mit. Mit der Mitteilung soll ein Vorschlag über die Verwendung des Geschenkes verbunden werden. Geschenke an Angehörige von Mitgliedern der Bundesregierung stehen denen an Regierungsmitglieder gleich. Der Chef des Bundeskanzleramtes trägt die Angelegenheit dem Kabinett vor. Die Bundesregierung entscheidet über die Verwendung des Geschenkes; der entsprechende Beschluss wird dem Beschenkten durch den Chef des Bundeskanzleramtes bekanntgegeben. 2. Einer Mitteilung des Beschenkten an den Chef des Bundeskanzleramtes zur Herbeiführung einer Entscheidung der Bundesregierung bedarf es nicht, wenn a) der materielle Wert des Geschenkes ca. 150,-- Euro nicht übersteigt, b) das Geschenk in das Bundesvermögen übernommen wird oder c) der Beschenkte das Geschenk behält und den Gegenwert in angemessener Frist an die Bundeskasse abliefert. 3. Nr. 2 der Verfahrensregelung findet keine Anwendung auf Geschenke, die aus grundsätzlichen Erwägungen oder wegen ihrer politischen Bedeutung eine umfassende Unterrichtung der Bundesregierung erforderlich machen.

In Sachsen ist die Entgegennahme von Geschenken durch Regierungsmitglieder durch § 5 IV Sächsisches Ministergesetz und durch einen Kabinettsbeschluss vom 18. 11. 1996[396] geregelt. Gemäß § 5 IV Sächsisches Ministergesetz dürfen Mitglieder der Staatsregierung, auch nach der Beendigung ihres Amtsverhältnisses, Belohnungen oder Geschenke in Bezug auf ihr Amt nur mit Zustimmung der Staatsregierung annehmen. Der Kabinettsbeschluss zu § 5 IV Sächsisches Ministergesetz bestimmt folgendes:

1. Ein Mitglied oder ehemaliges Mitglied der Staatsregierung, das in Bezug auf sein Amt Belohnungen oder Geschenke (Zuwendungen) erhalten hat, teilt dies schriftlich am Ende eines jeden Kalenderjahres dem Chef der Staatskanzlei mit. Mit der Mitteilung soll ein Vorschlag über die Verwendung der Zuwendung verbunden werden. Entsprechendes gilt für Zuwendungen an Angehörige von Mitgliedern und ehemaligen Mitgliedern der Staatsregierung. 2. Einer Mitteilung nach Nr. 1 bedarf es nicht, wenn a) der materielle Wert der Zuwendungen insgesamt etwa 75,-- Euro im Jahr nicht übersteigt; bei der Ermittlung dieses Wertes sind lediglich Zuwendungen zu berücksichtigen, deren Wert höher als etwa 15,-- Euro ist, b) die Zuwendungen in das Landesvermögen übernommen oder einer sozialen Einrichtung übergeben werden oder c) der Zuwendungsempfänger die Zuwendung behält und den Gegenwert in angemessener Frist an die Landeskasse abführt. 3. Nr. 2 findet keine Anwendung auf Zuwendungen, die aus grundsätzlichen Erwägungen oder wegen ihrer besonderen politischen Bedeutung eine umfassende Unterrichtung der Staatsregierung erforderlich

[395] Nicht veröffentlicht/angefordert beim Bundeskanzleramt.
[396] Nicht veröffentlicht/angefordert bei der Sächsischen Staatskanzlei.

machen. 4. Der Chef der Staatskanzlei trägt die Angelegenheit dem Kabinett vor. Dieses entscheidet über die Verwendung der Zuwendung.

b. Regelungen nur im Ministergesetz

Die Regelung über die Annahme von Vorteilen erfolgt in Mecklenburg-Vorpommern und Sachsen-Anhalt ausschließlich in den Landesministergesetzen. Gemäß § 7 IV M-V MinG dürfen die Mitglieder der Landesregierung, auch nach Beendigung des Amtsverhältnisses, Belohnungen, Geschenke oder sonstige geldwerte Vorteile in Bezug auf ihr Amt nur mit Zustimmung der Landesregierung annehmen. Gemäß § 5 IV S. 1 S-A MinG haben die Mitglieder der Landesregierung dieser über Geschenke Mitteilung zu machen, die sie in Bezug auf ihr Amt erhalten. Gemäß § 5 IV S. 2 S-A MinG entscheidet die Landesregierung über die Verwendung der Geschenke. Weiterführende Verfahrensregelungen sind in beiden Bundesländern nicht vorhanden.

c. Regelungen in der Niederschrift über die Sitzung des Ministerrates

In Baden-Württemberg ist die Entgegennahme von Geschenken durch Regierungsmitglieder ausschließlich in der Niederschrift über die Sitzung des Ministerrates am 20. 12. 1999 geregelt, die im Wesentlichen folgenden Inhalt hat[397]: Die Mitglieder der Landesregierung werden die ausnahmsweise Annahme von Geschenken eigenverantwortlich und kritisch prüfen und jeden Anschein vermeiden, im Rahmen der Amtsführung für persönliche Vorteile empfänglich zu sein. Die Annahme von Geschenken soll insbesondere unterbleiben, wenn nach Lage des Falles zu erwarten ist, dass die Annahme der Zuwendung die objektive Amtsführung beeinträchtigt oder den Eindruck der Befangenheit entstehen lässt; dies wird bei persönlichen Geschenken im Zusammenhang mit dienstlichen Kontakten mit ausländischen Stellen zu verneinen sein, wenn die Geschenke nach internationalen Gepflogenheiten nicht zurückgewiesen werden können. Die Geschenkannahme ist ausgeschlossen, wenn mit der Zuwendung von Seiten der zuwendenden Person erkennbar eine Beeinflussung des amtlichen Handelns beabsichtigt ist oder in dieser Hinsicht Zweifel bestehen. Die Mitglieder der Landesregierung haben dem Ministerrat Geschenke, die sie in Bezug auf ihr Amt erhalten haben und deren Wert ca. 150,-- Euro überschreitet, zur Genehmigung der Annahme anzuzeigen.

d. Stellungnahme

Bei einer Bewertung der ministerrechtlichen Regelungen für die Annahme von Vorteilen durch Regierungsmitglieder im Bund und in Sachsen fällt positiv auf, dass die Ministergesetze in Verbindung mit den Kabinettsbeschlüssen klare Grundsätze zur Annahme von Vorteilen durch Regierungsmitglieder aufstellen. Im Vergleich zu

[397] Nicht veröffentlicht/angefordert beim Staatsministerium Baden-Württemberg.

den oben dargestellten beamtenrechtlichen Regelungen wären jedoch noch detailliertere Ausführungen im Sinne der beamtenrechtlichen Verwaltungsvorschriften wünschenswert. Inhaltlich ist bei der bundesrechtlichen Regelung kritisch zu bewerten, dass es im Gegensatz zu den beamtenrechtlichen Regelungen kein generelles Verbot der Annahme von Vorteilen für die Mitglieder der Bundesregierung gibt. Mithin liegt eine nicht zu rechtfertigende Privilegierung der Mitglieder der Bundesregierung gegenüber den Bundesbeamten vor.

Bei den Regelungen in Mecklenburg-Vorpommern und Sachsen-Anhalt ist nicht überzeugend, dass es keine weiterführenden Bestimmungen zu der Annahme von Vorteilen gibt, die über die Regelungen in den Ministergesetzen hinausgehen. So bleiben diese Regelungen noch weniger detailliert, als es die oben beanstandeten Regelungen für die Mitglieder der Bundesregierung und die Mitglieder der sächsischen Landesregierung sind. Bei der Regelung in Baden-Württemberg ist zu kritisieren, dass sie nur in der Niederschrift über die Sitzung des Ministerrates enthalten ist. Es handelt sich dabei um bloßes Innenrecht, das jederzeit durch einen neuen Beschluss der Regierung verändert werden kann.

Regierungsmitglieder sollten jedoch - wie oben gesehen – nicht die Grenzen für ihr eigenes Verhalten festlegen[398]. Abschließend ist bei allen soeben dargestellten ministerrechtlichen Regelungen zu beanstanden, dass die Regierung, deren Mitglied der Beschenkte ist, über die Verwendung der Geschenke entscheidet. „Amtsinhaber, die in eigener Sache handeln, dürfte es eigentlich überhaupt nicht geben“[399]. Ein Regierungsmitglied, das in eigener Sache entscheidet, ist jedoch naturgemäß befangen[400].

3. Bundesländer ohne eine ministerrechtliche Regelung

Die Bundesländer Bayern, Bremen, Hamburg, Hessen, Nordrhein-Westfalen, Rheinland-Pfalz und Thüringen haben keine ministerrechtlichen Regelungen betreffend die Annahme von Vorteilen durch Regierungsmitglieder. Der vollständige Verzicht auf ministerrechtliche Grenzen für die Annahme von Vorteilen durch Regierungsmitglieder ist aus drei Gründen abzulehnen. Erstens stellt dieser Verzicht eine nicht zu rechtfertigende Privilegierung der Regierungsmitglieder im Vergleich zu anderen Berufsgruppen (z. B. den Beamten) dar, für die strenge Regeln für die Annahme von Vorteilen gelten. Zweitens könnte durch ministerrechtliche Bestimmungen verhindert werden, dass die objektive Amtsführung beeinträchtigt wird. Drittens wird durch den Verzicht auf weitere Grenzen für die Annahme von Vorteilen durch Regierungsmitglieder das Vertrauen der Bevölkerung in die Objektivität von Regierungsentscheidungen beeinträchtigt. Vielmehr entsteht der Eindruck, dass sich

---

[398] Vgl. S. 31 f.
[399] Willand, S. 150.
[400] Willand, S. 154. Willand führt in diesem Zusammenhang weiter aus, dass aus dem Fehlen eines allgemeinen Befangenheitsverbots für Regierungsmitglieder nicht geschlossen werden kann, dass Handlungen in eigener Sache zulässig seien.

Regierungsmitglieder „den demokratischen Staat zu eigen machen, statt ihm zu dienen“[401].

II. Strafrechtliche Regelungen

Im folgenden wird untersucht, unter welchen Voraussetzungen sich Regierungsmitglieder durch die Annahme von Vorteilen eines Bestechungsdelikts strafbar machen können.

1. Vorteilsannahme gemäß § 331 I StGB

a. Strafbarkeitsvoraussetzungen

aa. Regierungsmitglieder als Täter nach § 331 I StGB

Täter nach § 331 I StGB kann nur ein Amtsträger oder ein für den öffentlichen Dienst besonders Verpflichteter sein. Amtsträger ist gemäß § 11 I Nr. 2 StGB, wer a) Beamter oder Richter ist, b) in einem sonstigen öffentlich-rechtlichen Amtsverhältnis steht oder c) sonst dazu bestellt ist, bei einer Behörde oder bei einer sonstigen Stelle oder in deren Auftrag Aufgaben der öffentlichen Verwaltung unbeschadet der zur Aufgabenerfüllung gewählten Organisationsform wahrzunehmen. Das sonstige öffentlich-rechtliche Amtsverhältnis gemäß § 11 I Nr. 2 b) StGB setzt die Übertragung eines Geschäftskreises im Bereich der vollziehenden Gewalt voraus, durch die ein beamtenähnliches Dienst- und Treueverhältnis begründet wird[402]. In einem solchen öffentlich-rechtlichen Amtsverhältnis stehen Regierungsmitglieder der Bundesregierung (vgl. § 1 BMinG) bzw. der Landesregierungen (vgl. z. B. § 1 B-W MinG) zum Bund bzw. Land[403]. Somit können Regierungsmitglieder Täter nach § 331 I StGB sein.

bb. Dienstausübung

Die Tat gemäß § 331 I StGB muss sich auf die Dienstausübung beziehen. Unter Dienstausübung ist jede Tätigkeit zu verstehen, die ein Amtsträger oder ein für den öffentlichen Dienst besonders Verpflichteter zur Erfüllung der ihm kraft Gesetzes oder Dienstanweisung übertragenen Aufgaben wahrnimmt[404]. Unter Dienstausübung ist sowohl eine entscheidende als auch eine die Entscheidung eines anderen Amtsträgers lediglich vorbereitende oder unterstützende Tätigkeit zu verstehen[405]. Keine Dienstausübung sind reine Privathandlungen, die mit dem Aufgabenbereich des Amtsträgers in keinerlei Beziehung stehen. Das Unterlassen einer Diensthandlung im Sinne des § 331 StGB steht nach § 336 StGB deren Vornahme gleich. Stets muss es sich jedoch um das

---

[401] Gabriel, ZParl 31 (2000), 328.
[402] Welp, S. 764.
[403] Lackner in Lackner/Kühl, § 11 Rn. 5.
[404] Fischer in Tröndle/Fischer, § 331 Rn. 5.
[405] Cramer in Schönke/Schröder, § 331 Rn. 8.

Unterlassen einer hinreichend konkretisierten und zumindest möglichen Diensthandlung handeln[406]. Schließlich kommt als Dienstausübung sowohl eine bereits vorgenommene als auch eine zukünftige Dienstausübung in Betracht[407].

cc. Vorteil für sich oder einen Dritten

Der Täter nach § 331 I StGB muss einen Vorteil für sich oder einen Dritten fordern, sich versprechen lassen oder annehmen. Als Vorteile kommen sowohl solche wirtschaftlicher als auch immaterieller Art in Betracht[408]. Erfasst ist damit jede Leistung, auf die der Amtsträger oder der begünstigte Dritte keinen fälligen und durchsetzbaren Rechtsanspruch haben und die ihre wirtschaftliche, rechtliche oder auch nur persönliche Lage objektiv verbessert[409].

Als wirtschaftlicher Vorteil kommt jede Zuwendung eines Vermögenswertes in Betracht[410]. Die Rechtsprechung hat die Zuwendung eines wirtschaftlichen Vorteils z. B. in folgenden Fällen angenommen: Stundung einer Schuld auf unbestimmte Zeit[411], Überlassung eines Leihwagens[412], Vermittlung einer angemessen bezahlten Nebenbeschäftigung[413], Abschluss eines Vertrages, der Leistungen an den Amtsträger zur Folge hat[414] und Einladung zu Getränken[415].

Immaterielle Vorteile sind solche, die einen objektiv messbaren Inhalt haben und den Amtsträger in irgendeiner Weise tatsächlich besser stellen[416]. Die Rechtsprechung hat einen immateriellen Vorteil bei der unentgeltlichen Gewährung des Geschlechtsverkehrs[417] bejaht und für eine einmalige flüchtige Zärtlichkeit[418] verneint. Fernerhin hat die Rechtsprechung einen immateriellen Vorteil auch schon in der bloßen Befriedigung des Ehrgeizes oder der Eitelkeit des Amtsträgers erblickt[419]; dies erscheint fraglich, da es in diesen Fällen an einer objektiv messbaren Besserstellung des Amtsträgers fehlt[420].

Der Tatbestand des § 331 I StGB ist auch erfüllt, wenn der Täter den Vorteil für einen Dritten fordert, sich versprechen lässt oder annimmt. Somit ist § 331 I StGB auch verwirklicht, wenn ein Amtsträger für seine Dienstausübung eine Spende an seine

---

[406] Fischer in Tröndle/Fischer, § 331 Rn. 7.
[407] Rudolphi in SK, § 331 Rn. 17.
[408] Blei, S. 457.
[409] BGHSt 31, 264, 279; BGH, wistra 1991, 220.
[410] Rudolphi in SK, § 331 Rn. 20.
[411] BGHSt 13, 328; 16, 40, 41.
[412] RGSt 64, 328, 335.
[413] RGSt 77, 75, 78.
[414] BGHSt 31, 264, 280.
[415] BGH, GA 1967, 154 f.
[416] Cramer in Schönke/Schröder, § 331 Rn. 19.
[417] BGH, StV 1994, 527.
[418] BGH, NJW 1959, 1834.
[419] BGHSt 14, 123, 128.
[420] Cramer in Schönke/Schröder, § 331 Rn. 21.

Partei fordert, sich versprechen lässt oder annimmt[421]. Erfolgt die Zuwendung an den Dritten dagegen, ohne dass der Amtsträger diese zuvor als Gegenleistung für eine Diensthandlung gefordert oder sich versprechen hat lassen, so kommt eine Vorteilsannahme lediglich dann noch in Betracht, wenn der Amtsträger die Annahme des Vorteils durch den Dritten als Gegenleistung für eine von ihm bereits vorgenommene oder noch vorzunehmende Diensthandlung billigt und daraus selbst mittelbaren Nutzen zieht[422].

Aus dem Tatbestand des § 331 I StGB sind nach den Grundsätzen der sozialen Adäquanz alle diejenigen Vorteilsannahmen durch Amtsträger auszuscheiden, die „sich völlig im Rahmen der normalen, geschichtlich gewordenenen sozialen Ordnung des Lebens“ bewegen.[423] Keine Vorteile i. S. d. § 331 I StGB sind daher geringfügige Geschenke, die nach der Verkehrssitte oder den allgemein anerkannten Regeln der Höflichkeit Amtsträgern gemacht werden[424]. Beispiele bilden etwa die üblichen Neujahrsgeschenke und kleine Werbegeschenke, wie Notizbücher und Kugelschreiber[425]. Mithin sind sozial adäquat nur solche Vorteile, die so gering sind, dass bei vernünftiger Betrachtungsweise nicht der Eindruck entstehen kann, dass der Nehmer sich dem Geber durch die Annahme der Zuwendung verpflichtet[426].

dd. Fordern, sich versprechen lassen oder annehmen

Der Amtsträger muss den Vorteil fordern, sich versprechen lassen oder annehmen. Fordern ist das einseitige, ausdrückliche oder konkludente, also auch das in versteckter Form geäußerte Verlangen eines Vorteils[427]. Die das Verlangen eines Vorteils objektiv zum Ausdruck bringende Erklärung des Amtsträgers muss zur Kenntnis des potentiellen Gebers oder eines Mittelsmanns gebracht werden[428]. Nicht erforderlich hingegen ist, dass der potentielle Geber oder der Mittelsmann des Amtsträgers auch den Sinn der Erklärung versteht[429].

Sich versprechen lassen bedeutet die ausdrückliche oder konkludente Annahme des Angebots einer künftigen Leistung[430]. Vorausgesetzt ist damit zunächst, dass jemand eine Erklärung gegenüber dem Amtsträger abgibt, die ihrem objektiven Aussagegehalt nach ein solches Angebot enthält, mag der Erklärende selbst diesen Sinn noch nicht erkennen[431]. Gefordert ist jedoch weiter, dass der Amtsträger dieses auf Abschluss einer Unrechtsvereinbarung gerichtete Angebot versteht und es mit dem Willen,

---

[421] Kaiser, NJW 1981, 321, 322.
[422] Cramer in Schönke/Schröder, § 331 Rn. 20.
[423] Welzel, S. 55 f.
[424] Rudolphi in SK, § 331 Rn. 23.
[425] Ostendorf, GA 1982, 333 ff.
[426] OLG Frankfurt, NJW 1990, 2074 f.
[427] Cramer in Schönke/Schröder, § 331 Rn. 24.
[428] Jescheck in LK, § 331 Rn. 4.
[429] Rudolphi in SK, § 331 Rn. 24.
[430] Fischer in Tröndle/Fischer, § 331 Rn. 13.
[431] Rudolphi in SK, § 331 Rn. 25.

den Vorteil später anzunehmen und darüber für eigene Zwecke zu verfügen, annimmt[432].

Annahme ist das tatsächliche Empfangen des geforderten oder angebotenen Vorteils mit dem Willen, den Vorteil zu behalten, über ihn als eigenen oder für eigene Zwecke zu verfügen oder auch nur ihn sofort an einen Dritten weiterzuleiten[433]. Eine Vorteilsannahme liegt daher auch dann vor, wenn der Amtsträger den Vorteil nur zu dem Zweck annimmt, ihn an einen Dritten weiterzuleiten[434]. Der Vorteil wird auch dann für eine Diensthandlung angenommen, wenn der Amtsträger den gutgläubig empfangenen Vorteil, nachdem er die Absicht des Gebers erkannt hat, als Gegenleistung für eine Dienstleistung behält[435]. Dies setzt jedoch voraus, dass der Vorteil noch in irgendeiner Form vorhanden und nicht bereits gutgläubig verbraucht worden ist[436].

ee. Unrechtsvereinbarung

Der Täter muss den Vorteil für die Dienstausübung fordern, sich versprechen lassen oder annehmen. Entscheidende Bedeutung erlangt durch das Wort „für" in § 331 I StGB die sogenannte Unrechtsvereinbarung[437]. Während das Fordern eines Vorteils das Angebot zum Abschluss einer Unrechtsvereinbarung darstellt, wird durch das Sichversprechenlassen und das Annehmen eines Vorteils eine solche Unrechtsvereinbarung zwischen dem Amtsträger und dem Vorteilsgeber bereits getroffen[438]. Vorausgesetzt ist damit in den beiden letztgenannten Alternativen ein Doppeltes: Erstens, dass jemand gegenüber dem Amtsträger eine Erklärung abgibt, die nach ihrem objektiven Aussagegehalt ein Versprechen oder eine Zuwendung eines Vorteils als Gegenleistung für eine dienstliche Tätigkeit enthält und zweitens, dass der Amtsträger dieses Angebot als solches erkennt und annimmt[439].

Gegenstand der Unrechtsvereinbarung muss keine bestimmte, bereits vorgenommene oder zukünftige dienstliche Handlung sein[440]. Es genügt vielmehr, wenn die Zuwendung als Bezugspunkt die Dienstausübung als solche hat. Zu bejahen ist dies, wenn durch die Zahlung das allgemeine Wohlwollen und die Geneigtheit des Amtsträgers zur Vornahme irgendwelcher in seinen Zuständigkeitsbereich fallenden Diensthandlungen erkauft wird[441]. Der Tatbestand ist daher auch dann bereits erfüllt, wenn auf Grund von „Beraterverträgen" regelmäßige Zuwendungen erfolgen, um zwischen dem Amtsträger und dem Vorteilsgeber ein Nähe- und Abhängigkeitsverhältnis

[432] OLG Hamm, MDR 1973, 68.
[433] Rudolphi in SK, § 331 Rn. 26.
[434] BGHSt 14, 123, 127.
[435] BGHSt 15, 88; OLG Köln, MDR 1960, 156.
[436] OLG Köln, MDR 1960, 156.
[437] BGHSt 15, 88, 97; 39, 45, 48.
[438] Rudolphi in SK, § 331 Rn. 28.
[439] Rudolphi in SK, § 331 Rn. 28.
[440] Rudolphi in SK, § 331 Rn. 29 a.
[441] BT-Drucks. 13/8079, 15.

aufzubauen, das die Gefahr begründet, dass der Amtsträger dadurch in seinen späteren Entscheidungen irgendwann einmal zugunsten des Vorteilsgebers beeinflusst wird[442].

ff. Subjektiver Tatbestand

Der subjektive Tatbestand setzt zumindest bedingten Vorsatz bezüglich aller Tatbestandsmerkmale voraus. Der Vorsatz des Täters muss sich also insbesondere auf die seine Amtsträgereigenschaft begründenden Umstände sowie darauf erstrecken, dass er den Vorteil für die Dienstausübung fordert, sich versprechen lässt oder annimmt. Er muss ferner zumindest damit rechnen, dass ihm kein fälliger und durchsetzbarer Rechtsanspruch auf Zuwendung des Vorteils zusteht. Nicht erforderlich ist, dass der Amtsträger den Willen hat, die zukünftige Diensthandlung auch tatsächlich vorzunehmen[443].

gg. Behördliche Genehmigung nach § 331 III StGB

Die behördliche Genehmigung nach § 331 III StGB stellt einen Rechtfertigungsgrund dar[444]. Nach § 331 III StGB ist eine Vorteilsannahme nicht strafbar, wenn der Täter einen nicht von ihm geforderten Vorteil sich versprechen lässt oder annimmt und die zuständige Behörde im Rahmen ihrer Befugnisse entweder die Annahme vorher genehmigt hat oder der Täter unverzüglich bei ihr Anzeige erstattet und sie die Annahme nachträglich genehmigt. Gemäß § 5 III BMinG ist die Bundesregierung[445] zuständig, über die Verwendung von Geschenken an Mitglieder der Bundesregierung zu entscheiden. Bei Geschenken an die Mitglieder der Landesregierung in Baden-Württemberg[446], Niedersachsen[447], Mecklenburg-Vorpommern[448], Sachsen[449] und Sachsen-Anhalt[450] entscheiden die entsprechenden Landesregierungen über die Verwendung der Zuwendung. In allen übrigen Bundesländern gibt es keine gesetzlich normierte Stelle zur Entscheidung über die Verwendung der Zuwendungen an Regierungsmitglieder.

---

[442] Rudolphi in SK, § 331 Rn. 29 a.
[443] Rudolphi in SK, § 331 Rn. 30.
[444] BGHSt 31, 264, 285; Jescheck in LK, § 331 Rn. 18.
[445] Gemäß § 1 IV VwVfG ist Behörde jede Stelle, die Aufgaben der öffentlichen Verwaltung wahrnimmt. Auch Organe des Verfassungsrechts (z. B. die Regierung) werden als Behörden angesehen, wenn und soweit sie im konkreten Fall nicht als Organe des Verfassungsrechts, d. h. auf Grund einer ausschließlich verfassungsrechtlich bestimmten Funktion tätig werden, sondern auf Grund des allgemeinen Verwaltungsrechts (Kopp/Ramsauer, § 1 Rn. 23).
[446] Niederschrift über die Sitzung des Ministerrates am 20. 12. 1999 (nicht veröffentlicht/angefordert bei dem Staatsministerium Baden-Württemberg).
[447] § 5 IV Nds MinG.
[448] § 7 IV M-V MinG.
[449] § 5 IV Sächs MinG.
[450] § 5 IV S-A MinG.

b. Strafrahmen

Die Vorteilsannahme gemäß § 331 I StGB wird mit Freiheitsstrafe bis zu drei Jahren oder mit Geldstrafe bestraft. Der Bestechungslohn unterliegt gemäß §§ 73 I, 73 a StGB dem Verfall[451].

2. Bestechlichkeit gemäß § 332 I StGB

Die Bestechlichkeit gemäß § 332 I StGB stellt einen erschwerten Fall der Vorteilsannahme dar und bildet einen qualifizierten Tatbestand zu § 331 I StGB. § 332 I StGB unterscheidet sich von § 331 I StGB in vier Punkten. Erstens ist bei § 332 I StGB Bezugspunkt der Vorteilsgewährung eine bestimmte Diensthandlung. Zweitens muss der Täter bei § 332 I StGB durch die dienstliche Handlung seine Dienstpflichten verletzen. Drittens ist bei § 332 I StGB eine Rechtfertigung der Tat durch eine behördliche Genehmigung nicht möglich. Viertens kommt bei einer schuldhaften Verletzung von § 332 I StGB ein im Vergleich zu § 331 I StGB verschärfter Strafrahmen zur Anwendung.

a. Zusätzliche Strafbarkeitsvoraussetzungen

§ 332 I StGB hat die folgenden zusätzlichen Strafbarkeitsvoraussetzungen im Vergleich zu § 331 I StGB.

aa. Bestimmte Diensthandlung

Bezugspunkt der Tat muss eine Diensthandlung sein. Es muss sich um eine bestimmte dienstliche Handlung handeln. Im Gegensatz zu § 331 I StGB reicht es nicht aus, dass Bezugspunkt der Vorteilsgewährung die Dienstausübung, d. h. irgendeine dienstliche Handlung des Täters ist. Nicht ausreichend ist daher für § 332 I StGB, wenn der Täter lediglich das Wohlwollen oder die generelle Bereitschaft des Amtsträgers, irgendeine pflichtwidrige Diensthandlung vorzunehmen, erlangen will[452]. Das Unterlassen einer dienstlichen Handlung steht nach § 336 StGB deren Vornahme gleich.

bb. Pflichtverletzung

Eine Diensthandlung ist pflichtwidrig, wenn sie gegen ein rechtliches Gebot oder Verbot verstößt. Ein solches Ge- oder Verbot kann sich unmittelbar aus dem Gesetz, einer allgemeinen Verwaltungsvorschrift oder einer Einzelanweisung des Vorgesetzten ergeben[453]. Gebundenes Verwaltungshandeln ist pflichtwidrig, wenn es den maßgebenden Rechts- oder Verwaltungsvorschriften widerspricht[454]. Eine Ermessensentscheidung ist

---

[451] BGHSt 30, 46 f.
[452] Rudolphi in SK, § 332 Rn. 4.
[453] Rudolphi in SK, § 332 Rn. 6.
[454] Fischer in Tröndle/Fischer, § 332 Rn. 4.

pflichtwidrig, wenn der Amtsträger mit seiner Entscheidung den ihm eingeräumten Entscheidungsspielraum überschreitet oder wenn er sein Ermessen missbraucht, d. h. seinen Entscheidungsspielraum zwar nicht überschreitet, jedoch die Entscheidung aus sachfremden Erwägungen trifft[455]. Falls der Täter den Vorteil als Gegenleistung für eine künftige Handlung fordert, sich versprechen lässt oder annimmt, so ist gemäß § 332 III StGB die Bestimmung des § 332 I StGB schon dann anzuwenden, wenn er sich dem anderen gegenüber bereit gezeigt hat, 1. bei der Handlung seine Pflichten zu verletzen oder, 2. soweit die Handlung in seinem Ermessen steht, sich bei der Ausübung des Ermessens durch den Vorteil beeinflussen zu lassen.

b. Strafrahmen

Die Bestechlichkeit gemäß § 332 I StGB wird mit Freiheitsstrafe von sechs Monaten bis zu fünf Jahren bestraft. In minder schweren Fällen ist die Strafe Freiheitsstrafe bis zu drei Jahren oder Geldstrafe. Der Versuch ist strafbar. Gemäß § 338 StGB ist in den Fällen des § 332 StGB der erweiterte Verfall gemäß § 73 d StGB anzuwenden, wenn der Täter gewerbsmäßig oder als Mitglied einer Bande handelt, die sich zur fortgesetzten Begehung solcher Taten verbunden hat. Gemäß § 358 StGB kann das Gericht neben einer Freiheitsstrafe von mindestens sechs Monaten wegen einer Straftat nach § 332 StGB die Fähigkeit, öffentliche Ämter zu bekleiden (§ 45 II StGB), aberkennen. Öffentliche Ämter sind solche, deren Träger Dienste verrichten, die aus der Staatsgewalt abgeleitet sind und staatlichen Zwecken dienen[456]. Dies ist z. B. der Fall bei Ämtern der staatlichen Exekutive[457]. Mitglieder der Regierung üben ein Amt der staatlichen Exekutive aus[458]. Somit kann die Mitgliedschaft in einer Regierung gemäß § 358 StGB aberkannt werden.

3. Besonders schwerer Fall der Bestechlichkeit gemäß § 335 StGB

a. Mit Regelbeispielen versehene Strafzumessungsgründe

Der besonders schwere Fall der Bestechlichkeit gemäß § 335 StGB verwendet mit Regelbeispielen versehene Strafzumessungsgründe, die die Strafe der Bestechlichkeit gemäß § 332 I StGB verschärfen können. In drei Fällen liegt gemäß § 335 II StGB in der Regel ein besonders schwerer Fall der Bestechlichkeit vor:

Gemäß § 335 II Nr. 1 StGB ist ein besonders schwerer Fall in der Regel gegeben, wenn sich die Tat auf einen Vorteil großen Ausmaßes bezieht; d. h. der Vorteil muss ein Ausmaß erreichen, das besonders geeignet ist, den Vorteilsnehmer zu korrumpieren. Dies bedeutet, dass das erforderliche Ausmaß sich auch an dem Einkommen und den sonstigen wirtschaftlichen Verhältnissen des Amtsträgers orientiert.

---

[455] BGHSt 15, 88, 91; Fischer in Tröndle/Fischer, § 332 Rn. 5.
[456] RGSt 62, 24, 27.
[457] Horn in SK, § 45 Rn. 3.
[458] V. Münch, Staatsrecht, Rn. 843.

Berücksichtigt werden jedoch nur Vorteile, die einen Wert von mehr als 5.000,-- Euro haben[459]. Gemäß § 335 II Nr. 2 StGB liegt ein besonders schwerer Fall in der Regel auch vor, wenn der Täter fortgesetzt Vorteile annimmt, die er als Gegenleistung dafür gefordert hat, dass er eine Diensthandlung künftig vornehme. Gemäß § 335 II Nr. 3 StGB ist ein besonders schwerer Fall in der Regel auch dann anzunehmen, wenn der Täter gewerbsmäßig oder als Mitglied einer Bande handelt, die sich zur fortgesetzten Begehung solcher Taten verbunden hat.

b. Strafrahmen

§ 335 I StGB enthält eine Strafschärfung für besonders schwere Fälle der Bestechlichkeit. In diesen Fällen wird eine Tat nach § 332 I StGB mit Freiheitsstrafe von einem Jahr bis zu zehn Jahren bestraft.

4. Stellungnahme

Die Anwendung der strafrechtlichen Grenzen der §§ 331 ff. StGB für die Annahme von Vorteilen durch Regierungsmitglieder stellt aus den nachfolgenden Gründen eine gelungene Regelung dar. Die Regelungen der §§ 331, 332, 335 StGB überzeugen, da sie für verschiedene Arten des Unrechts differenzierte Rechtsfolgen festlegen[460]. Sinnvoll sind auch die Regelungen des Verfalls und erweiterten Verfalls gemäß §§ 73, 73 a StGB sowie die Möglichkeit, die Befähigung zur Bekleidung öffentlicher Ämter abzuerkennen, da auf diese Weise die Vorteile nicht bei dem Regierungsmitglied verbleiben und darüber hinaus Regierungsmitglieder in besonders schwerwiegenden Fällen ihr Amt verlieren[461].

Überzeugend ist fernerhin, dass die §§ 331 ff. StGB ebenso auf Regierungsmitglieder wie auf andere Amtsträger oder für den öffentlichen Dienst besonders Verpflichtete angewendet werden können. Für den Bundeskanzler oder den Ministerpräsidenten gelten somit dieselben strafrechtlichen Normen für die Annahme von Vorteilen wie für andere Amtsträger oder für den öffentlichen Dienst besonders Verpflichtete. Der Vorwurf, dass Regierungsmitglieder die Möglichkeit hätten, sich über den Staat zu stellen, kann somit in Bezug auf die strafrechtlichen Grenzen für die Annahme von Vorteilen nicht erhoben werden.

---

[459] Rudolphi in SK, § 335 Rn. 3; Fischer in Tröndle/Fischer, § 335 Rn. 6 verlangt sogar einen Wert von mehr als 10.000,-- Euro.

[460] Die Rechtsfolgen reichen von einer Freiheitsstrafe bis zu drei Jahren oder Geldstrafe gemäß § 331 StGB bis zu einer Freiheitsstrafe von einem bis zu zehn Jahren gemäß § 335 StGB.

[461] Dem wird in der politischen Wirklichkeit das betreffende Regierungsmitglied jedoch zuvorkommen, indem es von sich aus um Entlassung bittet. Zum Beispiel bat der Bundesverkehrsminister Reinhard Klimmt im November 2000 um seine Entlassung, nachdem das Amtsgericht Trier gegen Klimmt einen Strafbefehl wegen Beihilfe zur Untreue erlassen hatte (Die Welt v. 17. 11. 2000, 1).

III. Sonstige Reaktionsmöglichkeiten bei der Annahme von Vorteilen durch Regierungsmitglieder

In Fällen einer moralisch fragwürdig erscheinenden Annahme von Vorteilen durch Regierungsmitglieder gibt es neben den ministerrechtlichen und den strafrechtlichen Regelungen zur Annahme von Vorteilen durch Regierungsmitglieder auch die folgenden sonstigen Reaktionsmöglichkeiten. Vor einer Beurteilung der sonstigen Reaktionsmöglichkeiten ist darauf hinzuweisen, dass sie sich von den speziellen gesetzlichen Regelungen zur Annahme von Vorteilen durch Regierungsmitglieder erheblich unterscheiden. Die sonstigen Reaktionsmöglichkeiten können nicht nur bei der moralisch fragwürdigen Annahme von Vorteilen durch Regierungsmitglieder zur Anwendung gelangen, sondern dienen dem Parlament, der öffentlichen Meinung oder dem Wähler als generelles Kontroll- und Sanktionsinstrument des Regierungsverhaltens. Diese Verwendung der sonstigen Reaktionsmöglichkeiten als generelles Kontroll- und Sanktionsinstrument des Regierungsverhaltens erklärt es, dass sie keine detaillierten Grenzen für die Annahme von Vorteilen durch Regierungsmitglieder festlegen. Den sonstigen Reaktionsmöglichkeiten kommt jedoch für die Annahme von Vorteilen dennoch erhebliche Bedeutung zu, da sie die moralisch fragwürdige Annahme von Vorteilen im Einzelfall erst aufdecken und anschließend angemessen sanktionieren. Im folgenden soll daher die Relevanz der einzelnen sonstigen Reaktionsmöglichkeiten für die Annahme von Vorteilen durch Regierungsmitglieder untersucht werden.

1. Einsetzung eines Untersuchungsausschusses

Wenn der Verdacht besteht, dass Regierungsmitglieder in moralisch fragwürdiger Weise Vorteile in Bezug auf ihr Amt angenommen haben, hat das Parlament die Möglichkeit, einen Untersuchungsausschuss einzurichten. Die Einsetzung eines Untersuchungsausschusses zur Aufklärung bestimmter tatsächlicher Vorgänge von öffentlichem Interesse[462] ist ein hergebrachtes Recht des Parlaments und ein wesentliches Mittel zur Wahrnehmung seiner Kontrollfunktion gegenüber der vollziehenden Gewalt[463]. Nach Art. 44 I GG hat der Bundestag das Recht und auf Antrag eines Viertels seiner Mitglieder die Pflicht, einen Untersuchungsausschuss einzusetzen, der die erforderlichen Beweise erhebt. Der Untersuchungsausschuss hat die Aufgabe, unabhängig von Regierung, Behörden und Gerichten selbständig die Sachverhalte zu prüfen, die das Parlament für aufklärungsbedürftig hält[464]. Gerichte und Verwaltungsbehörden sind gemäß Art. 44 III GG verpflichtet, dem Untersuchungsausschuss Rechts- und Amtshilfe zu leisten. Die Beschlüsse des Untersuchungsausschusses, der nur Feststellungen, keine Entscheidungen treffen kann, sind gemäß Art. 44 IV GG der richterlichen Erörterung entzogen. Die Verfassungen der Länder sehen ebenfalls die Einsetzung von

[462] BVerfG, DVBl 1988, 200, 202.
[463] Achterberg/Schulte in v. Mangoldt/Klein/Stark, Art. 44 Rn. 12.
[464] BVerfGE 49, 70, 85; 77, 1, 42.

Untersuchungsausschüssen vor, die mit dem Untersuchungsausschuss des Grundgesetzes vergleichbar sind[465].

Auch wenn in der Öffentlichkeit oft die Ansicht geäußert wird, dass Untersuchungsausschüsse zu keinen greifbaren Ergebnissen kommen, haben sie doch in der Praxis erhebliche Bedeutung. So können durch den Einsatz von hoheitlichen Mitteln, die sonst nur Gerichten und besonderen Behörden zustehen, oft unklare Sachverhalte aufgeklärt werden. Vor allem führt die Einsetzung eines Untersuchungsausschusses in der Praxis häufig zu personellen, organisatorischen und politischen Konsequenzen[466]. Überdies kann ein Untersuchungsausschuss auf Grund der großen Beachtung, die seiner Arbeit in der Öffentlichkeit zukommt, erheblich zur Kontrolle der Regierung beitragen[467]. Fernerhin legen einige Regierungsmitglieder – schon um die mit einem Untersuchungsausschuss verbundenen Unannehmlichkeiten und Verdächtigungen zu vermeiden - an ihr gesamtes eigenes Verhalten, d. h. auch für die Annahme von Vorteilen, besonders hohe moralische Werte zu Grunde. Mithin ist es denkbar, dass Regierungsmitglieder, nur um die Möglichkeit eines Untersuchungsausschusses zu verhindern, die Annahme eines Vorteils ablehnen, so dass dem Untersuchungsausschuss auch eine präventive Funktion zukommt.

Nicht außer Acht zu lassen sind jedoch auch die begrenzten Möglichkeiten des Untersuchungsausschusses. Er kann keine rechtskräftigen Entscheidungen treffen und auch keine rechtsverbindlichen Rechtsfolgen oder Sanktionen festsetzen[468]. Somit ist zusammenfassend festzuhalten, dass ein Untersuchungsausschuss betreffend die Annahme von Vorteilen vor allem ein sinnvolles Instrument zur Aufklärung von Sachverhalten ist, dem es jedoch an Sanktionsmöglichkeiten mangelt.

2. Misstrauensvotum des Parlaments

Gemäß Art. 67 GG kann der Bundestag dem Bundeskanzler im Wege des so genannten konstruktiven Misstrauensvotums sein Misstrauen nur dadurch aussprechen, dass er mit der Mehrheit seiner Mitglieder einen Nachfolger wählt und den Bundespräsidenten ersucht, den Bundeskanzler zu entlassen[469]. Ein Misstrauensvotum des Bundestages gegen einzelne Bundesminister sieht das Grundgesetz nicht vor[470]. Die Entfernung eines Bundesministers aus seinem Amt ist für den Bundestag nur über den Weg des Misstrauensvotums gegen den Bundeskanzler gemäß Art. 67 GG und den damit verbundenen Sturz der Regierung gemäß Art. 69 II GG erreichbar[471]. Die Verfassungen der

---

[465] Art. 35 B-W Verf.; Art. 25 Bay Verf.; Art. 48 Berl Verf; Art. 72 Brb Verf.; Art. 105 Brem Verf.; Art. 25 Hamb Verf.; Art. 92 Hess Verf.; Art. 34 M-V Verf.; Art. 27 Nds Verf.; Art. 41 N-W Verf.; Art. 91 R-P Verf.; Art. 79 Saar Verf., Art. 54 Sächs Verf.; Art. 54 S-A Verf.; Art. 18 S-H Verf.; Art. 64 Thür Verf.

[466] Epp, S. 182.

[467] Zeh in Isensee/Kirchhof II, § 43 Rn. 84.

[468] Epp, S. 182.

[469] Pieroth in Jarass/Pieroth, Art. 67 Rn. 1.

[470] Die Bundesminister werden gemäß Art. 64 I GG auf Vorschlag des Bundeskanzlers vom Bundespräsidenten ernannt und entlassen.

[471] Epping in v. Mangoldt/Klein/Starck, Art. 67 Rn. 6.

Bundesländer Baden-Württemberg, Brandenburg, Hamburg, Mecklenburg-Vorpommern, Niedersachsen, Sachsen, Sachsen-Anhalt, Schleswig-Holstein und Thüringen enthalten Regelungen, die mit dem im Grundgesetz geregelten Misstrauensvotum des Bundestages vergleichbar sind[472].

In Bremen und Rheinland-Pfalz können neben dem Ministerpräsidenten auch einzelne Kabinettsmitglieder durch das Parlament zum Rücktritt gezwungen werden[473]. Die Verfassungen Berlins, Hessens und des Saarlands sehen Misstrauensvoten vor, die nicht zwingend an die Wahl eines neuen Ministerpräsidenten gekoppelt sind, sondern nur eine Rücktrittsverpflichtung für den amtierenden Ministerpräsidenten zur Folge haben, wobei in Berlin und im Saarland auch einzelne Kabinettsmitglieder Adressaten eines Misstrauensvotums sein können[474]. Die Verfassung Bayerns ist die einzige Landesverfassung, die dem Parlament nicht die Möglichkeit gibt, den Regierungschef im Wege eines Misstrauensvotums zum Rücktritt zu zwingen. Jedoch muss der bayerische Ministerpräsident gemäß Art. 44 III 2 Bay Verf. zurücktreten, wenn eine vertrauensvolle Zusammenarbeit mit dem Landtag nicht mehr möglich ist. Diese Voraussetzung ist durch den Verfassungsgerichtshof uneingeschränkt nachprüfbar[475].

Das sogenannte konstruktive Misstrauensvotum gegen den Bundeskanzler gemäß Art. 67 GG kann im Einzelfall eine angemessene Reaktionsmöglichkeit des Bundestages auf die Annahme von Vorteilen durch den Bundeskanzler sein. Dies wird insbesondere der Fall sein, wenn der Bundeskanzler Vorteile im besonders großen Ausmaße angenommen hat oder seine Amtshandlungen durch die Annahme des Vorteils beeinflusst worden sind und er trotzdem nicht zum freiwilligen Rücktritt bereit ist. In diesem Fall kann der Bundestag die ihm zukommende parlamentarische Kontrolle der Bundesregierung durch die Wahl eines neuen Bundeskanzlers ausüben. Sollte ein Bundesminister in vergleichbarer Weise Vorteile angenommen haben, erscheint die Regelung des Grundgesetzes, die eine Entfernung des Bundesministers aus dem Amt durch den Bundestag nur über den oben dargestellten Weg des Kanzler- und damit verbundenen Regierungssturzes ermöglicht, vordergründig nicht überzeugend, da auch die übrigen Regierungsmitglieder trotz mangelndem eigenen Fehlverhalten gestürzt werden. Die Befürchtung, das Fehlverhalten eines einzelnen Bundesministers würde sich schnell zur Kabinetts- oder Kanzlerfrage ausweiten, hat sich jedoch in der bisherigen Staatspraxis nicht bewahrheitet. Allenfalls sahen sich die bisherigen Bundeskanzler auf Grund des politischen Drucks gezwungen, den in der Kritik stehenden Minister zu entlassen bzw. zur Entlassung vorzuschlagen. Oftmals haben die betroffenen Minister von sich aus den Bundeskanzler um ihren Rücktritt ersucht, zumal wenn es absehbar

[472] Art. 54 B-W Verf.; Art. 86 Brb Verf.; Art. 35 Hamb Verf; Art. 114 Hess Verf.; Art. 50 M-V Verf.; Art. 32 Nds Verf.; Art. 61 N-W Verf.; Art. 69 Sächs Verf.; Art. 72 S-A Verf.; Art. 35 S-H Verf.; Art. 73 Thür Verf.

[473] Art. 110 Brem Verf.; Art. 99 R-P Verf.

[474] Art. 42 Berl Verf.; Art. 114 Hess Verf.; Art. 88 Saar Verf.

[475] Meder, Art. 44 Rn. 3.

war, dass diese Regierungsmitglieder politisch nicht mehr haltbar waren[476]. Dieser freiwillige Rücktritt wird jedoch oft durch das Wissen um die Gefahr eines potentiellen konstruktiven Misstrauensvotums mitbeeinflusst gewesen sein.

Zusammenfassend ist festzuhalten, dass das konstruktive Misstrauensvotum oder das Drohen mit dem konstruktiven Misstrauensvotum eine angemessene „Reaktionsmöglichkeit" auf die verwerfliche Annahme von Vorteilen durch Regierungsmitglieder der Bundes darstellen kann. Diese positive Bewertung des Misstrauensvotums gilt auch für die Bundesländer, die mit dem Grundgesetz vergleichbare Regelungen haben; darüber hinaus gilt sie insbesondere auch für die Bundesländer, in denen ein Misstrauensvotum gegen einzelne Landesminister möglich ist, da in diesem Fall besonders effektiv auf das Einzelfehlverhalten von Ministern durch die Parlamente reagiert werden kann.

3. Regierungsmitgliedsanklage

Die Verfassungen der Bundesländer Baden-Württemberg, Bayern, Bremen, Hessen, Nordrhein-Westfalen, Rheinland-Pfalz und Saarland geben dem Parlament die Möglichkeit, Regierungsmitglieder vor den jeweiligen Landesverfassungsgerichten anzuklagen[477]. Der Bund und die übrigen Bundesländer haben auf diese Möglichkeit verzichtet. Die Regelungen der Regierungsmitgliedsanklage in den einzelnen Bundesländern weisen folgende Gemeinsamkeiten auf. Als tatbestandlicher Anklagegegenstand wird die Verfassungs- und Gesetzesverletzung genannt. Diese Verletzung muss von dem Regierungsmitglied vorsätzlich begangen worden sein. Die Verfassung von Rheinland-Pfalz erstreckt die Anklagevoraussetzungen auch auf die Gefährdung der öffentlichen Sicherheit und Wohlfahrt und lässt als Schuldform grobe Fahrlässigkeit ausreichen.

Für die Beantragung des Anklagebeschlusses ist in der Regel der Antrag von einem Drittel der Mitglieder der Parlamente erforderlich. In Nordrhein-Westfalen reicht es aus, dass der Antrag von einem Viertel der Mitglieder des Landtages gestellt wird. Der Beschluss auf Erhebung der Anklage bedarf in Bayern, Hessen, Niedersachsen, Rheinland-Pfalz und dem Saarland einer Mehrheit von zwei Dritteln der gesetzlichen Mitglieder der Parlamente. In Baden-Württemberg und Bremen ist bei einer geforderten Anwesenheit von zwei Dritteln der Abgeordneten eine absolute Mehrheit erforderlich. In Nordrhein-Westfalen wird eine Mehrheit von zwei Dritteln der anwesenden Mitglieder des Landtages gefordert.

In Bayern, Bremen, Niedersachsen und dem Saarland beschränken sich die Rechtsfolgen einer verfassungsgerichtlichen Verurteilung auf den Amtsverlust. In

---

[476] Als aktuelles Beispiel dient der Rücktritt des ehemaligen Bundesministers Reinhard Klimmt. Dieser soll in seiner Zeit als Landesminister u. a. Vorteile in Bezug auf sein Amt angenommen haben (Siehe Jochen Kummer, Welt am Sonntag v. 26. 11. 2000, 3).

[477] Art. 57 B-W Verf.; Art. 59 Bay Verf.; Art. 111 Brem Verf.; Art. 115 Hess Verf.; Art. 71 Nds Verf.; Art. 63 N-W Verf.; Art. 131 R-P Verf.; Art. 94 Saar Verf.

Baden-Württemberg, Hessen und Nordrhein-Westfalen kann das Verfassungsgericht neben dem Amtsverlust die teilweise oder völlige Aberkennung der Versorgungsansprüche festlegen. In Rheinland-Pfalz kann der Verfassungsgerichtshof auf Entlassung des Regierungsmitglieds erkennen und daneben die teilweise oder völlige Vermögenseinziehung, den Verlust öffentlich-rechtlicher Versorgungsansprüche, die Unfähigkeit zur Bekleidung öffentlicher Ämter, den Verlust des Wahlrechts, der Wählbarkeit und des Rechts zur politischen Tätigkeit jeder Art sowie Wohn- und Aufenthaltsbeschränkungen verhängen.

In der Literatur wird die Regierungsmitgliedsanklage ganz überwiegend als „bedeutungsloser Anachronismus“[478] dargestellt, auf die verzichtet werden kann[479]. Diese Bewertung der Regierungsmitgliedsanklage gewinnt ihre Berechtigung durch eine Darstellung ihres historischen Hintergrundes. Die in den aktuellen Landesverfassungen noch bestehenden Möglichkeiten der Regierungsmitgliedsanklage gehen auf Vorbilder aus dem 19. Jahrhundert zurück[480]. In der Auseinandersetzung zwischen Monarchie und Bürgertum war sie eine wesentliche verfassungsrechtliche Errungenschaft[481]. Die Verfassung sollte mit dem Instrument der Ministeranklage gegen Übergriffe der Regierung, die vom Monarchen eingesetzt worden war, verteidigt werden[482]. Demgegenüber hat sie in den modernen parlamentarischen Demokratien der deutschen Bundesländer, die die Wahl des Ministerpräsidenten durch den Landtag vorsehen, keine praktische Bedeutung erlangt. Von der Regierungsmitgliedsanklage haben die Länderparlamente in der Bundesrepublik Deutschland bisher noch nicht Gebrauch gemacht[483]. Überdies wird die Geringschätzung der Regierungsmitgliedsanklage durch den „modernen Gesetzgeber“ daran deutlich, dass sie in allen Verfassungen der neuen Bundesländer gar nicht mehr einfügt worden ist.

Auch für die Annahme von Vorteilen durch Regierungsmitglieder stellt die Regierungsmitgliedsanklage zumindest in der bisherigen Form keine geeignete Reaktionsmöglichkeit dar. Erstens verlangt die Regierungsmitgliedsanklage einen Verstoß gegen ein Gesetz. Die Annahme von Vorteilen durch Regierungsmitglieder ist jedoch nur in zwei der sieben Bundesländer speziell geregelt, die die Regierungsmitgliedsanklage in der Landesverfassung vorsehen[484]. Zweitens ist der Amtsverlust eines Regierungsmitglieds für das Parlament durch ein Misstrauensvotum einfacher als durch eine Regierungsmitgliedsanklage zu erreichen, da in der Mehrzahl der Bundesländer die erforderliche Anzahl der Abgeordneten für ein erfolgreiches Misstrauensvotum geringer und die Einschaltung des Verfassungsgerichts nicht erforderlich ist.

Positiv zum Bereich der Regierungsmitgliedsanklage ist jedoch anzumerken, dass zumindest in einigen Bundesländern durch das Verfassungsgericht neben dem

---

[478] Dauster, S. 289 ff.; Willand, S. 114.
[479] Scheuner, S. 38 f.
[480] Bier in Grimm/Caesar, Art. 131 Rn. 1.
[481] Bier in Grimm/Caesar, Art. 131 Rn. 1.
[482] Freund in Starck/Stern, S. 316 ff.
[483] Dauster in Geck, S. 125.
[484] Baden-Württemberg, Saarland.

Amtsverlust auch eine teilweise oder vollständige Aberkennung von Versorgungsansprüchen ausgesprochen werden kann. Bedeutung als „Reaktionsmöglichkeit“ für die gesetzeswidrige Annahme von Vorteilen durch Regierungsmitglieder wird die Regierungsmitgliedsanklage jedoch nur erlangen, wenn die Grenzen der Annahme von Vorteilen gesetzlich geregelt sind und das erforderliche Quorum für einen Antragsbeschluss in den einzelnen Bundesländern deutlich gesenkt wird.

4. Druck durch die öffentliche Meinung und den nächsten Wahlgang

Eine weitere Reaktionsmöglichkeit auf die moralisch fragwürdige Annahme von Vorteilen durch ein Regierungsmitglied besteht darin, dass das Verhalten des Regierungsmitglieds durch die öffentliche Meinung und den nächsten Wahlgang beurteilt und eventuell „bestraft wird“. Der Druck durch die öffentliche Meinung, im Regelfall die Medien, kann im Einzelfall so stark werden, dass das Regierungsmitglied freiwillig zurücktritt oder von Parteifreunden zu diesem Rücktritt gedrängt wird. Sollte dieser öffentliche Druck nicht ausreichen, besteht überdies die Möglichkeit, dass die Bevölkerung ihr Urteil über das Verhalten dieses Regierungsmitglieds bei der nächsten Wahl durch eine entsprechende Stimmabgabe deutlich macht[485].

Die Beurteilung der moralisch fragwürdigen Annahme von Vorteilen durch Regierungsmitglieder durch die öffentliche Meinung und den nächsten Wahlgang birgt ein erhebliches Maß an Unsicherheit und Ungerechtigkeit[486]. Die Beurteilung durch die Öffentlichkeit, d. h. vor allem durch die Medien, kann von der Bedeutung und politischen Zugehörigkeit des Regierungsmitglieds abhängen. Das Maß der Darstellung kann durch die Tagespolitik und den augenblicklichen Bedarf an Skandalen geprägt sein. Mit Objektivität und einer uneingeschränkt gerechten Beurteilung darf nicht in allen Fällen gerechnet werden, da die Darstellung in den Medien auch durch die eigenen politischen Überzeugungen und wirtschaftlichen Interessen der Medien mitbeeinflusst wird[487].

Auch der Hinweis auf den nächsten Wahlgang und die mögliche Reaktion der Wähler vermag in diesem Zusammenhang nicht zu überzeugen. So kann das Verhalten des Regierungsmitglieds bei der nächsten Wahl schon wieder in Vergessenheit geraten sein oder von anderen Themen überdeckt sein. Fernerhin ist festzuhalten, dass Regierungsmitglieder nicht durch die Bevölkerung direkt gewählt werden. Damit birgt die „Bestrafung“ durch den nächsten Wahlgang die Gefahr in sich, dass zwar weniger Abgeordnete der Partei des Regierungsmitglieds ins neue Parlament gewählt werden, das Regierungsmitglied mit einem besseren Listenplatz jedoch zumindest die Wiederwahl ins Parlament erreicht.

---

485 Epp, S. 200.
486 Vgl. Wiese, AöR 101 (1976), 548, 571.
487 Epp, S. 182.

IV. Orientierung an der Offenlegungspflicht für den Präsidenten bzw. Vizepräsidenten der Vereinigten Staaten von Amerika als alternativer Lösungsansatz

Als alternativer Lösungsansatz zu den bisher vorgestellten Regelungen für die Annahme von Vorteilen durch Regierungsmitglieder könnte eine Orientierung an der Offenlegungspflicht in Betracht kommen, die für die Annahme von Vorteilen durch den Präsidenten und Vizepräsidenten der Vereinigten Staaten von Amerika besteht. In den Vereinigten Staaten von Amerika bilden der Präsident, der Vizepräsident und weitere vom Prasidenten ernannte Regierungsmitglieder das Kabinett[488]. Für alle diese Regierungsmitglieder gelten strafrechtliche Grenzen für die Annahme von Vorteilen, die mit den dargestellten deutschen strafrechtlichen Regelungen vergleichbar sind[489]. Überdies gelten für die Regierungsmitglieder – ausgenommen sind nur der Präsident und der Vizepräsident - weitere ministerrechtliche Verbote für die Annahme von Vorteilen, die mit den deutschen beamtenrechtlichen Regelungen zur Annahme von Vorteilen vergleichbar sind[490]. Diese ministerrechtlichen Regelungen finden jedoch auf den Präsidenten und den Vizepräsidenten keine Anwendung[491]. Sie dürfen, soweit sie die strafrechtlichen Grenzen beachten, alle weiteren Vorteile ohne jegliche Begrenzung annehmen. Die einzige weitere Verpflichtung, die dem Präsidenten und dem Vizepräsidenten in diesem Zusammenhang obliegt, ist, dass sie die angenommenen Vorteile in einem Bericht offenlegen[492].

Eine Übertragung der für den Präsidenten und Vizepräsidenten der Vereinigten Staaten von Amerika geltenden Offenlegungspflicht auf die deutschen Regierungsmitglieder ist vor allem aus den folgenden drei Gründen abzulehnen[493]. Erstens widerspricht die amerikanische Regelung den obigen Ausführungen, dass Regierungsmitglieder neben den finanziellen Leistungen des Staates keine zusätzlichen Vorteile in Bezug auf ihr Amt annehmen sollten. Zweitens würde durch die Übernahme der amerikanischen Regelung nicht eine gewünschte Angleichung der ministerrechtlichen Regelungen an die beamtenrechtlichen Regelungen erreicht werden, sondern eine weitere Entfernung einsetzen. Drittens ist nicht ersichtlich, welche Sanktionen verhängt werden, wenn gegen die Offenlegungspflicht verstoßen wird.

---

488 Hay, S. 23.
489 Die Amtsträgerbestechung in den Vereinigten Staaten von Amerika ist im 11. Kapitel unter der Überschrift „Bribery, graft and conflict of interest" in den §§ 201-225 im 18. Titel des U.S.C. geregelt. Dabei enthält § 203 eine spezielle Vorschrift für Regierungsbestechung.
490 5 CFR Part 2635.
491 Bauer/Weintraub, S. 421.
492 5 CFR Part 2634.
493 Zu beachten ist in diesem Zusammenhang, dass die Möglichkeit des amerikanischen Präsidenten bzw. Vizepräsidenten Vorteile im großem Umfang anzunehmen, von der amerikanischen Öffentlichkeit sehr kritisch bewertet wird. So hat der ehemalige Präsident der Vereinigten Staaten, William Jefferson Clinton, sich auf Grund des öffenlichen Drucks bereit erklärt, den Staat mit 86,000 $ für die Geschenke im Wert von 190, 000 $ zu „entschädigen", die er während seiner achtjährigen Amtszeit erhalten hat (Carl Hulse/Joyce Wadler, The New York Times v. 3. 2. 2001, A 1).

V. Ergebnis

Die strafrechtlichen Grenzen der §§ 331 ff. StGB stellen eine gelungene Regelung zur Annahme von Vorteilen durch Regierungsmitglieder dar. Neben den strafrechtlichen Regelungen sind jedoch weitere Regelungen für die Annahme von Vorteilen durch Regierungsmitglieder notwendig, da nur so gewährleistet werden kann, dass die objektive Amtsführung der Regierungsmitglieder durch die Annahme von Vorteilen nicht beeinträchtigt wird und das Vertrauen der Bevölkerung in die Regierung erhöht wird. Auch sind diese Regelungen notwendig, um eine Privilegierung der Regierungsmitglieder im Vergleich zu anderen Amtsträgern oder für den öffentlichen Dienst besonders Verpflichteten zu verhindern.

Die bisherigen ministerrechtlichen Regelungen für die Annahme von Vorteilen durch Regierungsmitglieder sind – soweit überhaupt vorhanden – nicht überzeugend. Positiv zu bewerten sind nur die ministerrechtlichen Regelungen in den Bundesländern mit Verweisen auf das Beamtenrecht. Bei diesen Verweisen ist jedoch kritisch anzumerken, das eine vollständige Anwendung beamtenrechtlicher Normen auf Regierungsmitglieder nicht immer möglich ist und die Genehmigungsmöglichkeit von Vorteilen durch das Kabinett keine überzeugende Regelung darstellt.

Überdies ist festzuhalten, dass die Einsetzung eines Untersuchungsausschusses, das Misstrauensvotum, die Ministeranklage und der Druck auf die Regierungsmitglieder durch die öffentliche Meinung und den nächsten Wahlgang zu begrüßende Reaktionsmöglichkeiten auf die moralisch fragwürdige Annahme von Vorteilen darstellen. Diese speziellen Sanktionsmöglichkeiten gegenüber dem Verhalten von Regierungsmitgliedern nehmen auf die herausgehobene verfassungsrechtliche Stellung der Regierungsmitglieder Rücksicht. Sie erklären auch, warum es kein Bedürfnis für ein Dienststrafverfahren gegen Regierungsmitglieder gibt, das z. B. gegen Beamte bei einem Verstoß gegen das Verbot der Annahme von Vorteilen zur Anwendung kommen kann[494]. Schließlich kommt für deutsche Regierungsmitglieder eine Orientierung an der für den Präsidenten bzw. Vizepräsidenten der Vereinigten Staaten von Amerika geltenden bloßen Offenlegungspflicht bei der Annahme von Vorteilen nicht in Betracht.

---

[494] Begründung zu § 8 BMinG, der die Unzulässigkeit eines Disziplinarverfahrens gegen Mitglieder der Bundesregierung festsetzt (BT-Drucks. 1/3551, 7).

§ 7: Regelungen betreffend die Entscheidung in eigenen Angelegenheiten

Im folgenden werden die Regelungen dargestellt und bewertet, die die Entscheidungen der Regierungsmitglieder des Bundes und der Länder in eigenen Angelegenheiten betreffen.

I. Verwaltungsverfahrensrechtliche Regelungen

§§ 20, 21 VwVfG sind verwaltungsverfahrensrechtliche Regelungen, die bestimmte Personen wegen Befangenheit bzw. Besorgnis der Befangenheit vom Verwaltungsverfahren ausschließen. §§ 20, 21 VwVfG sind inhaltsgleich auch in den Verwaltungsverfahrensgesetzen der Länder enthalten, so dass im folgenden nur auf die §§ 20, 21 des Bundesverwaltungsverfahrensgesetzes eingegangen wird[495].

1. Grundsätzliche Anwendbarkeit der §§ 20, 21 VwVfG auf Regierungsmitglieder

§§ 20, 21 VwVfG gelten unmittelbar nur im Anwendungsbereich des Verwaltungsverfahrensgesetzes[496]. Gemäß §§ 20, 21 VwVfG dürfen unter bestimmten Voraussetzungen Personen in einem Verwaltungsverfahren nicht für eine Behörde tätig werden. Behörde im Sinne des Verwaltungsverfahrensgesetzes ist gemäß § 1 IV VwVfG jede Stelle, die Aufgaben der öffentlichen Verwaltung wahrnimmt. Als Behörde anzusehen sind auch Organe des Verfassungsrechts, wenn und soweit sie im konkreten Fall nicht als solche, d. h. auf Grund einer ausschließlich verfassungsrechtlich bestimmten Funktion tätig werden, sondern auf Grund des allgemeinen Verwaltungsrechts[497]. Somit werden auch die Bundesregierung bzw. die Landesregierungen als Behörde angesehen, wenn sie auf Grund des allgemeinen Verwaltungsrechts tätig werden[498]. §§ 20, 21 VwVfG sind folglich auch auf Regierungsmitglieder anwendbar.

2. § 20 VwVfG

a. Die einzelnen Ausschlussgründe des § 20 I 1 VwVfG

Gemäß § 20 I 1 VwVfG können Regierungsmitglieder wegen ihrer besonderen Nähe zu den Beteiligten bzw. zu einzelnen den Beteiligten nahestehenden Personen oder zum Gegenstand des Verfahrens von jedem Tätigwerden im Verwaltungsverfahren ausgeschlossen werden. Die Aufzählung der einzelnen Ausschlussgründe in § 20 I 1 VwVfG ist abschließend[499].

---

[495] Vgl. Bonk/Schmitz in Stelkens/Bonk/Sachs, 20 Rn. 15.
[496] Kopp/Ramsauer, § 20 Rn. 7.
[497] BVerwG, NVwZ 1986, 609.
[498] Vgl. Kopp/Ramsauer, § 1 Rn. 56.
[499] Vgl. OVG Münster, DÖV 1981, 587.

aa. Stellung als Beteiligter gemäß § 20 I 1 Nr. 1 VwVfG

Nach § 20 I 1 Nr. 1 VwVfG darf ein Regierungsmitglied in einem Verwaltungsverfahren nicht tätig werden, wenn es selbst Beteiligter[500] ist. Der Begriff des Beteiligten im Sinne des § 20 I 1 Nr. 1 VwVfG richtet sich nach § 13 VwVfG, der regelt, welche Personen am Verfahren mit eigenen Rechten beteiligt sind bzw. von der Behörde am Verfahren zu beteiligen sind[501]. Nach dieser Norm ist kein Beteiligter, wer in einem von Amts wegen durchzuführenden Verfahren die Durchführung eines Verfahrens nur anregt[502].

Dem Beteiligten i. S. d. § 20 I 1 Nr. 1 VwVfG steht gemäß § 20 I 2 VwVfG gleich, wer durch die Tätigkeit oder durch die Entscheidung einen unmittelbaren Vorteil oder Nachteil erlangen kann. Die Vor- und Nachteile können nicht nur wirtschaftlicher Art, sondern auch rechtlicher, ideeller, immaterieller oder privater Natur sein[503]. Beispiele für einen Vor- oder Nachteil im Sinne des § 20 I 2 VwVfG sind: Änderung der Lärmbelastung durch das Vorhaben,[504] das planerische Konzept[505] oder die Standortentscheidung[506]; Nutzungsbeschränkung oder Wertänderung der im Plangebiet belegenen Immobilie[507]; Ansehensgewinn oder -verlust durch das Verfahren oder dessen Ergebnis[508]. Zu beachten ist, dass nur der unmittelbare Vor- oder Nachteil zum Ausschluss führt. Unmittelbarkeit ist dabei als die in der Person begründete Beziehung zum Verfahrensgegenstand zu verstehen, derzufolge jemand einen Vor- oder Nachteil erwarten kann[509]. Je intensiver die Betroffenheit, desto eher ist ein unmittelbarer Vorteil bzw. Nachteil anzunehmen[510]. Unerheblich ist für den Begriff der Unmittelbarkeit, ob zur Realisierung noch weitere Entscheidungen, Handlungen oder Umstände erforderlich oder nach der Verwaltungspraxis üblich sind, zum Beispiel der Vollzug der in Frage stehenden Verordnung durch einen Verwaltungsakt[511].

Dem Beteiligten i. S. d. § 20 I 1 Nr. 1 VwVfG steht gemäß § 20 I 3 VwVfG jedoch nicht gleich, wer den Vor- oder Nachteil nur erlangt, da er einer Berufs- oder Bevölkerungsgruppe angehört, deren gemeinsame Interessen durch die Angelegenheit berührt werden. § 20 I 3 VwVfG nimmt damit reine Gruppenvorteile und Gruppennachteile einer Berufs- oder Bevölkerungsgruppe als nicht von individuellem Sonderinteresse getragene Wirkungen aus dem Anwendungsbereich des § 20 I 2 VwVfG

---

500 Der Begriff des Beteiligten in § 20 I 1 Nr. 2-5 VwVfG entspricht dem Begriff des Beteiligten in § 20 I 1 Nr. 1 VwVfG.

501 Kopp/Ramsauer, §§ 13 Rn. 1, 20 Rn. 18.

502 OVG Bremen, NuR 1986, 130.

503 VG Minden, NVwZ 1989, 689; Clausen in Knack, § 20 Rn. 19; Ule/Laubinger, § 20 Rn. 14.

504 Bay VGH, DVBl 1985, 805.

505 B-W VGH, NVwZ-RR 1993, 504.

506 Bay VGH, Bay VBl 1985, 399, 404.

507 B-W VGH, NVwZ-RR 1993, 97.

508 VG Minden, NVwZ 1989, 689, 691.

509 Engelhardt in Obermayer, § 20 Rn. 78.

510 Vgl. VG München, DVBl 1985, 805.

511 BVerwG, NVwZ 1988, 530.

heraus[512]. Ein Gruppenvorteil oder ein Gruppennachteil im Sinne des § 20 I 3 VwVfG ist dabei gegeben, sofern er alle Mitglieder einer Berufs- oder Bevölkerungsgruppe in ihrer Eigenschaft als solche, d. h. in ihrem allgemeinen kollektiven Interesse als Berufs- oder Bevölkerungsgruppe, im Wesentlichen in gleicher Weise trifft[513]. Kein Gruppeninteresse liegt jedoch vor, wenn ein Vor- oder Nachteil zwar theoretisch alle Angehörigen einer Gruppe erfasst, praktisch aber nur ein einziges Mitglied der Gruppe davon betroffen ist[514].

bb. Angehörige eines Beteiligten gemäß § 20 I 1 Nr. 2 VwVfG

Gemäß § 20 I 1 Nr. 2 VwVfG sind Regierungsmitglieder von der Mitwirkung im Verwaltungsverfahren ausgeschlossen, die Angehörige eines Beteiligten sind. Der Begriff des Angehörigen ist in § 20 V VwVfG abschließend legaldefiniert[515]. Für die einzelnen Elemente des Angehörigenbegriffs ist jedoch weitgehend das BGB maßgebend. Zu beachten ist bei der Angehörigenregelung überdies die in § 20 V 2 VwVfG enthaltene Nachwirkung früherer familienrechtlicher Beziehungen. Damit bleiben bestimmte persönliche Lebensverhältnisse, die während des Verwaltungsverfahrens nicht mehr fortbestehen, gleichwohl Ausschlussgrund[516].

cc. Gesetzliche Vertreter und Bevollmächtigte eines Beteiligten gemäß § 20 I 1 Nr. 3 VwVfG

Gemäß § 20 I 1 Nr. 3 VwVfG sind Regierungsmitglieder vom Verwaltungsverfahren ausgeschlossen, die einen Beteiligten kraft Gesetzes oder Vollmacht allgemein oder in dem Verwaltungsverfahren vertreten. Die Vertretungsvollmacht i. S. d. § 20 I 1 Nr. 3 VwVfG muss sich somit entweder allgemein auf alle Angelegenheiten oder speziell auf das betreffende Verwaltungsverfahren beziehen, in dem das Regierungsmitglied tätig werden will. Eine allgemeine Vertretungsbefugnis führt mithin auch dann zum Ausschluss, wenn sie in dem konkreten Verwaltungsverfahren gar keine Rolle spielt, z. B. weil der Vertretene hierfür einen besonderen Bevollmächtigten bestellt hat[517]. Gesetzliche Vertretung durch ein Regierungsmitglied liegt immer dann vor, wenn das Regierungsmitglied auf Grund besonderer Vorschriften mit der Vertretung und Wahrung der Interessen bestimmter Personen oder Vermögensmassen betraut ist. Dies ist z. B. bei der Einsetzung als Vormund gemäß § 1793 BGB, Betreuer gemäß § 1902 BGB oder Pfleger gemäß §§ 1911 ff. BGB der Fall[518]. Die Vertretung durch ein

---

[512] § 20 I 3 VwVfG ist nicht anwendbar auf Personen, die direkt von § 20 I 1 Nr. 1 VwVfG erfasst werden (Engelhardt in Obermayer, § 20 Rn. 78).
[513] Kopp/Ramsauer, § 20 Rn. 39.
[514] VG Hannover, NVwZ 1989, 689; VG Minden, NVwZ 1989, 691; Borgs-Maciejewski in Meyer/Borgs-Maciejewski, § 20 Rn. 16; a. A. Kopp/Ramsauer, § 20 Rn. 42.
[515] Engelhardt in Obermayer, § 20 Rn. 50.
[516] Bonk/Schmitz in Stelkens/Bonk/Sachs, § 20 Rn. 55.
[517] Clausen in Knack, § 20 Rn. 15.
[518] Vgl. Kopp/Ramsauer, § 20 Rn. 22.

Regierungsmitglied kraft Vollmacht kann u. a. auf der Einzelvollmacht gemäß §§ 164 ff. BGB, der Bevollmächtigung gemäß § 14 VwVfG oder der Ernennung bzw. Bestellung zum Vertreter im Verwaltungsverfahren gemäß der §§ 17 ff. VwVfG beruhen[519].

dd. Angehörige des Vertreters eines Beteiligten gemäß § 20 I 1 Nr. 4 VwVfG

Gemäß § 20 I 1 Nr. 4 VwVfG sind auch Regierungsmitglieder vom Verwaltungsverfahren ausgeschlossen, die Angehörige einer Person sind, die einen Beteiligten in diesem Verfahren vertritt. Der Begriff der Angehörigen richtet sich wie bei § 20 I 1 Nr. 2 VwVfG nach § 20 V VwVfG[520]. Jedoch unterscheidet sich der Begriff des Vertreters in § 20 I 1 Nr. 4 VwVfG von dem des § 20 I 1 Nr. 3 VwVfG. Im Gegensatz zu § 20 I 1 Nr. 3 VwVfG ist nur der Angehörige eines Vertreters ausgeschlossen, der einen Beteiligten in dem konkreten Verwaltungsverfahrens vertritt; nicht ausgeschlossen ist jedoch die Vertretung auf Grund einer allgemeinen Vertretungsvollmacht, sofern sich diese nicht auch zugleich in dem konkreten Verwaltungsverfahren auswirkt[521]. Im Übrigen sind wie bei § 20 I 1 Nr. 3 VwVfG alle Arten der Vertretung gemeint[522].

ee. Mitglieder des Aufsichtsrats gemäß § 20 I 1 Nr. 5 Hs. 1 VwVfG

Gemäß § 20 I 1 Nr. 5 Hs. 1 VwVfG sind Regierungsmitglieder von der Mitwirkung im Verwaltungsverfahren ausgeschlossen, die bei einem Beteiligten als Mitglied des Aufsichtsrats oder eines gleichartigen Organs tätig sind. Erfasst werden daher auch alle Unternehmensorgane von wirtschaftlichen Unternehmen, die ähnlich wie ein typischer Aufsichtsrat vornehmlich kontrollierenden Charakter haben[523]. Nicht erfasst werden demgegenüber Unternehmensorgane, die überwiegend Geschäftsführungsaufgaben oder beratende Funktionen wahrnehmen[524]. Ob das Unternehmen dem öffentlichen oder dem privaten Recht zugerechnet werden muss, ist für § 20 I 1 Nr. 5 Hs. 1 VwVfG unerheblich[525]. Überdies enthält § 20 I 1 Nr. 5 Hs. 1 VwVfG keine Tatbestandsreduktion auf Tätigkeiten, die ausschließlich im privaten Interesse des Regierungsmitglieds erfolgen. Vielmehr werden auch Tätigkeiten als Aufsichtsrat im öffentlichen Interesse erfasst[526]. Schließlich ist darauf hinzuweisen, dass § 20 I 1 Nr. 5 Hs. 2 VwVfG, der das Mitwirkungsverbot des § 20 I 1 Nr. 5 Hs. 1 VwVfG ausschließen kann, weder direkt noch analog auf die Mitgliedschaft von Regierungsmitgliedern in Aufsichtsräten oder gleichartigen Organen angewendet werden kann[527].

---

[519] Vgl. Clausen in Knack, § 20 Rn. 15.
[520] Vgl. S. 89.
[521] Bonk/Schmitz in Stelkens/Bonk/Sachs, § 20 Rn. 34.
[522] Clausen in Knack, § 20 Rn. 16.
[523] Veen, S. 212.
[524] Borgs-Maciejewski in Meyer/Borgs-Maciejewski, § 20 Rn. 5.
[525] Bonk in Stelkens/Bonk/Sachs, § 20 Rn. 28.
[526] BVerwG, NVwZ 1984, 718, 719; VGH München, NVwZ 1982, 510, 511; Scheuing, NVwZ 1982, 487, 489.
[527] Clausen in Knack, § 20 Rn. 17.

ff. Privates Gutachten gemäß § 20 I 1 Nr. 6 VwVfG

Gemäß § 20 I 1 Nr. 6 VwVfG sind Regierungsmitglieder von der Mitwirkung im Verwaltungsverfahren ausgeschlossen, die außerhalb ihrer amtlicher Eigenschaft in der Angelegenheit ein Gutachten abgegeben haben oder sonst tätig geworden sind. Unter § 20 I 1 Nr. 6 VwVfG fällt jede Tätigkeit, die nach allgemeiner Lebenserfahrung und dem Urteil des gerecht und billig denkenden Durchschnittsbürgers eine Festlegung oder Voreingenommenheit in Bezug auf die anhängige Sache begründen kann. Dabei handelt es sich neben der ausdrücklich erwähnten Erstattung von Gutachten insbesondere auch um die frühere Tätigkeit als Vertreter oder Beschäftigter eines Beteiligten[528].

Die Entgeltlichkeit der Tätigkeit ist für § 20 I 1 Nr. 6 VwVfG unerheblich[529]. Wichtig ist jedoch, dass die Tätigkeit in einem engeren inneren Zusammenhang mit dem konkreten Fall steht, auf den sich nunmehr das Verfahren bezieht[530]. Gutachten, Stellungnahmen usw. zu einer Sach- oder Rechtsfrage ohne konkreten Bezug zu dem Verwaltungsverfahren oder eine Tätigkeit in einem lediglich gleichliegenden Fall mit anderen Beteiligten fallen nicht unter § 20 I 1 Nr. 6 VwVfG[531]. Überdies sind auch Tätigkeiten in amtlicher Eigenschaft von dem Verbot des § 20 I 1 Nr. 6 VwVfG ausdrücklich ausgenommen[532].

b. Ausnahmen bei Gefahr in Verzug gemäß § 20 III VwVfG

Gemäß § 20 III VwVfG dürfen nach § 20 I VwVfG ausgeschlossene Personen bei Gefahr im Verzug unaufschiebbare Maßnahmen treffen. § 20 III VwVfG sieht damit für sog. Eilfälle eine Ausnahme von dem allgemeinem Verbot des Tätigwerdens ausgeschlossener Personen vor[533]. Gefahr im Verzug liegt vor, wenn zur Verhinderung eines erheblichen Schadens sofort eingegriffen werden muss, weil ein Abwarten - bis zum Tätigwerden einer nicht ausgeschlossenen Person - die notwendigen Maßnahmen erschweren oder vereiteln würde[534]. Unaufschiebbare Maßnahmen sind solche, die sofort getroffen werden müssen, um den drohenden Schaden abzuwenden[535]. Es ist nicht erforderlich, dass die Maßnahmen nur vorläufigen Charakter haben[536]. Vielmehr entscheiden Art und Ausmaß der Gefahr, welche Maßnahmen unaufschiebbar sind. Wenn es der Einzelfall erfordert, kann auch eine endgültige Regelung unaufschiebbar sein[537].

---

528 Kopp/Ramsauer, § 20 Rn. 31.
529 Bonk/Schmitz in Stelkens/Bonk/Sachs, § 20 Rn. 40.
530 VG Karlsruhe, NVwZ 1996, 620.
531 Kopp/Ramsauer, § 20 Rn. 31.
532 Clausen in Knack, § 20 Rn. 18.
533 Kopp/Ramsauer, § 20 Rn. 47.
534 Wolff/Bachof, § 125 III b 5.
535 Clausen in Knack, § 20 Rn. 21.
536 Obermayer, § 20 Rn. 97; Borgs-Maciejewski in Meyer/Borgs-Maciejewski, § 20 Rn. 18.
537 Clausen in Knack, § 20 Rn. 21.

c. Wirkung der Ausschlussgründe des § 20 I VwVfG

§ 20 I VwVfG bewirkt einen Ausschluss der betroffenen Regierungsmitglieder kraft Gesetzes durch die unwiderlegliche gesetzliche Vermutung der persönlichen Befangenheit[538]. Es kommt also nicht darauf an, ob die Regierungsmitglieder im Einzelfall tatsächlich befangen sind oder nicht[539]. Es bedarf auch keines Antrags oder Hinweises vonseiten der Beteiligten und keiner Entscheidung der Behörde, um die Ausschlusswirkung herbeizuführen[540]. Andererseits gibt § 20 I VwVfG den Beteiligten kein formelles Ablehnungsrecht, wie es in der Prozessordnung üblich ist[541]. Sie müssen jedoch etwaige Bedenken gemäß § 26 II VwVfG grundsätzlich unverzüglich geltend machen, soweit dies nach der Lage der Dinge möglich und zumutbar ist[542].

Wirkt ein nach § 20 I VwVfG ausgeschlossenes Regierungsmitglied dennoch mit, hat dies zu Folge, dass das Verfahren und damit auch die im Verfahren ergehende Entscheidung rechtswidrig wird[543]. Für eine genaue Festsetzung der Rechtsfolgen eines Verstoßes gegen § 20 I VwVfG kommt es zum einen auf die Rechtsnatur des Verwaltungshandelns und zum anderen auf den Ausschlussgrund an. Ob ein Verstoß gegen § 20 I VwVfG zur Nichtigkeit des Verwaltungsaktes führt, entscheidet sich nach § 44 VwVfG. Dies ist der Fall, wenn der Fehler besonders schwerwiegend ist, und wenn dies bei verständiger Würdigung aller Umstände offenkundig ist. Maßstab für die Schwere des Verstoßes ist, in welchem Umfang der Ausgeschlossene die Entscheidung mitbestimmt hat[544]. Hat der nach § 20 I Nr. 1 VwVfG Ausgeschlossene die Entscheidung selbst und verantwortlich getroffen, so wird in der Regel Nichtigkeit anzunehmen sein[545]. In den restlichen, nicht zur Nichtigkeit führenden Fällen des § 20 I 1 Nr. 1 VwVfG ist die Aufhebbarkeit des Verwaltungsaktes im Rahmen des § 46 VwVfG gegeben[546]. Ein Verstoß gegen die Ausschlussgründe nach § 20 I 1 Nr. 2-6 VwVfG führt demgegenüber regelmäßig nur zur Aufhebbarkeit des Verwaltungsaktes. Die Nichtigkeit des Verwaltungsaktes erfordert in diesen Fällen gemäß § 44 III Nr. 2 VwVfG einen sonstigen besonders schweren Fehler[547].

Ein öffentlich-rechtlicher Vertrag ist bei einem Verstoß gegen § 20 I 1 Nr. 1 VwVfG gemäß § 59 II Nr. 1 VwVfG nur nichtig, wenn ein Verwaltungsakt mit entsprechendem Inhalt gemäß § 44 VwVfG nichtig wäre[548]. Bei einem Verstoß gegen § 20 I 1 Nr. 2-6 VwVfG ist ein öffentlich-rechtlicher Vertrag angesichts des § 59 II Nr. 2

---

538 Clausen in Knack, § 20 Rn. 3.
539 Bonk/Schmitz in Stelkens/Bonk/Sachs, § 21 Rn. 2.
540 Clausen in Knack, § 20 Rn. 3.
541 BVerwG, NVwZ 1988, 66.
542 Kopp, Bay VBl 1994, 409.
543 Kopp/Ramsauer, § 20 Rn. 55.
544 Clausen in Knack, § 20 Rn. 13.
545 Borgs-Maciejewski in Meyer/Borgs-Maciejewski, § 20 Rn. 3.
546 Clausen in Knack, § 20 Rn. 13.
547 Engelhardt in Obermayer, § 20 Rn. 143.
548 Engelhardt in Obermayer, § 20 Rn. 148.

VwVfG grundsätzlich nicht nichtig. Nichtigkeit ist in diesem Fall nur nach § 59 I VwVfG, etwa bei hinzutretender Sittenwidrigkeit des Handelns, denkbar[549].

3. § 21 VwVfG

§ 21 VwVfG behandelt ergänzend zu § 20 VwVfG als allgemeiner Auffangtatbestand den Ausschluss von Personen wegen der Besorgnis der Befangenheit[550].

a. Besorgnis der Befangenheit

Der Ausschluss eines Regierungsmitglieds gemäß § 21 VwVfG setzt die Besorgnis der Befangenheit voraus. Besorgnis der Befangenheit im Sinne des § 21 VwVfG erfordert, dass ein Grund vorliegt, der geeignet ist, Misstrauen gegen eine unparteiliche Amtsführung zu rechtfertigen[551]. Diese Voraussetzung erfordert einen gegenständlich vernünftigen Grund, der die Beteiligten von ihrem Standpunkt aus befürchten lassen kann, dass das Regierungsmitglied nicht unparteiisch sachlich entscheiden werde[552]. Sie verlangt damit mehr als die Ahnung oder das Gefühl eines Beteiligten; es muss sich vielmehr um einen benennbaren, rationalen Grund handeln, der an Tatsachen anknüpft, die nach objektiven und vernünftigen Erwägungen geeignet sind, Zweifel an der unparteiischen Tätigkeit des Regierungsmitglieds zu wecken[553]. Tatsächliche Befangenheit oder Voreingenommenheit ist für § 21 VwVfG nicht erforderlich, insofern genügt der „böse Schein"[554]. Fälle der begründeten Besorgnis der Befangenheit i. S. d. § 21 VwVfG können z. B. sein: persönliche Freundschaft oder Feindschaft zu einem Beteiligten[555], unsachliche Äußerungen zur Sach- und Rechtslage[556], Berührung wirtschaftlicher oder sonstiger persönlicher Interessen[557], Verwandtschaft, soweit sie nicht unter § 20 VwVfG fällt[558] sowie einseitige Festlegung, ohne vorherige, sich aufdrängende Sachaufklärung oder Anhörung Beteiligter[559]. Demgegenüber sind Fälle nicht begründeter Besorgnis der Befangenheit – sofern keine Anhaltspunkte für das Gegenteil bestehen - z. B.: allgemeine Merkmale wie die Religionszugehörigkeit oder das Geschlecht[560] sowie das Vertreten bestimmter Sach- oder Rechtsauffassungen außerhalb des Verfahrens[561].

---

549 Engelhardt in Obermayer, § 20 Rn. 149.
550 Bonk/Schmitz in Stelkens/Bonk/Sachs, § 21 Rn. 1.
551 Kopp/Ramsauer, § 21 Rn. 4.
552 BVerwGE 29, 70; VGH Mannheim, DVBl 1988, 1122; Clausen in Knack, § 21 Rn. 5.
553 Bonk/Schmitz in Stelkens/Bonk/Sachs, § 21 Rn. 10.
554 Kopp/Ramsauer, § 21 Rn. 8.
555 VGH Kassel, JZ 1971, 257.
556 Clausen in Knack, § 21 Rn. 5.
557 BVerwGE 16, 150.
558 Bonk/Schmitz in Stelkens/Bonk/Sachs, § 21 Rn. 10.
559 Engelhardt in Obermayer, § 21 Rn. 20.
560 Clausen in Knack, § 21 Rn. 5.
561 Kopp/Ramsauer, § 21 Rn. 8.

b. Verfahren zum Ausschluss

Die begründete Besorgnis der Befangenheit gemäß § 21 VwVfG bewirkt – anders als die Ausschlussgründe gemäß § 20 I VwVfG – nicht automatisch, kraft Gesetzes, den Ausschluss des betroffenen Regierungsmitglieds. Der Ausschluss kann erst nach einer Befangenheitsprüfung erfolgen, die alternativ von Amts wegen oder auf Betreiben eines Beteiligten eingeleitet wird[562]. Für Regierungsmitglieder kommen bei dieser Prüfung grundsätzlich die Sonderbestimmungen für Behördenleiter gemäß § 21 I 2 VwVfG zur Anwendung[563]. Nach § 21 I 2 VwVfG entscheidet die Aufsichtsbehörde über den Ausschluss des Behördenleiters, wenn sich dieser nicht selbst der Mitwirkung enthält. Problematisch ist in diesem Zusammenhang, dass es für Regierungsmitglieder keine Aufsichtsbehörde gibt. Vorstellbar ist in dieser Konstellation jedoch, dass der Regierungschef über den Ausschluss eines Ministers und das Kabinett, ohne Mitwirkung des Regierungschefs, über den Ausschluss des Regierungschefs entscheidet.

c. Folgen bei Verstößen gegen das Mitwirkungsverbot

Ein unter Mitwirkung eines nach § 21 VwVfG befangenen Regierungsmitglieds zustandegekommener Verwaltungsakt oder öffentlich-rechtlicher Vertrag ist verfahrensfehlerhaft und rechtswidrig[564]. Die Nichtigkeit eines Verwaltungsaktes nach § 44 I VwVfG ist im Einzelfall im Zusammenhang mit oder wegen der Befangenheit des Regierungsmitglieds denkbar, jedoch wenig wahrscheinlich[565]. Bei einem öffentlich-rechtlichen Vertrag ist Nichtigkeit nach § 59 II Nr. 1 VwVfG i. V. m. § 44 I VwVfG denkbar[566].

4. Stellungnahme

Die verwaltungsverfahrensrechtlichen Regelungen betreffend die Entscheidungen von Regierungsmitgliedern in eigenen Angelegenheiten sind gelungen. Sie ermöglichen durch den Ausschluss tatsächlich befangener Regierungsmitglieder vom Verwaltungsverfahren, dass die Entscheidungen der Regierungsmitglieder sachgemäß, d. h. vom persönlichen Belieben losgelöst getroffen werden. Sie dienen jedoch nicht nur einem fairen, objektiven und unparteiischen Verwaltungsverfahren im Interesse aller Bürger, sondern ersparen auch den Regierungsmitgliedern Gewissenskonflikte, denen sie bei Entscheidungen über eigene Angelegenheiten ausgesetzt wären. Überdies verhindern die dargestellten Normen durch den Ausschluss bereits wegen der Besorgnis der Befangenheit das Entstehen des ungerechtfertigten Verdachts, dass persönliche Beweggründe

---

[562] Engelhardt in Obermayer, § 21 Rn. 30.
[563] Regierungsmitglieder leiten die Ministerien des Bundes bzw. der Länder, bei denen es sich um oberste Bundesbehörden bzw. um oberste Landesbehörden handelt (Bull, Rn. 176).
[564] Clausen in Knack, § 21 Rn. 12; Kopp/Ramsauer, § 21 Rn. 13.
[565] Engelhardt in Obermayer, § 21 Rn. 57.
[566] Engelhardt in Obermayer, § 21 Rn. 55.

die verwaltungsrechtlichen Entscheidungen der Regierungsmitglieder beeinflusst haben. Somit werden zum einen die Regierungsmitglieder vor der ungerechtfertigten, ehrverletzenden Verdächtigung der parteiischen Amtsführung und zum anderen das Vertrauen der Öffentlichkeit in die Integrität der Regierungsmitglieder vollständig geschützt. Fernerhin überzeugt, dass neben den detaillierten gesetzlichen Ausschlussgründen des § 20 I VwVfG mit § 21 VwVfG ein allgemeiner Auffangtatbestand vorhanden ist, der die bei § 20 I VwVfG noch bestehenden „Lücken" schließt. Schließlich ist positiv hervorzuheben, dass dieselben verwaltungsverfahrensrechtlichen Regelungen für Regierungsmitglieder und für Beamte zur Anwendung kommen, so dass der Vorwurf der Besserstellung der Regierungsmitglieder gegenüber einer vergleichbaren Berufsgruppe nicht erhoben werden kann. Verbesserungswürdig erscheint unter Berücksichtigung des Gebots der Bestimmtheit nur, dass für den Fall des Ausschlusses nach § 21 I 2 VwVfG ausdrücklich im Gesetz geregelt wird, wer zur Entscheidung über den Ausschluss des Regierungsmitglieds zuständig ist.

II. Ministerrechtliche Regelungen

Neben den dargestellten verwaltungsverfahrensrechtlichen Regelungen gibt es in einigen Bundesländern auch ministerrechtliche Regelungen betreffend die Entscheidung in eigenen Angelegenheiten. Diese Regelungen können in die folgenden Gruppen eingeteilt werden.

1. Ausschluss von allen Amtshandlungen, die eigene Interessen oder Interessen eines Angehörigen berühren

In Bayern und Brandenburg wird ein Mitglied der Landesregierung an der Wahrnehmung der ihm nach der Geschäftsverteilung der Landesregierung grundsätzlich obliegenden Aufgaben sowie an der Beratung und Beschlussfassung in der Landesregierung nicht beteiligt, wenn die Angelegenheit sein Interesse oder das Interesse eines seiner Angehörigen gemäß § 20 V des Verwaltungsverfahrensgesetzes in der jeweils geltenden Fassung berührt. Bestehen Zweifel, ob die zuvor genannten Voraussetzungen vorliegen, so entscheidet in Bayern und Brandenburg 1. der Ministerpräsident im Fall der Aufgabenwahrnehmung außerhalb des Kabinetts und 2. die Landesregierung im Fall der Aufgabenwahrnehmung innerhalb des Kabinetts, wenn der Ministerpräsident oder Mitglieder der Landesregierung betroffen sind, ohne Mitwirkung des Betroffenen[567].

Bei einer Beurteilung dieser ministerrechtlichen Regelungen ist positiv anzumerken, dass sie sich – im Gegensatz zu den vorher dargestellten verwaltungsverfahrensrechtlichen Regelungen betreffend die Entscheidungen von Regierungsmitgliedern in eigenen Angelegenheiten - nicht auf verwaltungsrechtliche Handlungen beschränken, sondern alle Amtshandlungen der Regierungsmitglieder erfassen. Dies ist auch

---

[567] Die dargestellten Regelungen sind in § 3 c Bay StRG bzw. § 5 a Brandb MinG enthalten.

erforderlich, da die Regierungsmitglieder bei einem Großteil ihrer Handlungen nicht auf Grund des allgemeinen Verwaltungsrechts tätig werden. Es besteht bei allen Amtshandlungen der Regierungsmitglieder das zwingende Bedürfnis, dass befangene Entscheidungen verhindert werden. Nur so kann es gelingen, dass bei der Bevölkerung Vertrauen in die Unvoreingenommenheit aller Regierungsentscheidungen entsteht. Kritisch ist jedoch anzumerken, dass die dargestellten Regelungen zu undetailliert bleiben. Die Verwendung der Begriffe „Interesse" und „berührt" eröffnet einen zu großen Auslegungsspielraum. Wünschenswert wäre in diesem Zusammenhang eine Orientierung an den detaillierten verwaltungsverfahrensrechtlichen Regelungen.

2. Ausschluss von allen Amtshandlungen, die zu dem Erwerb von Vorteilen führen

Die Regierungsmitglieder in Berlin und Hessen sind von allen Amtshandlungen ausgeschlossen, die zu eigenen Vorteilen bzw. zu Vorteilen bei Angehörigen der Regierungsmitglieder führen[568]. In Berlin legt das Senatorengesetz fest, dass die Mitglieder des Senats sich aller Amtshandlungen zu enthalten haben, durch die sie sich selbst oder Personen, zu deren Gunsten ihnen wegen familienrechtlicher Beziehungen im Strafverfahren das Zeugnisverweigerungsrecht zusteht, einen Vorteil verschaffen würden. Das Gleiche gilt für Handlungen, die sich gegen die Senatoren selbst oder eine der vorbezeichneten Personen richten würden. In Hessen legt die Geschäftsordnung der Landesregierung fest, dass ein Mitglied der Landesregierung sich der Wahrnehmung der ihm nach der Geschäftsordnung obliegenden Aufgaben enthält, wenn er selbst oder Angehörige im Sinne des § 20 V VwVfG durch die Angelegenheit einen unmittelbaren Vorteil oder Nachteil erlangen können; dies gilt auch für Beratungen und Beschlussfassungen im Kabinett oder im Umlaufverfahren. Bestehen Zweifel, ob diese Voraussetzungen gegeben sind, so entscheidet die Landesregierung ohne Mitwirkung des betroffenen Mitglieds über dessen Teilnahme an der Beratung und der Beschlussfassung im Kabinett. Im Fall der Aufgabenwahrnehmung außerhalb des Kabinetts entscheidet der Ministerpräsident. Ist er selbst betroffen, entscheidet die Landesregierung.

Bei einer Beurteilung der ministerrechtlichen Regelungen in Berlin und Hessen ist wie bei den vorher dargestellten ministerrechtlichen Regelungen in Bayern und Brandenburg positiv anzumerken, dass sie sich zu Recht nicht auf verwaltungsrechtliche Handlungen beschränken, sondern alle Amtshandlungen der Regierungsmitglieder erfassen. Kritisch fällt jedoch auch hier auf, dass die dargestellten Regelungen durch den Verzicht auf eine Definition des Begriffs „Vorteil" zu undetailliert bleiben. Überdies stellt in Hessen die ausschließliche Bezugnahme auf den Erwerb eines Vorteils eine zu große Beschränkung dar, da es – wie bei den verwaltungsverfahrensrechtlichen Regelungen aufgezeigt - auch andere Fallkonstellationen geben kann, die einen Ausschluss rechtfertigen. Fernerhin überzeugt bei der Berliner Regelung nicht, dass es

---

[568] Vgl. § 5 II Berl SenG; § 28 Hess GOL.

keine zuständige Stelle gibt, die in Zweifelsfällen über den Ausschluss entscheidet. Bei der ministerrechtlichen Regelung in Hessen ist abschließend zu beanstanden, dass sie nur in der Geschäftsordnung der Landesregierung enthalten ist und nicht die Rechtsnatur des Parlamentsgesetzes gewählt wurde.

3. Ausschluss von Beratungen und Abstimmungen des Kabinetts bei außerdienstlichem Interesse

In Hamburg bestimmt § 18 V Hamb GO Sen, dass Mitglieder des Senats, die an einer Sache ein außerdienstliches Interesse haben, an der Beratung und Abstimmung des Senats nicht teilnehmen. Einen darüber hinausgehenden Ausschluss der Regierungsmitglieder von anderen Amtshandlungen mit einem „außerdienstlichen Interesse" enthalten die ministerrechtlichen Regelungen in Hamburg jedoch nicht. Dieser Verzicht auf Regelungen betreffend die Amtshandlungen außerhalb des Kabinetts ist jedoch nicht zu rechtfertigen, da Regierungsmitglieder auch bei Amtshandlungen außerhalb des Kabinetts keine außerdienstlichen Interessen haben dürfen. Vielmehr müssen alle Amtshandlungen vollständig unbefangen erfolgen. Überdies ist zu bemängeln, dass der Begriff des „außerdienstlichen Interesses" nicht definiert wird, keine Zuständigkeit für die Entscheidung über den Ausschluss vorhanden ist und die Regelung nicht durch ein Parlamentsgesetz erfolgt ist.

4. Keine ministerrechtlichen Regelungen betreffend die Entscheidungen in eigenen Angelegenheiten

Für die Regierungsmitglieder des Bundes sowie die Regierungsmitglieder in Baden-Württemberg, Bremen, Mecklenburg-Vorpommern, Niedersachsen, Nordrhein-Westfalen, Rheinland-Pfalz, im Saarland, Sachsen, Sachsen-Anhalt, Schleswig-Holstein und Thüringen gibt es keine ministerrechtlichen Regelungen betreffend die Entscheidungen in eigenen Angelegenheiten. Für diese Regierungsmitglieder gibt es nur die verwaltungsverfahrensrechtlichen Beschränkungen bei Entscheidungen in eigenen Angelegenheiten. Dieser vollständige Verzicht auf - über die verwaltungsverfahrensrechtlichen Regelungen hinausgehende - ministerrechtliche Regelungen ist jedoch aus den folgenden Gründen abzulehnen. Regierungsmitglieder werden – wie oben gesehen - bei einem Großteil ihrer Handlungen nicht auf Grund des allgemeinen Verwaltungsrechts tätig. Es besteht aber bei allen Amtshandlungen der Regierungsmitglieder das zwingende Bedürfnis, dass befangene Entscheidungen verhindert werden. Nur so ist gewährleistet, dass alle Amtshandlungen der Regierungsmitglieder anhand von fairen und unparteiischen Kriterien erfolgen. Überdies stellt der vollständige Verzicht auf ministerrechtliche Regelungen betreffend die Entscheidungen in eigenen Angelegenheiten eine nicht zu rechtfertigende Privilegierung der Regierungsmitglieder im Vergleich zu anderen Berufsgruppen wie z. B. den Beamten dar, für die bei allen Amtshandlungen ein gesetzliches Verbot betreffend die Entscheidung in eigenen Angelegenheiten gilt. Fernerhin wird durch diesen Verzicht das Vertrauen der Bevölkerung in die Objektivität aller Regierungsentscheidungen beeinträchtigt.

III. Sonstige Reaktionsmöglichkeiten auf Entscheidungen in eigenen Angelegenheiten

Auf die Entscheidung von Regierungsmitgliedern in eigenen Angelegenheiten kann im Einzelfall auch mit der Einsetzung eines Untersuchungsausschusses, dem Misstrauensantrag des Parlaments, der Regierungsmitgliedsanklage sowie dem Druck durch die öffentliche Meinung und den nächsten Wahlgang reagiert werden. Da die Anwendung dieser sonstigen Reaktionsmöglichkeiten bei der Entscheidung in eigenen Angelegenheiten vergleichbare Vor- und Nachteile aufweist wie bei der moralisch fragwürdigen Annahme von Vorteilen durch Regierungsmitglieder, kann hinsichtlich der Darstellung und Bewertung der sonstigen Reaktionsmöglichkeiten auf die obigen Ausführungen verwiesen werden[569].

IV. Ergebnis

Die verwaltungsverfahrensrechtlichen Regelungen der §§ 20, 21 VwVfG begrenzen die verwaltungsrechtlichen Entscheidungen von Regierungsmitgliedern in eigenen Angelegenheiten angemessen. Neben den verwaltungsverfahrensrechtlichen Regelungen sind jedoch weitere Regelungen für die Entscheidungen in eigenen Angelegenheiten notwendig, da die Regierungsmitglieder nicht nur verwaltungsrechtlich tätig werden. Auch sind diese Regelungen erforderlich, um eine Privilegierung der Regierungsmitglieder im Vergleich zu anderen Amtsträgern oder für den öffentlichen Dienst besonders Verpflichteten zu verhindern und um das Vertrauen der Öffentlichkeit in die Regierungsmitglieder zu erhalten. Die bisherigen ministerrechtlichen Regelungen betreffend die Entscheidungen in eigenen Angelegenheiten überzeugen – soweit überhaupt vorhanden – nicht vollständig. Diese Regelungen sind vor allem nicht hinreichend detailliert. Überdies ist zu bemängeln, dass sich die ministerrechtlichen Regelungen zum Teil auf Amtshandlungen innerhalb des Kabinetts beschränken und keine Zuständigkeit für die Entscheidung über den Ausschluss festlegen. Fernerhin ist kritisch anzumerken, dass die Regelung nicht in allen Bundesländern durch ein Parlamentsgesetz erfolgt ist. Abschließend ist jedoch positiv festzuhalten, dass im Einzelfall die Einsetzung eines Untersuchungsausschusses, das Misstrauensvotum, die Ministeranklage sowie der Druck auf die Regierungsmitglieder durch die öffentliche Meinung und den nächsten Wahlgang zu begrüßende Reaktionsmöglichkeiten auf die Entscheidungen von Regierungsmitgliedern in eigenen Angelegenheiten sind.

---

[569] Vgl. S. 79 ff.

§ 8: Regelungen betreffend die Mitgliedschaft von Regierungsmitgliedern im Aufsichtsrat von Wirtschaftsunternehmen

Im folgenden werden die bestehenden Regelungen betreffend die Mitgliedschaft von Regierungsmitgliedern des Bundes und der Länder im Aufsichtsrat von Wirtschaftsunternehmen dargestellt und bewertet.

I. Regelungen für Mitglieder der Bundesregierung

1. Art. 66 GG

Eine grundgesetzliche Regelung der Unvereinbarkeit der Mitgliedschaft in der Bundesregierung mit anderen beruflichen Tätigkeiten erfolgt in Art. 66 GG[570]. Diese Unvereinbarkeit wird auch als wirtschaftliche Unvereinbarkeit[571], uneigentliche oder unechte Inkompatibilität[572], berufliche Inkompatibilität[573], Betätigungs- und Zugehörigkeitsverbot[574], Erwerbsausübungsverbot[575] oder Inkompatibilität im weiteren Sinn[576] bezeichnet.

a. Grundsätzliches Verbot der Mitgliedschaft im Aufsichtsrat von auf Erwerb gerichteten Unternehmen

Im folgenden wird das in den beruflichen Unvereinbarkeiten des Art. 66 GG enthaltene, grundsätzliche Verbot der Mitgliedschaft im Aufsichtsrat von auf Erwerb gerichteten Unternehmen für Mitglieder der Bundesregierung untersucht.

aa. Auf Erwerb gerichtetes Unternehmen

Von dem Begriff des Unternehmens im Sinne des Art. 66 GG werden nur wirtschaftliche Unternehmen umfasst. Wirtschaftliche Unternehmen setzen eine wertschöpfende Betätigung voraus, die nach der Art eines kaufmännischen Geschäftsbetriebs ausgeführt wird[577]. Durch diese Definition fallen Tätigkeiten zur Eigenbedarfsdeckung und Unternehmen, die nicht nach der Arbeitsweise eines kaufmännischen Geschäftsbetriebs verfahren, aus dem Begriff des Unternehmens im Sinne des Art. 66

---

[570] Art. 66 GG bestimmt, dass Mitglieder der Bundesregierung kein Gewerbe und keinen Beruf ausüben und weder der Leitung noch ohne Zustimmung des Bundestages dem Aufsichtsrate eines auf Erwerb gerichteten Unternehmens angehören dürfen.
[571] Hermes in Dreier II, Art. 66 Rn. 5.
[572] Sturm, S. 7.
[573] Hermes in Dreier II, Art. 66 Rn. 8.
[574] Oldiges in Sachs, Art. 66 Rn. 2.
[575] Meyn in v. Münch/Kunig, Art. 66 Rn. 1.
[576] Schneider in AK I, Art. 66 Rn. 2.
[577] Veen, S. 37.

GG heraus[578]. Eine Beschränkung des Unternehmensbegriffs auf bestimmte gesellschaftsrechtliche Unternehmenstypen enthält Art. 66 GG jedoch nicht[579].

Eine weitere Einschränkung erfahren die Unternehmen im Sinne des Art. 66 GG durch die von Art. 66 GG geforderte Ausrichtung auf den Erwerb. Ein auf Erwerb gerichtetes Unternehmen im Sinne des Art. 66 GG liegt immer dann vor, wenn ein wirtschaftliches Unternehmen seinem Unternehmensgegenstand nach auf die Erzielung von Einnahmen gerichtet ist, also vornehmlich entgeltlich tätig wird[580]. Ausgeschlossen ist damit die unmittelbar gemeinnützige, unentgeltliche wirtschaftliche Tätigkeit[581].

Fraglich ist, ob eine weitere Begrenzung des Begriffs des auf Erwerb gerichteten Unternehmens im Sinne des Art. 66 GG auf eine nicht öffentliche Aufgabenstellung des Unternehmens oder auf eine bestimmte Größe des Unternehmens erfolgen muss. Nach einer Ansicht im Schrifttum sind vom Begriff des auf Erwerb gerichteten Unternehmens im Sinne des Art. 66 GG Unternehmen, die ausschließlich staatliche Aufgaben wahrnehmen, nicht umfasst[582]. Eine solche Auslegung ist abzulehnen, da sie dem Wortlaut des Art. 66 GG widerspricht. Dieser unterscheidet allein danach, ob das Unternehmen auf irgendeinen Erwerb ausgerichtet ist, nicht nach der Aufgabe des Unternehmens[583]. Auch steht dieser Auslegung die Entstehungsgeschichte des Art. 66 GG entgegen, nach der auch die Erfüllung von öffentlichen Aufgaben in den Anwendungsbereich des Art. 66 GG einbezogen ist[584].

Nach einer weiteren Ansicht im Schrifttum fallen unter den Begriff des auf Erwerb gerichteten Unternehmens im Sinne des Art. 66 GG nur Unternehmen, die eine gewisse Größe erreicht haben[585]. Maßstab für die erforderliche Größe eines Unternehmens im Sinne des Art. 66 GG sei die Organisationsstruktur, die erst ab einer bestimmten Größe sinnvoll sei[586]. Das Abstellen auf die „Größe eines Unternehmens" überzeugt jedoch nicht, da es für eine genaue Abgrenzung zu unbestimmt ist[587]. Außerdem widerspricht eine teleologische Auslegung des Art. 66 GG einer Differenzierung nach der Größe der Unternehmen. Art. 66 GG dient dem Verhindern von Interessen- und Pflichtenkonflikten unabhängig von der Größe eines Unternehmens[588]. Auch kann zur Ermittlung der für Art. 66 GG erforderlichen Größe eines

---

[578] Veen, S. 35, 37.
[579] Meyn in v. Münch/Kunig, Art. 66 Rn. 11; Tsatsos, VerwArch 58 (1967), 360, 366; Veen, S. 85 f.
[580] Veen, S. 91. Tsatsos, VerwArch 58 (1967), 360, 366 fordert auf Grund der Worte „auf Erwerb gerichtet" eine weitere Beschränkung auf Unternehmen, die auf die Erzielung oder die Maximierung von Gewinn ausgerichtet sind. Dieser Ansatz wird weder durch den Wortlaut noch die Systematik des Art. 66 GG gefordert und ist auch bei einer teleologischen Auslegung des Art. 66 GG abzulehnen.
[581] Veen, S. 89.
[582] Schmidt-Bleibtreu/Klein, Art. 66 Rn. 4. Als Beispiele werden die Olympiagesellschaft und die Emsland GmbH genannt.
[583] Veen, S. 86.
[584] JöR n. F. 1 (1951), 441.
[585] Hermes in Dreier II, Art. 66 Rn. 13; Herzog in Maunz/Dürig, Art. 66 Rn. 50 ff.; Oldiges in Sachs, Art. 66 Rn. 14.
[586] Herzog in Maunz/Dürig, Art. 66 Rn. 52.
[587] Veen, S. 87.
[588] Meyn in v. Münch/Kunig, Art. 66 Rn. 11.

Unternehmens nicht auf die Organisationsstruktur abgestellt werden, da es rechtlich zulässig ist und im Einzelfall auch praktiziert wird, dass sich „kleine Unternehmen“ einer Organisationsform bedienen, die im Regelfall von „großen Unternehmen“ benutzt wird und umgekehrt[589]. Folglich ist eine Beschränkung des Begriffs des Unternehmens im Sinne des Art. 66 GG auf Unternehmen ab einer bestimmten Größe abzulehnen[590].

bb. Aufsichtsrat

Unter Aufsichtsrat im Sinne des Art. 66 GG ist ein Unternehmensorgan zu verstehen, das unabhängig von der Bezeichnung als Aufsichtsrat im Wesentlichen die Funktionen eines typischen Aufsichtsrats z. B. bei einer Aktiengesellschaft wahrnimmt und daher mit ihm vergleichbar ist[591]. Der Unternehmensträger soll nicht durch eine bestimmte Bezeichnung des Aufsichtsgremiums des Unternehmens über das Eingreifen der beruflichen Unvereinbarkeiten gemäß Art. 66 GG entscheiden dürfen. Diese Möglichkeit der Umgehung der Unvereinbarkeitsbestimmung wäre jedoch bei einer anderen Auslegung des Begriffs des Aufsichtsrats gemäß Art. 66 GG in den Fällen gegeben, in denen das einfache Gesetz die Bezeichnung des Aufsichtsorgans nicht zwingend vorschreibt, das heißt sowohl die Bezeichnung als Aufsichtsrat als auch eine andere Bezeichnung in Frage kommt. Die zwingende Anwendung des Art. 66 GG wäre bei dieser Auslegung auf Kapitalgesellschaften und Genossenschaften eingeschränkt, deren Kontrollorgan stets Aufsichtsrat heißen muss. Eine solche Beschränkung des Anwendungsbereichs des Art. 66 GG ist jedoch mit den Zielen der beruflichen Unvereinbarkeiten gemäß Art. 66 GG nicht vereinbar[592]. Folglich ist für die Reichweite des Begriffs des Aufsichtsrats im Sinne des Art. 66 GG ausschließlich entscheidend, welche Funktion dem Unternehmensgremium im Rahmen der Unternehmensorganisation zukommt und nicht wie es bezeichnet wird.

cc. Angehören

Art. 66 GG enthält für Mitglieder der Bundesregierung ein Angehörigkeitsverbot zum Aufsichtsrat eines Unternehmens. Der Begriff „angehören“ gemäß Art. 66 GG meint die Zugehörigkeit eines Mitglieds der Bundesregierung zum Aufsichtsrat eines auf Erwerb gerichteten Unternehmens im Sinne des Art. 66 GG[593]. Er umfasst bereits die Mitgliedschaft in dem Aufsichtsrat und wird nicht auf die Tätigkeit im Aufsichtsrat beschränkt, so dass für Mitglieder der Bundesregierung gemäß Art. 66 GG bereits die

---

[589] Meyn in v. Münch/Kunig, Art. 66 Rn. 11.

[590] Vom Begriff des auf Erwerb gerichteten Unternehmens im Sinne des Art. 66 GG können die Kapitalgesellschaften (GmbH, AG, KGaA), die sonstigen Handelsgesellschaften im Sinne des Handelsrechts (OHG, KG), Genossenschaften, sonstige private Wirtschaftsunternehmen, die als BGB-Gesellschaft oder sogar in keiner Weise gesellschaftsrechtlich organisiert sind und öffentlich-rechtlich organisierte Unternehmen umfasst sein, wenn die genannten Voraussetzungen eingehalten werden (Veen, S. 96).

[591] Herzog in Maunz/Dürig, Art. 66 Rn. 49; Veen, S. 83 f.

[592] Veen, S. 84.

[593] Schneider in AK I, Art. 66 Rn. 7; Herzog in Maunz/Dürig, Art. 66 Rn. 45; Veen, S. 83.

bloße Innehabung eines solchen Unternehmensmandats mit der Stellung als Bundeskanzler oder Bundesminister unvereinbar ist[594].

Designierte Mitglieder der Bundesregierung müssen mithin vor dem Beginn der Mitgliedschaft in der Bundesregierung, sofern nicht eine Zustimmung des Bundestages vorliegt, aus dem Aufsichtsrat eines Unternehmens ausscheiden[595]. Ein Ruhenlassen dieser Positionen genügt angesichts des eindeutigen Wortlauts des Art. 66 GG nicht[596]. Jedoch verlangt Art. 66 GG von designierten Mitgliedern der Bundesregierung, die bisher der Leitung oder dem Aufsichtsrat eines Unternehmens angehört haben, nicht, dass sie ihr möglicherweise bestehendes Eigentum an dem Unternehmen aufgeben[597].

b. Ausnahmeerteilung durch Beschluss des Bundestages für die Unternehmen, an denen der Bund beteiligt ist

Gemäß Art. 66 GG kann der Bundestag von dem für Mitglieder der Bundesregierung geltenden grundsätzlichen Verbot, einem Aufsichtsrat eines auf Erwerb gerichteten Unternehmens anzugehören, eine Ausnahme erteilen. Diese Ausnahmeerteilung erfolgt durch einen einfachen Beschluss des Bundestages, der den Mehrheiten des Art. 42 GG genügen muss[598]. Bei dem Beschluss des Bundestages muss es sich um einen Einzelfallbeschluss und nicht um eine Generalgenehmigung handeln, d. h. der Bundestag überprüft für jedes Unternehmen und für jedes Regierungsmitglied im einzelnen, ob eine Aufsichtsratsmitgliedschaft in Frage kommt[599]. Zulässig ist es jedoch, wenn der Bundestag die Zustimmung für die Aufsichtsratstätigkeit in einem bestimmten Unternehmen generell für ein Regierungsmitglied mit bestimmten Aufgaben erteilt[600]. Die Dispensentscheidung des Bundestages gilt in jedem Fall maximal bis zum Ende der Legislaturperiode, da auch das Regierungsamt die Legislaturperiode gemäß Art. 69 II GG nicht überdauert[601]. Überdies unterliegt die Dispensentscheidung dem Widerruf des Bundestages und ist durch die Amtszeit des Regierungsmitglieds begrenzt[602]. Fernerhin darf der Bundestag seine Entscheidungskompetenz zur Ausnahmeregelung nicht auf die Bundesregierung oder einen Ausschuss des Bundestages übertragen[603].

Schließlich ist es im Schrifttum umstritten, ob und gegebenenfalls welchen materiell-rechtlichen Beschränkungen der Ausnahmebeschluss des Bundestages im Sinne des Art. 66 GG unterliegt. In der Literatur werden hierzu im Wesentlichen vier Ansätze vertreten. Nach einer Ansicht unterliegt die Entscheidung des Bundestages auf

---

594 Veen, S. 83.
595 Epping in v. Mangoldt/Klein/Starck, Art. 66 Rn. 38; Herzog in Maunz/Dürig, Art. 66 Rn. 46 f.
596 Oldiges in Sachs, Art. 66 Rn. 18.
597 Epping in v. Mangoldt/Klein/Starck, Art. 66 Rn. 38.
598 Epping in v. Mangoldt/Klein/Starck, Art. 66 Rn. 29.
599 Veen, S. 98.
600 Schneider in AK I, Art. 66 Rn. 7.
601 Epping in v. Mangoldt/Klein/Starck, Art. 66 Rn. 36.
602 Veen, S. 208.
603 Veen, S. 99.

Grund des Wortlauts des Art. 66 GG keinen materiell-rechtlichen Beschränkungen[604]. Nach einer anderen Ansicht kann die Entscheidung des Bundestages nur ergehen, wenn der Bund an dem Unternehmen beteiligt ist[605] bzw. wenn der Bund in dem Unternehmen einen überwiegenden Einfluss besitzt[606]. Nach einer weiteren Ansicht kann die Entscheidung des Bundestages nur ergehen, wenn gewährleistet ist, dass das betreffende Regierungsmitglied im Aufsichtsrat nur Interessen des Gemeinwohls wahrnimmt[607]. Nach einem vierten Ansatz wird die Ausnahmemöglichkeit des Bundestages beschränkt auf Unternehmen, an denen der Staat beteiligt ist und auf Regierungsmitglieder, die in Bezug auf das Unternehmen keine verwaltungsrechtlichen Aufgaben innehaben[608].

Die folgende Auslegung des Art. 66 GG soll ergeben, ob und gegebenenfalls in welcher Form die Möglichkeit des Bundestages zur Ausnahmeentscheidung im Sinne des Art. 66 GG eingeschränkt werden muss. Eine grammatikalische Auslegung des Art. 66 GG ergibt, dass der Wortlaut keine Grenzen für die Ausnahmeentscheidung des Bundestages betreffend die Tätigkeit von Regierungsmitgliedern in Aufsichtsräten aufstellt. Der Wortlaut hat jedoch bei der Verfassungsauslegung nur eine begrenzte Bedeutung, da das Grundgesetz sprachlich nicht so formuliert ist, dass der Wortlaut eine strikte Grenze für die Interpretation bildet[609]. Eine weitere Hilfe bei der Auslegung des Art. 66 GG bietet seine Systematik. Die systematische Auslegung sucht den Sinn einer Bestimmung aus ihren Zusammenhängen mit anderen Regelungen des Grundgesetzes zu ermitteln, die sich im engsten Rahmen auch innerhalb eines Artikels oder Absatzes ergeben können[610]. Eine systematische Auslegung der in Art. 66 GG geregelten Ausnahmemöglichkeit für den Aufsichtsrat lässt folgende Schlussfolgerung zu: Art. 66 GG enthält nur eine Ausnahme für den Aufsichtsrat, nicht jedoch für das ebenfalls in Art. 66 GG geregelte Berufs- und Gewerbeverbot. Daraus kann gefolgert werden, dass die Ausnahmemöglichkeit für den Aufsichtsrat nicht in das Grundgesetz eingefügt worden ist, um einem privaten Interesse zu dienen[611]. Sollte die Ausnahmemöglichkeit für den Aufsichtsrat auch einem privaten Interesse dienen, wäre es nicht gerechtfertigt, eine Ausnahme vom Berufsverbot nicht zuzulassen[612]. Mithin darf der Ausnahmebeschluss für Aufsichtsräte nur einem öffentlichen Interesse dienen. Welche Art von öffentlichem Interesse eine Ausnahmeentscheidung für eine Mitgliedschaft im

---

604 Schneider in AK I, Art. 66 Rn. 7; Blank in Blank/Fangmann/Hammer, Art. 66 Rn. 1; Herzog in Maunz/Dürig, Art. 66 Rn. 48; Oldiges in Sachs, Art. 66 Rn. 15; Sturm, S. 90; Traupel, S. 35.

605 Pieroth in Jarass/Pieroth, Art. 66 Rn. 1 (verlangt eine maßgebliche Beteiligung); Tsatsos, VerwArch 58 (1967), 360, 370.

606 Golz, DÖV 1958, 757, 759; v. Mangoldt/Klein, Art. 66 Anm. III 2; Meyn in v. Münch/Kunig, Art. 66 Rn. 11 f.

607 Hermes in Dreier II, Art. 66 Rn. 14; Veen, S. 103 ff.

608 Keese, S. 27 f., 54 ff.; Epping in v. Mangoldt/Klein/Starck, Art. 66 Rn. 32; Nebendahl, DÖV 1988, 961, 963; Säcker, S. 798; Wiedenfels, DÖV 1960, 892, 895.

609 Meyn in v. Münch/Kunig, Art. 66 Rn. 12.

610 Sachs in Sachs, Einführung Rn. 42.

611 Veen, S. 103.

612 Veen, S. 104.

Aufsichtsrat rechtfertigt, macht eine historische Auslegung des Art. 66 GG deutlich, die auf den Beratungsprotokollen zu Art. 66 GG basiert. Der Allgemeine Redaktionsausschuss des Parlamentarischen Rates schlug vor, vom grundsätzlichen Verbot der Übernahme von Aufsichtsratssitzen eine Ausnahme bei den Unternehmen zu machen, bei denen der überwiegende Einfluss des Bundes sichergestellt ist. Begründet wurde diese Ausnahme damit, dass den Regierungsmitgliedern die Möglichkeit gegeben sein müsse, solchen Unternehmen anzugehören, an denen der Bund maßgeblich beteiligt ist[613]. Nachdem dieser Vorschlag des Redaktionsausschusses zunächst vom Organisationsausschuss abgelehnt wurde, wurde vom Hauptausschuss die jetzige Fassung des Art. 66 GG gewählt, nachdem der Grundgedanke des Vorschlags des Allgemeinen Redaktionsausschusses gebilligt worden war[614]. Der Hauptausschuss gab als Grund für die Ausnahmemöglichkeit des Grundgesetzes ausdrücklich an, dass die Möglichkeit geschaffen werden soll, Minister in den Aufsichtsrat von Unternehmen zu entsenden, bei denen der Bund einen überwiegenden Einfluss hat[615]. Mithin ist das aus der Systematik des Art. 66 GG geforderte öffentliche Interesse für eine Ausnahmemöglichkeit, wie die historische Auslegung zeigt, immer dann erfüllt, wenn der Bund an dem Unternehmen einen überwiegenden Einfluss hat. Die Möglichkeit der Ausnahmeentscheidung des Bundestages gemäß Art. 66 GG muss jedoch im Rahmen einer teleologischen Auslegung auf sämtliche Unternehmen erweitert werden, an denen der Bund beteiligt ist[616]. Der Bund hat bei allen Unternehmen, an denen er beteiligt ist, unabhängig von der Höhe der Kapitalbeteiligung, ein Interesse an einer Einflusssicherung. Der Staat ist in allen Fällen einer Beteiligung an einem Unternehmen sogar verpflichtet, die hinreichende Wahrung seiner Vermögensinteressen zu überwachen, da aus verfassungsrechtlicher Sicht eine Beteiligung an einem privatwirtschaftlich organisierten Unternehmen nur in Betracht kommt, wenn ein öffentlicher Zweck mit dieser Beteiligung verfolgt wird[617]. Es genügt nicht, dass der Staat das Unternehmen der eigenen Steuerung und Kontrolle überlässt, obwohl er sich an ihm beteiligt hat und mit seiner Hilfe ein öffentlicher Zweck verfolgt werden soll. Die öffentliche Hand hat insoweit eine Einwirkungs- und Kontrollpflicht, die über eine lediglich auf die Wahrung der Vermögensinteressen des Staates gerichtete Kontrolle hinausgeht und die unabhängig von der Höhe der Kapitalbeteiligung ist[618]. Ein Mittel zur Erfüllung dieser Einwirkungs- und Kontrollpflicht des Staates besteht in

---

[613] JöR n. F. 1 (1951), 441.

[614] JöR n. F. 1 (1951), 441.

[615] JöR n. F. 1 (1951), 441.

[616] Eine ausdehnende Auslegung einer Ausnahmevorschrift ist immer dann zulässig, wenn der Grundgedanke der Ausnahmevorschrift strikt beachtet wird (Larenz, S. 356).

[617] Kopp, WiVerw 1983, 226, 227; Ehlers, S. 90 ff. Dieses Ergebnis harmoniert mit § 65 I Nr. 3 BHO, der bestimmt, dass sich der Bund an einem Unternehmen in der Rechtsform des privaten Rechts nur beteiligen soll, wenn er einen angemessenen Einfluss, insbesondere im Aufsichtsrat oder in einem entsprechenden Überwachungsorgan erhält. Als Begründung für die Auslegung des Art. 66 GG kann § 65 I Nr. 3 BHO jedoch auf Grund der Normhierarchie nicht herangezogen werden, da einfachgesesetzliches Recht nicht die Auslegung des Grundgesetzes bestimmen kann (Epping in v. Mangoldt/Klein/Starck, Art. 66 Rn. 35).

[618] Püttner, S. 224.

der Einflussnahme über den Aufsichtsrat. Eine Differenzierung nach der Höhe der staatlichen Beteiligung für die Zulässigkeit der Ausnahmeentscheidung ist sachlich nicht zu rechtfertigen. Somit ergibt eine Auslegung der Ausnahmemöglichkeit des Bundestages gemäß Art. 66 GG, dass eine Ausnahmeentscheidung für alle Unternehmen zulässig ist, an denen der Staat beteiligt ist.

Die von Veen entwickelte Ansicht, dass die Ausnahmeentscheidung des Bundestages gemäß Art. 66 GG nur ergehen kann, wenn gewährleistet ist, dass das betreffende Regierungsmitglied im Aufsichtsrat ausschließlich Interessen des Gemeinwohls wahrnimmt, ist mit der soeben dargestellten Begrenzung der Ausnahmebefugnis nicht vereinbar. Sie führt dazu, dass die Aufsichtsratstätigkeit nur noch in Unternehmen zulässig ist, die sich ausschließlich in der Hand des Bundes befinden oder durch Vertrag unbedingt zur Verfolgung von Interessen des Bundes verpflichtet wurden[619]. Diese Ansicht widerspricht damit dem ermittelten Zweck der Ausnahmemöglichkeit der Bundestages gemäß Art. 66 GG, nach dem der Bund auch ein Interesse daran haben kann, seinen Einfluss in Unternehmen geltend zu machen, an denen er nur in einem geringeren Umfang beteiligt ist. Auch die von einem Teil des Schrifttums geforderte Beschränkung der Ausnahmemöglichkeit des Bundestages gemäß Art. 66 GG auf Regierungsmitglieder, die in Bezug auf das Unternehmen keine verwaltungsrechtlichen Aufgaben innehaben können, ist abzulehnen. Ein gleichartiger Schutz kann durch Befangenheitsregelungen erreicht werden, die gegenüber Inkompatibilitätsvorschriften im Hinblick auf die Verhinderung von Pflichten- und Interessenkollisionen die weniger einschneidenden Mittel sind[620]. Eine solche Befangenheitsnorm ist mit § 20 I 1 Nr. 5 VwVfG auch vorhanden.

c. Rechtsfolgen bei einem Verstoß gegen das Verbot des Art. 66 GG

Bei den Rechtsfolgen, die bei einem Verstoß gegen das Verbot des Art. 66 GG zur Anwendung gelangen können, muss zwischen zwei Konstellationen unterschieden werden. Erstens gibt es den Fall, dass ein Aufsichtsratsmandat schon vor der Ernennung zum Mitglied der Bundesregierung durch ein designiertes Regierungsmitglied ausgeübt wird. Zweites ist es vorstellbar, dass ein Aufsichtsratsmandat erst nach der Ernennung zum Mitglied der Bundesregierung durch ein amtierendes Regierungsmitglied übernommen wird.

aa. Aufsichtsratsmandat wird durch ein designiertes Regierungsmitglied ausgeübt

Gehört ein designiertes Regierungsmitglied dem Aufsichtsratsorgan eines Unternehmens an, wäre es denkbar, dass das Aufsichtsratsmandat automatisch erlischt, wenn der Mandatsinhaber das Regierungsamt übernimmt[621]. Ein solcher Ansatz ist jedoch abzu-

---

[619] Vgl. Veen, S. 138.
[620] Veen, S. 151.
[621] Vgl. Veen, S. 204 f.

lehnen[622]. Zwischen dem Aufsichtsratsmitglied und dem Unternehmen bestehen vertragliche Vereinbarungen, zumindest aber korporationsrechtliche Beziehungen. Es kann dem Verfassungsrecht nicht unterstellt werden, dass es diese gesellschaftsrechtlichen Verhältnisse modifizieren will. Anderenfalls hätte es eines eindeutigen Hinweises im Wortlaut des Art. 66 GG bedurft[623]. Vielmehr hat der Bundespräsident in dem hier erörterten Fall die Pflicht, die Ernennung des Bundeskanzlers gemäß Art. 63 II 2 GG bzw. der Bundesminister gemäß Art. 64 I GG zu verweigern[624]. Es ist keine Frage des politischen Stils, ob ein designiertes Regierungsmitglied sein unvereinbares Aufsichtsratsmandat vor oder nach seinem Amtsantritt niederlegt. Diese Frage ist durch Art. 66 GG offensichtlich im Sinne eines verfassungsrechtlichen Verbots geklärt. Dem kann auch nicht mit dem Hinweis begegnet werden, dass die Umwandlung einer Unvereinbarkeitsvorschrift in eine Ineligibilitätsvorschrift unzulässig ist[625]. Eine solche Umwandlung liegt nicht vor, da der gewählte Bundeskanzler und die nach Art. 64 I GG vorgeschlagenen designierten Minister bis zur Ernennung durch den Bundespräsidenten die Möglichkeit haben, sich zu entscheiden, ob sie in Zukunft das Aufsichtsratsmandat oder das Regierungsmandat ausüben wollen[626].

bb. Aufsichtsratsamt wird durch ein amtierendes Regierungsmitglied ausgeübt

Übernimmt ein amtierendes Mitglied der Bundesregierung ein unvereinbares Aufsichtsratsmandat, liegt eine Verfassungsverletzung vor[627]. Fraglich ist jedoch, welche Rechtsfolgen an diese Verfassungsverletzung geknüpft werden. Im Schrifttum werden die folgenden Rechtsfolgen bei diesem Verstoß gegen Art. 66 GG vorgeschlagen.

(1). Automatischer Verlust des Regierungsamts

Nach einer Ansicht im Schrifttum stellt die Nichtbeachtung des Verbots des Art. 66 GG ein konkludentes Rücktrittsbegehren des Regierungsmitglieds dar und führt daher zum automatischen Verlust des Regierungsamts[628]. Dieser Rechtsfolge steht jedoch zum einen entgegen, dass die Übernahme eines unvereinbaren Aufsichtsratsmandats durch einen Bundesminister nicht als ein konkludentes Rücktrittsbegehren ausgelegt werden kann. Als konkludente Erklärung müsste mit der Übernahme des Aufsichtsratsmandats unmissverständlich zum Ausdruck gebracht werden, dass das Regierungsmitglied sein Regierungsamt nicht weiterhin ausüben will, denn rechtsgestaltende Erklärungen im staatsorganisatorischen Bereich erfordern wegen ihrer besonders bedeutenden

---

622 Schneider in AK I, Art. 66 Rn. 7; Keese, S. 91; Herzog in Maunz/Dürig, Art. 66 Rn. 13; Meyn in v. Münch/Kunig, Art. 66 Rn. 3; Oldiges in Sachs, Art. 66 Rn. 19; Schmidt-Bleibtreu/Klein, Art. 66 Rn. 4.
623 Herzog in Maunz/Dürig, Art. 66 Rn. 13.
624 Hermes in Dreier II, Art. 66 Rn. 20; Epping in v. Mangoldt/Klein/Starck, Art. 66 Rn. 41.
625 Vgl. die Argumentation von Veen, S. 205 f.
626 Epping in v. Mangoldt/Klein/Starck, Art. 66 Rn. 41.
627 Schmidt-Bleibtreu/Klein, Art. 66 Rn. 5.
628 Schneider in AK I, Art. 66 Rn. 3; Hermes in Dreier II, Art. 66 Rn. 20; Oldiges in Sachs, Art. 66 Rn. 28 (beschränkt auf die Ausübung anderer Verfassungsämter).

Auswirkungen für das gesamte Gemeinwesen, dass die Rechtsfolgen unmissverständlich erkennbar sind. Die bloße Übernahme eines Aufsichtsratsmandats erfüllt dieses Erfordernis ohne das Hinzutreten weiterer Umstände nicht[629].

Zum anderen spricht gegen diese Ansicht, dass das Amt des Bundesministers selbst bei einem ausdrücklichen Rücktrittsbegehren nicht automatisch erlischt[630]. Bundesminister können nicht eigenständig aus der Bundesregierung ausscheiden. Das Rücktrittsbegehren eines Bundesministers bedarf immer der Annahme des Bundeskanzlers, d. h. des förmlichen Entlassungsvorschlags des Bundeskanzlers an den Bundespräsidenten gemäß Art. 64 I GG[631]. Auch ein automatisches Erlöschen des Amts des Bundeskanzlers sieht das Grundgesetz nicht vor. Obwohl der Bundeskanzler von seinem Amt zurücktreten kann[632], führt der Rücktritt des Bundeskanzlers noch nicht zum automatischen Amtsverlust, da dieser Rücktritt erst durch die, mit der Übergabe der Entlassungsurkunde bewirkte, förmliche Entlassung durch den Bundespräsidenten wirksam wird[633].

(2). Entlassung durch den Bundeskanzler bzw. konstruktives Misstrauensvotum des Bundestages

Nach einer weiteren Ansicht hat der Bundeskanzler die Pflicht, dem Bundespräsidenten einen Bundesminister, der ein unvereinbares Aufsichtsratsmandat ausübt, zur Entlassung gemäß Art. 64 I GG vorzuschlagen; sollte der Bundeskanzler selbst ein unvereinbares Aufsichtsratsmandat ausüben, habe der Bundestag die Pflicht, dem amtierenden Bundeskanzler im Wege des konstruktiven Misstrauensvotums gemäß Art. 67 GG das Misstrauen auszusprechen[634]. Diese verfassungsrechtliche Verpflichtung des Bundeskanzlers bzw. des Bundestages ergebe sich aus deren Pflicht zur Verfassungstreue[635].

Die soeben dargestellte Ansicht ist abzulehnen, da die Entlassung des Bundesministers bzw. das konstruktive Misstrauensvotum zwar denkbare Reaktionsmöglichkeiten auf die Ausübung eines unvereinbaren Amtes im Sinne des Art. 66 GG durch einen Bundesmimister bzw. den Bundeskanzler sind, eine verfassungsrechtlich durchsetzbare Verpflichtung zu diesen Reaktionen dem Bundeskanzler bzw. dem Bundestag jedoch nicht obliegt[636]. Der Bundeskanzler hat vielmehr freies politisches Ermessen, ob er einen Bundesminister entlassen möchte[637]. Auch eine Verpflichtung des Bundestages durch ein konstruktives Misstrauensvotum einen neuen Bundeskanzler zu

---

629 Veen, S. 207.
630 So kann z. B. auch die Regelung des § 3 III 2 BVerfGG nicht ein automatisches Ausscheiden aus dem Regierungsamt festlegen (Epping in v. Mangoldt/Klein/Starck, Art. 66 Rn. 43).
631 Meyn in v. Münch/Kunig, Art. 66 Rn. 3; Herzog in Maunz/Dürig, Art. 66 Rn. 13.
632 Pieroth in Jarass/Pieroth, Art. 66 Rn. 2.
633 Epping in v. Mangoldt/Klein/Starck, Art. 66 Rn. 43.
634 Epping in v. Mangoldt/Klein/Starck, Art. 66 Rn. 44; Herzog in Maunz/Dürig, Art. 66 Rn. 14; Veen, S. 209.
635 Veen, S. 209.
636 Meyn in v. Münch/Kunig, Art. 66 Rn. 3; Oldiges in Sachs, Art. 66 Rn. 19.
637 Meyn in v. Münch/Kunig, Art. 64 Rn. 10.

wählen, kann es nicht geben, da kein Bundestagsabgeordneter auf Grund seiner Gewissensfreiheit gemäß Art. 38 I 2, letzter Hs. GG rechtlich zu einem bestimmten Verhalten gezwungen werden kann[638]. Überdies gehört das konstruktive Misstrauensvotum ersichtlich in einen anderen Zusammenhang[639]. Es dient dazu, Bundesregierung und Parlamentsmehrheit in der für das parlamentarische Regierungssystem erforderlichen grundsätzlichen politischen Übereinstimmung zu halten, nicht jedoch als zwingendes Instrument bei einer Verfassungsverletzung des Bundeskanzlers[640].

(3). Organstreitigkeit gemäß Art. 93 I Nr. 1 GG

Eine weitere Ansicht im Schrifttum fordert, dass bei der Übernahme eines unvereinbaren Aufsichtsratsmandats durch ein amtierendes Mitglied der Bundesregierung der Weg der Organstreitigkeit gemäß Art. 93 I Nr. 1 GG zu beschreiten ist[641]. In dem Organstreitverfahren gemäß Art. 93 I Nr. 1 GG, das durch die §§ 13 Nr. 5, 63 ff. BVerfGG näher ausgestaltet ist, entscheidet das Bundesverfassungsgericht über die Auslegung des Grundgesetzes aus Anlass von Streitigkeiten über den Umfang der Rechte und Pflichten eines obersten Bundesorgans oder anderer Beteiligter, die durch das Grundgesetz oder in den Geschäftsordnungen eines obersten Bundesorgans mit eigenen Rechten ausgestattet sind. Gemäß § 64 I BVerfGG ist ein Antrag in einem Organstreitverfahren nur zulässig, wenn der Antragsteller geltend macht, dass er oder das Organ, dem er angehört, durch eine Maßnahme oder Unterlassung des Antragsgegners in seinen ihm durch das Grundgesetz übertragenen Rechten und Pflichten verletzt oder unmittelbar gefährdet ist[642]. Die Ausübung eines unvereinbaren Aufsichtsratsmandats durch ein Regierungsmitglied stellt eine Verfassungsverletzung dar, die das verfassungsrechtliche Recht des Bundestages zur Ausnahmeerteilung verletzt[643]. Mithin ist das Organstreitverfahren gemäß Art. 93 I Nr. 1 GG verfassungsrechtlich zulässig, um festzustellen, dass die Ausübung eines unvereinbaren Aufsichtsratsmandats durch ein Mitglied der Bundesregierung Art. 66 GG verletzt[644].

(4). Öffentlicher Druck auf das Regierungsmitglied

Neben der Möglichkeit der Organstreitigkeit gemäß Art. 93 I Nr. 1 GG wird vom Schrifttum zu Recht die Ausübung öffentlichen Drucks als Reaktionsmöglichkeit angeführt, wenn ein amtierendes Regierungsmitglied ein unvereinbares Aufsichtsratsmandat

---

[638] Hesse, Rn. 600.
[639] Oldiges in Sachs, Art. 66 Rn. 19.
[640] Meyn in v. Münch/Kunig, Art. 66 Rn. 3.
[641] Beyer, S. 305; Epping in v. Mangoldt/Klein/Starck, Art. 66 Rn. 44; Meyn in v. Münch/Kunig, Art. 66 Rn. 3.
[642] Das Bundesverfassungsgericht hat festgestellt, dass § 64 I BVerfGG das Antragsrecht aus Art. 93 I Nr. 1 GG nicht in unzulässiger Weise einschränkt (BVerfGE 1, 157).
[643] Epping in v. Mangoldt/Klein/Starck, Art. 66, Rn. 44.
[644] Beyer, S. 305 f.; Hermes in Dreier II, Art. 66 Rn. 16; Epping in v. Mangoldt/Klein/Starck, Art. 66 Rn. 44; Oldiges in Sachs, Art. 66 Rn. 20.

ausübt[645]. In der politischen Wirklichkeit wird dieser öffentliche Druck in aller Regel das betreffende Regierungsmitglied zum Rücktritt oder zumindest zur Aufgabe des unvereinbaren Aufsichtsratsmandats im Sinne des Art. 66 GG veranlassen. Bei der Bewertung des öffentlichen Drucks darf aber nicht unberücksichtigt bleiben, dass der öffentliche Druck nur das Instrument der „Meinungsmacher" ist, das rechtlich nicht duchsetzbar ist[646].

(5). Zusammenfassung

Wird ein unvereinbares Aufsichtsratsmandat durch ein amtierendes Regierungsmitglied übernommen, ist ein Organstreitverfahren gemäß Art. 93 I Nr. 1 GG mit dem Bundestag als Antragssteller zulässig und begründet. Darüber hinaus besteht mit der Ausübung öffentlichen Drucks eine rechtlich nicht durchsetzbare Reaktionsmöglichkeit.

2. § 5 I BMinG

§ 5 I BMinG wiederholt im Wesentlichen die schon in Art. 66 GG genannten Unvereinbarkeiten für Mitglieder der Bundesregierung. Da § 5 I BMinG nur die Vorstandstätigkeit und nicht wie Art. 66 GG jede Leitung eines Unternehmens erwähnt, ist § 5 I BMinG verfassungskonform so auszulegen, dass er auch die Mitgliedschaft im Aufsichtsrat eines Unternehmens erfasst[647]. Die in § 5 I BMinG erwähnte Tätigkeit im Verwaltungsrat stellt keine Erweiterung des Art. 66 GG dar, da sie - wie oben dargestellt - vom Begriff des Aufsichtsrats in Art. 66 GG mitumfasst wird[648]. Überdies ist festzuhalten, dass bei einem Verstoß gegen § 5 I BMinG keine im Verhältnis zu Art. 66 GG eigenständigen Rechtsfolgen zur Anwendung gelangen.

3. § 69 S. 2 BHO

Die Überwachung derjenigen Unternehmen, deren Träger der Bund ist oder an denen er beteiligt ist, umfasst die Inhaberaufsicht durch die Beteiligungsverwaltung[649]. Dabei obliegt dem Minister, bei dem das jeweilige Unternehmen ressortiert ist, die Verpflichtung, dem Bundesrechnungshof die in § 69 S. 1 BHO erwähnten Berichte und Unterlagen jeweils für das abgelaufene Geschäftsjahr zu übersenden. Überdies hat der zuständige Minister dem Bundesrechnungshof gemäß § 69 S. 2 BHO das Ergebnis seiner Prüfung auf Grund der genannten Berichte und Unterlagen mitzuteilen. Im Schrifttum wird wegen der Prüfungsverpflichtung des Ministers die Ansicht vertreten, dass § 69 S. 2

---

645 Epping in v. Mangoldt/Klein/Starck, Art. 66. Rn. 44; Meyn in v. Münch/Kunig, Art. 66 Rn. 3; Oldiges in Sachs, Art. 66 Rn. 20.
646 Kritisch zur Rolle des öffentlichen Drucks als sonstige Reaktionsmöglichkeit siehe auch S. 84.
647 Meyn in v. Münch/Kunig, Art. 66 Rn. 11.
648 Oldiges in Sachs, Art. 66 Rn. 14.
649 Eckert, S. 127.

BHO der Aufsichtsratstätigkeit des prüfenden Regierungsmitglieds im Aufsichtsrat des von der Prüfung betroffenen Unternehmens entgegenstehe[650]. Diese Auffassung ist abzulehnen, da sie auf der Annahme basiert, dass ohne diese Unvereinbarkeitsregelung bei der Prüfung gemäß § 69 S. 2 BHO eine Identität von Prüfer und Geprüftem möglich wäre. Eine solche Identität wird jedoch bereits durch § 20 I 1 Nr. 5 VwVfG verhindert. § 20 I 1 Nr. 5 VwVfG verhindert – wie oben ausgeführt - , dass ein Regierungsmitglied in einem Verwaltungsverfahren tätig wird, sofern er bei einem der Beteiligten Mitglied des Aufsichtsrats ist. Somit ist das Regierungsmitglied von der Prüfung gemäß § 69 S. 2 BHO, bei der es sich um eine verwaltungsrechtliche Aufgabe handelt, bereits gemäß § 20 I 1 Nr. 5 VwVfG ausgeschlossen. Ein Bedürfnis für eine Unvereinbarkeitsregelung besteht folglich nicht mehr, da der Interessenkonflikt bereits durch eine Befangenheitsvorschrift als milderes Mittel verhindert wird.

4. § 103 III 1 AktG

Teilweise wird im Schrifttum aus § 103 III 1 AktG gefolgert, dass die Aufsichtsratsmitgliedschaft eines Regierungsmitglieds in den Unternehmen ausgeschlossen ist, für die es verwaltungsrechtlich zuständig ist, da durch die Wahrnehmung des Aufsichtsratsmandats ein latenter Dauerkonflikt entstehe[651]. Bei einem solchen Dauerkonflikt handele es sich nämlich um einen wichtigen Grund gemäß § 103 III 1 AktG, der zur Abberufung aus dem Aufsichtsrat berechtige. Mithin müsse bereits die Wahl oder Entsendung in das Aufsichtsorgan eines Unternehmens unzulässig sein, wenn dieser wichtige Grund im Sinne des § 103 III 1 AktG vor der Wahl oder der Entsendung vorliege. Denn es sei nicht überzeugend, eine Person in den Aufsichtsrat zu wählen oder zu entsenden, wenn sie unmittelbar nach der Wahl oder Entsendung wieder abberufen werden müsse.

Die soeben skizzierte Ansicht ist abzulehnen. Sie setzt voraus, dass eine Pflicht zur Abberufung eines Aufsichtsratsmitglieds besteht, falls in dessen Person ein wichtiger Grund i. S. d. § 103 III 1 AktG gegeben ist. Eine solche Pflicht zur Abberufung gibt es jedoch nicht. § 103 III 1 AktG eröffnet lediglich die Möglichkeit zur Abberufung eines Aufsichtsratsmitglieds[652]. Wenn § 103 III 1 AktG jedoch keine Pflicht zur Abberufung aus dem Aufsichtsrat enthält, kann aus dieser Norm erst recht nicht ein striktes Verbot der Mitgliedschaft im Aufsichtsrat abgeleitet werden[653]. Überdies müssen gesellschaftsrechtliche Inkompatibilitäten „schnell, eindeutig und verlässlich abgrenzbar" sein[654]. Anderenfalls bestände die Gefahr, dass sämtliche Entscheidungen des Aufsichtsrats angefochten werden könnten, was eine erhebliche Rechtsunsicherheit

---

[650] Keese, S. 29 ff.; Lohl, DÖH 12, 25, 28; Veen, S. 231 ff.; a. A. Golz, DÖV 1958, 757 ff. Das ältere Schrifttum stellt bei dieser Frage noch auf § 110 RHO, die Vorgängerbestimmung des § 69 S. 2 BHO, ab.
[651] Lutter, ZHR 145 (1981), 224, 237 f.; Säcker, S. 788.
[652] Mertens in Kölner Kommentar, § 103 Rn. 27; Hüffer, § 103 Rn. 1.
[653] Veen, S. 241.
[654] BGHZ 39, 116, 123.

zu Folge hätte[655]. Die Voraussetzungen für einen wichtigen Grund i. S. d. § 103 III 1 AktG sind jedoch nicht schnell, eindeutig und verlässlich abgrenzbar[656]. So kann die Aufsichtsratsmitgliedschaft eines Regierungsmitglieds in einem Unternehmen, für das er verwaltungsrechtlich zuständig ist, einen latenten Dauerkonflikt darstellen, der die Voraussetzungen für einen wichtigen Grund i. S. d. § 103 III 1 AktG erfüllt. Keineswegs muss dies aber zwingend der Fall sein. Vielmehr ist einzelfallabhängig zu prüfen, ob der Konflikt allein durch die Aufgabe des einen oder des anderen Amtes vermieden werden kann und ob der weitere Verbleib des Aufsichtsratsmitglieds unter den gegebenen Umständen unzumutbar ist[657]. Dies widerspricht jedoch den oben aufgezeigten Kriterien betreffend die gesellschaftsrechtliche Unvereinbarkeit[658].

5. Finanzielle Auswirkungen der Tätigkeit im Aufsichtsrat

Aufsichtsratsmitglieder erhalten gemäß § 113 AktG in der Regel eine Vergütung für ihre Tätigkeit. Dies gilt auch für die Aufsichtsratsmitglieder, die gleichzeitig einer Regierung angehören. Denkbar ist jedoch, dass die Regierungsmitglieder ihre Aufsichtsratsbezüge vollständig oder ab einer bestimmten Höhe abführen müssen. Für die Regierungsmitglieder des Bundes ist eine solche Abführungspflicht der Aufsichtsratsbezüge jedoch nicht geregelt. Sie dürfen diese Vergütung zur persönlichen Verwendung behalten.

6. Stellungnahme

Ein Teil des Schrifttums kritisiert bei den dargestellten Regelungen, dass Regierungsmitglieder des Bundes mehrere Aufgaben übernehmen könnten, die im Einzelfall in einem Abhängigkeits- wenn nicht sogar Konkurrenzverhältnis stehen[659]. Angeführt werden in diesem Zusammenhang das Verhältnis zwischen Genehmigungsbehörde und dem um eine Genehmigung nachsuchenden Unternehmen, der Gegensatz zwischen Überwachungs- und Kontrollbehörde und den dieser Überwachung unterliegenden Wirtschaftsunternehmen oder die Beziehung zwischen subventionsverteilender Verwaltung und subventionsempfangendem Unternehmen. In den genannten Fällen seien Regierungsmitglieder nur noch sehr eingeschränkt in der Lage, ihre Aufgaben ausschließlich am Gemeinwohl zu orientieren. Vielmehr würde die unparteiliche Amtsführung der Regierungsmitglieder durch die Ausübung des Aufsichtsratsmandats leiden. Diese Kritik ist jedoch unberechtigt. Die bestehenden verwaltungsverfahrensrechtlichen Regelungen sind bereits ausreichend, da sie – wie oben dargestellt – verhindern, dass ein Regierungsmitglied in einem Verwaltungsverfahren tätig wird, wenn es zugleich einen Sitz im Aufsichtsrat eines Beteiligten innehat. Mithin bedarf es unter dem

---

[655] Dreher, JZ 1990, 896, 899.
[656] Veen, S. 241.
[657] Fervers, WuB, § 103 AktG 1.190.
[658] Vgl. Veen, S. 241 f.
[659] Keese, S. 30 ff.; Nebendahl, DÖV 1988, 961, 963.

Gesichtspunkt der Vermeidung von Interessenkonflikten keiner neuen Normen. Vielmehr sollte sorgfältig darauf geachtet werden, dass die bestehenden Normen auch umgesetzt werden[660].

Problematisch an den bestehenden Regelungen ist jedoch, dass sie keine Höchstgrenze für die Anzahl der Aufsichtsratssitze festsetzen. Die vielfältigen Aufgaben eines Regierungsmitglieds erfordern die Konzentration der gesamten Arbeitskraft auf das Regierungsamt. Diese Verpflichtung kollidiert aber mit den zeitlichen Anforderungen an ein Aufsichtsratsamt. Das Aufsichtsratsamt bringt mit seinen zwei bis vier jeweils gewissenhaft vorzubereitenden Pflichtsitzungen einen erheblichen Arbeitsaufwand mit sich. Dieser Zeitrahmen kann im Fall einer Unternehmenskrise durch mehrere zusätzliche Sitzungen noch ausgeweitet werden. Berücksichtigt man überdies, dass einige Regierungsmitglieder in vielen Aufsichtsräten sitzen, besteht zumindest bei diesen Regierungsmitgliedern die Gefahr, dass entweder die wesentlichen Regierungsaufgaben oder die Aufgaben als Aufsichtsrat eines Unternehmens vernachlässigt werden[661]. Aus diesem Grund wäre es wünschenswert, die Anzahl der Aufsichtsratsmandate für jedes Regierungsmitglied auf drei zu begrenzen.

Fernerhin ist nicht ersichtlich, warum Mitglieder der Bundesregierung die Aufsichtsratsbezüge zur persönlichen Verwendung behalten dürfen. Es ist den Regierungsmitgliedern vielmehr zumutbar, sich auf die finanziellen Leistungen des Staates zu beschränken, da diese die finanzielle Unabhängigkeit der Regierungsmitglieder bereits sichern[662]. Es besteht somit kein Bedürfnis, die Aufsichtsratstätigkeit als Vertreter des Staates zusätzlich zu entlohnen, da alle Tätigkeiten der Regierungsmitglieder durch die Leistungen des Staates an seine Regierungsmitglieder bereits abgedeckt sind[663]. Anderenfalls entsteht der Eindruck, dass Regierungsmitglieder eine Aufsichtsratstätigkeit nur deshalb ausüben, um zusätzliche finanzielle Vorteile zu erlangen.

Positiv bei den bestehenden Regelungen fällt auf, dass über die Erteilung der Ausnahmegenehmigung der Bundestag entscheidet. Somit ist eine unabhängige Kontrolle über die Aufsichtsratstätigkeit der Regierungsmitglieder gewährleistet. Überdies ist die Regelung der Rechtsfolgen gelungen. Sowohl auf die Übernahme eines unvereinbaren Aufsichtsratsmandats durch ein designiertes Regierungsmitglied als auch auf die Übernahme durch ein amtierendes Regierungsmitglied kann angemessen reagiert werden. Schließlich ist mit der Regelung im Grundgesetz und im Ministergesetz die angemessene Rechtsnatur gewählt worden. Für diese Rechtsnatur der Regelungen spricht, dass sie durch ein unmittelbar demokratisch legitimiertes Organ und gegenüber der Bundesregierung unabhängiges Organ verabschiedet worden sind und

---

[660] Veen, S. 246.

[661] Veen, S. 59 f. So berichtet Janson, S. 218, dass Regierungsmitglieder ihre Aufsichtsratsmandate aus Termingründen meist nicht wahrnehmen. Demgegenüber wurde dem zurückgetretenen niedersächsischen Ministerpräsidenten Glogowski auf Grund seiner Mitgliedschaft in sechs Aufsichtsräten unterstellt, nur noch im Nebenamt Ministerpräsident zu sein (Vgl. Bericht des 18. Parlamentarischen Untersuchungsausschusses des Landes Niedersachsen, Nds LT-Drucks. 14/1691, S. 69).

[662] Vgl. § 2.

[663] Vgl. v. Arnim, Diener vieler Herren, S. 59.

damit auch die Akzeptanz in der Bevölkerung erheblich höher ist als z. B. bei einer Regelung in der Geschäftsordnung der Bundesregierung.

II. Regelungen für Mitglieder der Landesregierungen

In allen Bundesländern gilt für Regierungsmitglieder ein grundsätzliches Verbot der Aufsichtsratsmitgliedschaft in Unternehmen. Der Begriff des Aufsichtsrats stimmt dabei in allen Bundesländern mit dem oben dargestellten Begriff des Aufsichtsrats im Sinne des Art. 66 GG überein. Überdies werden in der überwiegenden Anzahl der Bundesländer von dem Verbot wie im Bund sämtliche Unternehmen erfasst, die auf den Erwerb gerichtet sind. In Bremen, Hamburg und Nordrhein-Westfalen wird für das Verbot jedoch einschränkend verlangt, dass die Unternehmen auf den Erwerb von Geld ausgerichtet sind. In Baden-Württemberg sowie in Brandenburg werden, gegenüber dem Verbot des Art. 66 GG erweiternd, sämtliche wirtschaftlichen Unternehmen erfasst.

Die Regelungen in den Bundesländern unterscheiden sich des Weiteren auf Grund der unterschiedlichen Ausnahmemöglichkeiten von dem grundsätzlichen Verbot. Im folgenden werden diese Regelungen anhand der unterschiedlichen materiell-rechtlichen Ausnahmevoraussetzungen verschiedenen Gruppen zugeteilt.

1. Ausnahmemöglichkeit, wenn Aufsichtsratsmitgliedschaft im öffentlichen Interesse des Landes liegt

In Berlin, Niedersachsen und Sachsen-Anhalt ist eine Ausnahme von dem grundsätzlichen Verbot der Aufsichtsratsmitgliedschaft zulässig, wenn sie im öffentlichen Interesse des betreffenden Bundeslandes liegt. § 6 II 2 Berl SenG formuliert dabei ausdrücklich, dass der Senat eine Ausnahme zulassen kann, wenn sie im öffentlichen Interesse liegt. Die Zulassung der Ausnahme ist gemäß § 6 II 3 Berl SenG dem Abgeordnetenhaus mitzuteilen. Sicher ist, dass ein öffentliches Interesse im Sinne des § 6 II 2 Berl SenG vorliegen kann, wenn das Land Berlin an dem Unternehmen kapitalmäßig beteiligt ist, in dessen Aufsichtsrat das Regierungsmitglied tätig werden soll. Darüber hinaus kann ein öffentliches Interesse auch bestehen, wenn keine kapitalmäßige Beteiligung der öffentlichen Hand gegeben ist. So kann ein öffentliches Interesse an einer Einflusssicherung im Aufsichtsrat von Unternehmen, an denen das Bundesland Berlin nicht be-eiligt ist, z. B. auch bei einer finanziellen Unterstützung des Unternehmens durch das Bundesland Berlin oder einer zugunsten des Unternehmens abgegebenen Bürgschaft, Garantie oder sonstigen Gewährleistung bestehen[664].

In Niedersachsen kann die Landesregierung gemäß Art. 34 II 2 Nds Verf. eine Ausnahme insbesondere für Unternehmen zulassen, an denen die öffentliche Hand beteiligt ist. Die Ausnahmeerteilung der Landesregierung erfolgt dabei durch das

---

[664] Vgl. Veen, S. 105 ff.

Kollegium mit einem förmlichen Beschluss[665]. Öffentliche Hand im Sinne des Art. 34 II 2 Nds Verf. ist der Sammelbegriff für alle Gebietskörperschaften, d. h. die Kreise, Gemeinden und Bezirke sowie den Bund und die Länder[666]. Folglich kann eine Ausnahme insbesondere ergehen, wenn eine Gebietskörperschaft an dem Unternehmen beteiligt ist. Das Wort „insbesondere" macht jedoch deutlich, dass das Kabinett auch eine Ausnahme für ein Unternehmen ohne Beteiligung einer Gebietskörperschaft beschließen kann, wenn ein Unternehmen es wünscht und die Landesregierung es im öffentlichen Interesse des Landes für zweckmäßig erachtet. Ein ausschließlich privates Interesse des Regierungsmitglieds an der Tätigkeit im Aufsichtsrat genügt für die Ausnahmeerteilung nicht[667]. Fernerhin bestimmt Art. 34 II 3 Nds Verf., dass jeder Ausnahmebeschluss dem Landtag mitzuteilen ist. Der im Verhältnis zu Art. 34 II Nds Verf. ältere § 5 I Nds MinG erlaubt demgegenüber, dass statt der Landesregierung das Landesministerium über die Ausnahme entscheidet. Diese Übertragung der Entscheidungskompetenz auf das Ministerium ist unzulässig. Die verfassungsrechtlich vorgesehene Entscheidungskompetenz des Kabinetts ist darin begründet, dass eine erhöhte Kontrolle über das wahrgenommene Aufsichtsratsmandat gewährleistet werden soll. Diese verfassungsrechtlich vorgesehene Vorgabe darf nicht durch ein einfaches Gesetz unterlaufen werden, das dem Minister die Entscheidungskompetenz über die Mandatsübernahme überträgt. § 5 I Nds MinG ist mithin verfassungswidrig[668].

In Sachsen-Anhalt kann der Landtag gemäß Art. 67 I 2 S-A Verf. Ausnahmen zulassen, insbesondere für die Entsendung in Unternehmen, an denen das Land beteiligt ist[669]. Die Entsendung in Unternehmen, an denen das Land beteiligt ist, bildet damit den Regelfall der Ausnahmemöglichkeit[670]. Das Wort „insbesondere" macht, wie bei der dargestellten niedersächsischen Regelung, deutlich, dass eine Ausnahmemöglichkeit auch in anderen Fällen zulässig ist, die im öffentlichen Interesse des Landes liegen.

Die Möglichkeit in Berlin, Niedersachsen und Sachsen-Anhalt Ausnahmen vom grundsätzlichen Verbot der Mitgliedschaft in Aufsichtsräten zuzulassen, wenn die Mitgliedschaft im öffentlichen Interesse des Bundeslandes liegt, ist zu begrüßen. Zwar ist in diesen Bundesländern die Beteiligung des Bundeslandes an dem Unternehmen der Regelfall des „öffentlichen Interesses". Dennoch wird berücksichtigt, dass es neben der Beteiligung an Unternehmen andere Fälle gibt, die eine Ausnahmeerteilung im Interesse des Bundeslandes rechtfertigen. Nicht ersichtlich ist jedoch bei der niedersächsischen Regelung mangels eines niedersächsischen Interesses, warum eine Ausnahmeerteilung auch ergehen kann, wenn eine andere Gebietskörperschaft als das Bundesland Niedersachsen an dem Unternehmen beteiligt ist. Zum anderen überzeugt bei der

---

[665] Neumann Niedersachsen, Art. 34 Rn. 10.
[666] Eichhorn, S. 326, 594 f.
[667] Neumann Niedersachsen, Art. 34 Rn. 12.
[668] Veen, S. 185.
[669] Der in § 5 I S-A MinG verwendete Begriff „öffentliche Hand" ist verfassungskonform dahin auszulegen, dass mit öffentlicher Hand nur das Land Sachsen-Anhalt gemeint ist (Veen, S. 192).
[670] Reich, Art. 67 Rn. 2.

niedersächsischen Regelung nicht, dass über die Ausnahmeerteilung die Landesregierung und nicht der Landtag als unabhängiges Organ entscheidet.

2. Ausnahmemöglichkeit, wenn das Bundesland an dem Unternehmen beteiligt ist

In Baden-Württemberg, Brandenburg, Bremen, Hamburg, Hessen, Mecklenburg-Vorpommern, Nordrhein-Westfalen, Sachsen, Schleswig-Holstein und Thüringen besteht wie im Bund für Regierungsmitglieder eine Ausnahmemöglichkeit von dem grundsätzlichen Verbot, dem Aufsichtsrat eines Unternehmens anzugehören, wenn das Bundesland an dem Unternehmen beteiligt ist. Die Regelungen in diesen Bundesländer unterscheiden sich jedoch durch die unterschiedlichen, zur Entscheidung über die Ausnahme zuständigen Organe. In Baden-Württemberg, Brandenburg, Mecklenburg-Vorpommern, Sachsen, Schleswig-Holstein und Thüringen erfolgt die Ausnahmeerteilung durch den Landtag[671]. In Bremen und Hamburg erfolgt die Ausnahmegenehmigung durch die Landesregierung[672]. In Hessen besteht die Ausnahmemöglichkeit ex lege, d. h. es bedarf keiner Ausnahmeentscheidung[673]. In Nordrhein-Westfalen ist danach zu differenzieren, ob das Regierungsmitglied eine Aufsichtsratstätigkeit beibehalten oder neu aufnehmen möchte[674]. Für das Beibehalten der Tätigkeit im Aufsichtsrat genügt die Genehmigung der Landesregierung, die dem Landtagspräsidenten anzuzeigen ist. Für die Neuaufnahme einer Tätigkeit im Aufsichtsrat ist demgegenüber eine Genehmigung durch den Hauptausschuss des Landtages erforderlich.

Da die Ausnahmeerteilung in den genannten Bundesländern unter denselben materiell-rechtlichen Voraussetzungen möglich ist wie im Bund, kann bezüglich der materiell-rechtlichen Ausnahmevoraussetzung auf die oben erfolgte Bewertung der bundesrechtlichen Regelungen verwiesen werden[675]. Kritisch ist jedoch zu bewerten, dass nicht in allen Bundesländern der Landtag für die Entscheidung über die Ausnahmeerteilung zuständig ist, da nur so eine effektive Kontrolle möglich ist und der Ausnahmeentscheidung eine größere Akzeptanz in der Bevölkerung zukommt.

3. Ausnahmemöglichkeit, wenn der überwiegende Einfluss des Staates sichergestellt ist

In Bayern besteht gemäß Art. 57 S. 2 Bay Verf. für Regierungsmitglieder eine Ausnahmemöglichkeit von dem grundsätzlichen Verbot, dem Aufsichtsrat eines Unternehmens anzugehören, wenn der überwiegende Einfluss des Staates in dem Unternehmen gesichert ist. Diese Ausnahmemöglichkeit besteht ex lege[676]. Der überwiegende Einfluss kann sichergestellt sein durch eine kapitalmäßige Beteiligung von mehr als 50 %

---

[671] Art. 53 II 3 B-W Verf.; Art. 95 Brb Verf.; Art. 45 I 3 M-V Verf.; Art. 62 II 4 Sächs Verf.; Art. 34 S-H Verf.; Art. 72 II Thür Verf.

[672] Art. 113 II Brem Verf.; Art. 39 II Hamb Verf.

[673] Veen, S. 243.

[674] Art. 64 III N-W Verf.

[675] Vgl. S. 111 ff.

[676] Veen, S. 243.

oder durch sonstige Gegebenheiten rechtlicher oder organisatorischer Art[677]. Er ist sichergestellt, wenn der Staat in der Gesellschaft über die Mehrheit der Stimmrechte verfügt. Bei einer Aktiengesellschaft muss der Staat nicht zwingend die Aktienmehrheit besitzen. Es genügt, wenn er über genügend Stimmrechtsaktien verfügt. Darüber hinaus genügen aber auch alle sonstigen rechtlichen und organisatorischen Positionen, die dem Staat das Übergewicht bei den Entscheidungen des betreffenden Unternehmens geben. Ein überwiegender Einfluss des Staates kann somit auch bei Unternehmen angenommen werden, die zwar eine eigene Rechtspersönlichkeit besitzen, kraft Satzung oder vertraglicher Vereinbarung aber vom Staat unmittelbar abhängig sind oder von einer Gesellschaft beherrscht werden, die überwiegend dem Staat gehört[678]. Unter dem Begriff „Staat“ im Sinne des Art. 57 S. 2 Bay Verf. ist dabei die öffentliche Hand zu verstehen, d. h. es werden z. B. auch Gemeinden als Einrichtungen mittelbarer Staatsverwaltung erfasst[679]. Die soeben ermittelte Auslegung des Art. 57 S. 2 Bay Verf. deckt sich mit der Regelung der Ausnahmemöglichkeit durch den einfachen bayerischen Gesetzgeber. Art. 3 S. 2 Bay StRG legt eine Ausnahme für Gesellschaften fest, bei denen der überwiegende Einfluss des Staates, insbesondere durch seine Mehrheit am Stimmrecht oder durch die rechtlichen oder organisatorischen Verhältnisse sichergestellt ist[680]. Gemäß Art. 3 S. 3 Bay StRG sind unter Staat der Freistaat Bayern, allein oder zusammen mit dem Bund, den Ländern oder anderen Gebietskörperschaften oder Einrichtungen der mittelbaren Staatsverwaltung zu verstehen.

Die Beschränkung der Ausnahmemöglichkeit auf Unternehmen, an denen der überwiegende Einfluss des Staates sichergestellt ist, überzeugt nicht. Zum einen ist nicht ersichtlich, warum der Einfluss des Bundes oder anderer Bundesländer in dem Unternehmen die Ausnahmemöglichkeit für bayerische Regierungsmitglieder beeinflussen soll. Zum anderen gibt es - wie oben ausgeführt - neben der Beteiligung eines Bundeslandes an dem Unternehmen auch andere Fälle des öffentlichen Interesses des Bundeslandes, die eine Ausnahmemöglichkeit rechtfertigen könnten. Schließlich wäre es im Hinblick auf eine bessere Kontrolle und eine höhere Akzeptanz in der Bevölkerung wünschenswert, wenn die Ausnahmemöglichkeit nicht ex lege bestehen würde, sondern einer Entscheidung des bayerischen Landtages bedürfte.

4. Ausnahmemöglichkeit, wenn ein Widerstreit zwischen amtlicher und außeramtlicher Tätigkeit nicht zu befürchten ist

In den Bundesländern Rheinland-Pfalz und Saarland kann die Landesregierung eine Ausnahme von dem grundsätzlichen Verbot der Mitgliedschaft in Aufsichtsräten nur erteilen, wenn ein Widerstreit zwischen amtlicher und außeramtlicher Tätigkeit nicht zu

677 Nawiasky, Art. 57 Rn. 4.
678 Nawiasky, Art. 57 Rn. 4.
679 Tsatsos, VerwArch 58 (1967), 360, 370; Veen, S. 165 f.
680 Veen, S. 168 f. hält Art. 3 S. 2 Bay StRG auf Grund eines anderen Verständnisses des Art. 57 S. 2 Bay Verf. für verfassungswidrig.

befürchten ist[681]. Damit ist die Ausnahmemöglichkeit ausdrücklich auf Aufsichtsratstätigkeiten beschränkt, bei denen Interessenkollisionen zwischen der „amtlichen“ Tätigkeit als Regierungsmitglied und der „außeramtlichen“ Tätigkeit als Aufsichtsratsmitglied nicht zu befürchten sind[682]. Für eine Aufsichtsratstätigkeit kommen mithin nur Unternehmen in Betracht, die im Verhältnis zum Land identische oder parallele Interessen verfolgen. Dies sind Unternehmen, die sich ausschließlich im Eigentum des Landes befinden bzw. durch Vertrag unbedingt zur Verfolgung von Interessen des Landes verpflichtet sind[683].

Die Beschränkung der Ausnahmemöglichkeit auf die zuvor genannten Unternehmen ist zu weit gefasst, da es auch in darüber hinausgehenden Fällen ein öffentliches Interesse des Bundeslandes an der Mitwirkung seiner Regierungsmitglieder in einem Aufsichtsrat geben kann. Diese Beschränkung kann auch nicht mit dem Hinweis auf die Vermeidung von Interessenkonflikten gerechtfertigt werden, da dies bereits durch das verwaltungsverfahrensrechtlichen Mitwirkungsverbot als milderes Mittel erreicht wird. Fernerhin ist zu kritisieren, dass die Ausnahmeentscheidung in Rheinland-Pfalz und im Saarland durch die Landesregierung und nicht durch den Landtag erfolgt.

5. Finanzielle Auswirkungen der Tätigkeit im Aufsichtsrat

Die Regierungsmitglieder in Baden-Württemberg, Bremen, Hamburg, Rheinland-Pfalz, Schleswig-Holstein und Thüringen müssen Aufsichtsratsbezüge nicht abführen. Sie dürfen diese Vergütung zur persönlichen Verwendung behalten. In Bayern und Mecklenburg-Vorpommern stehen demgegenüber die Vergütungen, die die Regierungsmitglieder für ihre Tätigkeit im Aufsichtsrat erhalten, dem Land zu. Die Aufsichtsratsbezüge sind in Bayern zu gleichen Teilen an die Bayerische Landesstiftung und an die Bayerische Forschungsstiftung abzuführen bzw. in Mecklenburg-Vorpommern für Zwecke des Denkmalschutzes zu verwenden[684]. In Niedersachsen und dem Saarland müssen Regierungsmitglieder nur Vergütungen abführen, die jährlich 5.520 Euro überschreiten[685]. In Berlin, Hessen, Nordrhein-Westfalen und Sachsen-Anhalt liegt die Obergrenze für Hinzuverdienste für Regierungsmitglieder bei 6.130 Euro[686]. In Brandenburg haben die Mitglieder der Landesregierung Vergütungen abzuführen, wenn sie innerhalb eines Jahres die Höhe eines monatlichen Amtsgehalts übersteigen[687]. In Sachsen werden den Mitgliedern der Staatsregierung Vergütungen bis zur Höhe von 17 % des Amtsgehalts und Ortszuschlags

---

681 § 5 R-P MinG; § 4 Saar MinG.
682 Veen, S. 180.
683 Veen, S. 138.
684 Art 3 b I 1 Bay StRG; § 4 III M-V MinG. In Bayern verbleiben den Regierungsmitgliedern Aufwandsentschädigungen jedoch in voller Höhe.
685 § 5 III 1 Nds MinG; § 4 II 3 Saar MinG.
686 § 7 II Berl SenG i. V. m. § 6 der Verordnung über die Nebentätigkeit der Beamten; § 1 VI Hess LRBezG i. V. m. § 2 I Verordnung über die Nebentätigkeit der Beamten; 18 I N-W MinG § i. V. m. § 13 Verordnung über die Nebentätigkeit der Beamten; § 5 III 1 S-A MinG.
687 § 3 III Brb MinG.

überlassen[688]. Bei einer Beurteilung der finanziellen Auswirkungen der Tätigkeit im Aufsichtsrat können nur die Regelungen in Bayern und Mecklenburg-Vorpommern überzeugen. Sie erkennen zu Recht, dass es kein Bedürfnis gibt, die Aufsichtsratstätigkeit der Regierungsmitglieder als Vertreter des Staates zusätzlich zu entlohnen, da alle Tätigkeiten der Regierungsmitglieder durch die Leistungen des Staates bereits abgedeckt sind.

III. Ergebnis

Im Bund und in allen Bundesländern sind für Regierungsmitglieder unter unterschiedlichen Voraussetzungen Ausnahmen vom grundsätzlichen Verbot der Mitgliedschaft in Aufsichtsräten möglich. Alle diese Ausnahmemöglichkeiten sind dabei unter dem Gesichtspunkt möglicher Interessenkonflikte nicht zu kritisieren, da bereits die Verwaltungsverfahrensgesetze des Bundes und der Länder verhindern, dass Regierungsmitglieder doppelfunktional tätig werden. Sollte es im Einzelfall dennoch zu Interessenkonflikten kommen, beruht dies nicht auf fehlenden Unvereinbarkeitsvorschriften, sondern auf der Nichtbeachtung der bestehenden verwaltungsverfahrensrechtlichen Regelungen. Vielmehr wird im Bund und in den meisten Bundesländern unter dem Hinweis auf die Vermeidung von Interessenkonflikten die Ausnahmemöglichkeit zu stark eingeschränkt. Eine sinnvolle materiell-rechtliche Grenze für die Ausnahmeerteilung würde das öffentliche Interesse des Bundes bzw. des betroffenen Bundeslandes bilden. Begrüßenswert wäre überdies, wenn in allen Bundesländern der Landtag über das Vorliegen der materiell-rechtlichen Ausnahmevoraussetzungen entscheiden müsste. Fernerhin ist im Bund und in allen Bundesländern im Hinblick auf die zusätzliche Arbeitsbelastung durch das Aufsichtsratsmandat zu kritisieren, dass keine Höchstgrenzen für die Anzahl der Aufsichtsratssitze festgelegt sind. Schließlich ist es nicht verständlich, warum die Regierungsmitglieder im Bund und in der ganz überwiegenden Zahl der Bundesländer die Aufsichtsratsbezüge vollständig oder teilweise zur persönlichen Verwendung behalten dürfen.

[688] § 4 II Sächs MinG. Aufwandsentschädigungen verbleiben den Regierungsmitgliedern jedoch in voller Höhe.

Zusammenfassung in Thesen

1. Die Regierungsmitglieder des Bundes und der Länder sind an das Gemeinwohl gebunden, d. h. sie müssen bei ihren Entscheidungen das Wohl der gesamten Bevölkerung und nicht nur eigene Interessen, die Interessen einzelner Personen oder Gruppen berücksichtigen. Diese Gemeinwohlbindung der Regierungsmitglieder gründet sich in der Garantie der Menschenwürde gemäß Art. 1 I GG und im Demokratieprinzip gemäß Art. 20 I, II GG. Überdies ergibt sich aus der im Rechtsstaatsprinzip gemäß Art. 20 III GG enthaltenen Bindung der Regierungen an Gesetz und Recht, dass die Bindung an das Gemeinwohl eine Grenze des Ermessens bei Ermessensentscheidungen der Regierungen bildet. Fernerhin verpflichtet der Gleichheitssatz des Art. 3 I GG die Regierungsmitglieder, ihre Entscheidung ausschließlich an sachlichen Kriterien zu orientieren und vergleichbare Sachverhalte nicht ohne Differenzierungsgrund ungleich zu behandeln. Der Amtseid der Regierungsmitglieder stellt schließlich eine moralische Bindung an das Gemeinwohl dar.

2. Die Regierungsmitglieder des Bundes und der Länder erhalten vom Staat steuerpflichtige Amtsbezüge, eine steuerfreie Aufwandsentschädigung, eine Reihe sonstiger Leistungen während der Amtszeit, Übergangsgeld und ein Ruhegehalt. Diese finanziellen Leistungen des Staates an die Regierungsmitglieder stellen deren finanzielle Unabhängigkeit während der Amtszeit, während des Übergangs in eine andere berufliche Tätigkeit und nach dem Ausscheiden aus dem Berufsleben sicher. Mithin ermöglichen sie zum einen, dass nicht nur „Wohlhabende" die Möglichkeit haben, sich als Regierungsmitglied für den Staat zu engagieren. Zum anderen bewirken sie, dass Regierungsmitglieder weder während ihrer Amtszeit noch nach ihrem Aussscheiden aus dem Amt auf die finanzielle Unterstützung Dritter angewiesen sind.

3. Die bisherige Regelung der finanziellen Leistungen des Staates an die Regierungsmitglieder könnte durch die folgenden Änderungen weiter verbessert werden: die Amtsbezüge der Regierungsmitglieder sollten signifikant angehoben und im Interesse der Transparenz in den Ministergesetzen mit einem genauen Geldbetrag angegeben werden; dienstlich veranlasste Aufwendungen sollten durch die Staatskasse erstattet, die Kosten der Nutzung der Flugbereitschaft der Bundeswehr nach einem Kostenverursachungsprinzip auf die einzelnen Anforderungsberechtigten umgelegt, das Übergangsgeld auf maximal zwei Jahre begrenzt und das Ruhegehalt auf ein Kapitaldeckungsverfahren mit monatlichen Beiträgen bei Anlehnung an in der Wirtschaft übliche Beitragshöhen umgestellt werden.

4. Ein Interessenkonflikt eines Regierungsmitglieds liegt vor, wenn die vom Regierungsmitglied wahrzunehmenden Aufgaben durch Interessen tangiert werden, die in

der Person des Regierungsmitglieds oder in einem anderen Amt des Regierungsmitglieds begründet sind und sich durch objektive Umstände manifestieren. Interessenkonflikte von Regierungsmitgliedern im Sinne dieser Definition existieren in der politischen Wirklichkeit in den folgenden vier Fällen: Mitgliedschaft im Parlament derselben Staatsebene, Gefährdung der Unabhängigkeit durch die Annahme von Vorteilen in Bezug auf das Amt, Entscheidungen in eigenen Angelegenheiten sowie Mitgliedschaft im Aufsichtsrat von Wirtschaftsunternehmen.

5. Die Beurteilung der bestehenden Regelungen zur Vermeidung von Interessenkonflikten bei Regierungsmitgliedern erfolgt an Hand der folgenden Bewertungsmaßstäbe: Konzentration der Arbeitskraft auf das Regierungsamt, Verhindern von befangenen Entscheidungen, Uneigennützigkeit der Amtsführung, Verhindern einer Machtkonzentration durch Gewaltentrennung, keine moralische Sonderanforderungen an Regierungsmitglieder, Handlungsfähigkeit der Regierung, Bestimmtheit der Regelungen, angemessene Sanktionen bei Verstößen sowie angemessene Rechtsnatur der Regelungen. Nicht jeder der Bewertungsmaßstäbe ist auf jeden der aufgezeigten Interessenkonflikte anwendbar. Überdies zielen die Bewertungsmaßstäbe zum Teil in verschiedene Richtungen und müssen somit im Einzelfall in Einklang gebracht werden.

6. Die im Bund und den meisten Bundesländern praktizierte Doppelmitgliedschaft in Regierung und Parlament ist nicht nur verfassungsrechtlich zulässig, sondern auch verfassungspolitisch wünschenswert. Verbesserungswürdig ist jedoch die konkrete Ausgestaltung dieser Doppelmitgliedschaft. So sollte die Zulässigkeit der Doppelmitgliedschaft in das Grundgesetz bzw. die Landesverfassungen aufgenommen werden. Fernerhin sollten Mitglieder der Regierung zusätzlich zu den steuerpflichtigen Amtsbezügen eines Regierungsmitglieds keine steuerpflichtige Abgeordnetenentschädigung erhalten, wenn sie dem Parlament angehören. Demgegenüber ist die in Nordrhein-Westfalen vorgesehene zwingende Verbindung des Ministerpräsidentenamtes mit der Mitgliedschaft im Parlament abzuschaffen. Das in Bremen und Hamburg geltende ruhende Mandat sowie das im Schrifttum vorgeschlagene Modell des stimmrechtslosen Titularabgeordneten sind verfassungswidrig und auch verfassungspolitisch abzulehnen.

7. Bei dem Komplex der Annahme von Vorteilen durch Regierungsmitglieder stellen die strafrechtlichen Grenzen der §§ 331 ff. StGB eine gelungene Regelung dar. Neben den strafrechtlichen Regelungen sind jedoch weitere Regelungen für die Annahme von Vorteilen durch Regierungsmitglieder notwendig. Die bisherigen ministerrechtlichen Regelungen für die Annahme von Vorteilen durch Regierungsmitglieder sind – soweit überhaupt vorhanden – nicht überzeugend. Positiv zu bewerten sind nur die ministerrechtlichen Regelungen in den Bundesländern mit Verweisen auf das Beamtenrecht. Bei diesen Verweisen ist jedoch vor allem kritisch anzumerken, das eine vollständige Anwendung beamtenrechtlicher Normen auf Regierungsmitglieder nicht immer möglich ist. Überdies ist festzuhalten, dass die Einsetzung eines

Untersuchungsausschusses, das Misstrauensvotum, die Ministeranklage sowie der Druck auf die Regierungsmitglieder durch die öffentliche Meinung und den nächsten Wahlgang zu begrüßende Reaktionsmöglichkeiten auf die moralisch fragwürdige Annahme von Vorteilen darstellen. Schließlich kommt für deutsche Regierungsmitglieder eine Orientierung an der für den Präsidenten bzw. Vizepräsidenten der Vereinigten Staaten von Amerika geltenden bloßen Offenlegungspflicht bei der Annahme von Vorteilen nicht in Betracht.

8. Die verwaltungsrechtlichen Entscheidungen von Regierungsmitgliedern in eigenen Angelegenheiten werden durch die verwaltungsverfahrensrechtlichen Regelungen der §§ 20, 21 VwVfG angemessen begrenzt. Neben den verwaltungsverfahrensrechtlichen Regelungen sind jedoch weitere Regelungen für die Entscheidungen in eigenen Angelegenheiten notwendig, da die Regierungsmitglieder nicht nur verwaltungsrechtlich tätig werden. Auch sind diese Regelungen erforderlich, um eine Privilegierung der Regierungsmitglieder im Vergleich zu anderen Amtsträgern oder für den öffentlichen Dienst besonders Verpflichteten zu verhindern und um das Vertrauen der Öffentlichkeit in die Regierungsmitglieder zu erhalten. Die bisherigen ministerrechtlichen Regelungen betreffend die Entscheidungen in eigenen Angelegenheiten überzeugen – soweit überhaupt vorhanden – nicht vollständig. Abschließend ist jedoch positiv festzuhalten, dass im Einzelfall die Einsetzung eines Untersuchungsausschusses, das Misstrauensvotum, die Ministeranklage und der Druck auf die Regierungsmitglieder durch die öffentliche Meinung und den nächsten Wahlgang zu begrüßende Reaktionsmöglichkeiten auf die Entscheidungen von Regierungsmitgliedern in eigenen Angelegenheiten sein können.

9. Vom grundsätzlichen Verbot der Mitgliedschaft in Aufsichtsräten für Regierungsmitglieder sind im Bund und in allen Bundesländern unter unterschiedlichen Voraussetzungen Ausnahmen möglich. Alle diese Ausnahmemöglichkeiten sind dabei unter dem Gesichtspunkt möglicher Interessenkonflikte nicht zu kritisieren, da bereits die Verwaltungsverfahrensgesetze des Bundes und der Länder verhindern, dass Regierungsmitglieder doppelfunktional in einem Verwaltungsverfahren tätig werden. Vielmehr werden im Bund und in den meisten Bundesländern unter dem Hinweis auf die Vermeidung von Interessenkonflikten die materiell-rechtlichen Ausnahmevoraussetzungen zu eng gefasst. Sinnvoll wäre es demgegenüber, im Bund und in allen Bundesländern im Hinblick auf die zusätzliche Arbeitsbelastung durch das Aufsichtsratsmandat Höchstgrenzen für die Anzahl der Aufsichtsratssitze festzulegen. Überdies sollten die Regierungsmitglieder verpflichtet werden, die Aufsichtsratsbezüge vollständig abzuführen.

Literaturverzeichnis

Achterberg, Norbert: Parlamentsrecht, Tübingen 1984
Achterberg, Norbert: Probleme der Inkompatibilität, ZgS 126 (1970), 344 ff.
Alternativkommentar: Kommentar zum Grundgesetz für die Bundesrepublik Deutschland, 3. Aufl., Neuwied/Kriftel 2001, zit.: Bearbeiter in AK
Alternativkommentar: Kommentar zum Grundgesetz für die Bundesrepublik Deutschland, Band 2, Art. 38-146, 2. Aufl., Darmstadt/Neuwied 1989, zit.: Bearbeiter in AK I
Anschütz, Gerhard: Die Verfassung des Deutschen Reiches vom 11. August 1919, 14. Aufl., Berlin 1933
Anschütz, Gerhard/Thoma, Richard: Handbuch des Deutschen Staatsrechts, Erster Band, Tübingen 1930, zit.: Bearbeiter in Anschütz/Thoma
Arnim, Hans Herbert von: Diener vieler Herren, München 1998
Arnim, Hans Herbert von: Politik Macht Geld, München 2001
Arnim, Hans Herbert von: Gemeinwohl und Gruppeninteressen, Frankfurt am Main 1977
Arnim, Hans Herbert von: Staatslehre der Bundesrepublik Deutschland, München 1984
Badura, Peter: Staatsrecht, 2. Aufl., München 1996
Bauer, Robert F./Weintraub, Ellen L.: Executive branch gift and travel rules, Practising Law Institute 2000, 417 ff.
Becker, Michaela: Korruptionsbekämpfung im parlamentarischen Bereich, Bonn 1998
Benda, Ernst: Handbuch des Verfassungsrechts der Bundesrepublik Deutschland, Teil 2, 2. Aufl., Berlin/ New York 1995
Beyer, Hartmut: Die Unvereinbarkeit von Ämtern innerhalb der Bundesregierung, Tübingen 1976
Blank, Michael/Fangmann, Helmut/Hammer, Ulrich: Grundgesetz: Basiskommentar, 2. Aufl., Köln 1996, zit.: Bearbeiter in Blank/Fangmann/Hammer
Bleckmann, Albert: Staatsrecht I – Staatsorganisationsrecht, Köln/Berlin/Bonn/München 1993
Blei, Hermann: Strafrecht II, Besonderer Teil, 12. Aufl., München 1983
Bonner Kommentar: Kommentar zum Bonner Grundgesetz, Heidelberg 2002, 99. Lief., Stand: März 2002, zit.: Bearbeiter in BK
Boor, Wolfgang de/Pfeiffer, Gerd/Schünemann, Bernd: Parteispendenproblematik, Strafrecht und Gesellschaft, Band 11, Köln 1986
Boyken, Friedhelm: Die neue Parteienfinanzierung, Baden-Baden 1998
Braun, Klaus: Kommentar zur Verfassung des Landes Baden-Württemberg, Stuttgart/ München/Hannover 1984
Brosig, Rudolph: Die Verfassung des Saarlandes, Köln/Berlin/Bonn/München 2001
Bull, Hans Peter: Allgemeines Verwaltungsrecht, 6. Aufl., Heidelberg 2000
Bull, Hans Peter: Staatszwecke im Verfassungsstaat, NVwZ 1989, 801 ff.

Dagtoglou, Prodromos: Befangenheit und Funktionenhäufung in der Verwaltung, in Festgabe für Forsthoff, München 1967, 65 ff.

Dauster, Manfred: Die Ministeranklage im deutschen Landesverfassungsrecht, in Verfassungsrecht und Völkerrecht, Gedächtnisschrift für Wilhelm Karl Geck, Köln/Berlin/Bonn 1989, 123 ff.

Dauster, Manfred: Die Stellung des Ministers zwischen Regierungschef, Parlament und Regierung nach dem Verfassungsrecht der Länder, Köln/Berlin/Bonn/München 1984

David, Klaus: Die Verfassung der Freien und Hansestadt Hamburg, Hamburg 1994

Degenhart, Christoph: Staatsorganisationsrecht, 17. Aufl., Heidelberg 2001

Dittmann, Armin: Unvereinbarkeit von Regierungsamt und Abgeordnetenmandat – eine unliebsame Konsequenz des „Diätenurteils"?, ZRP 1978, 52 ff.

Dreier, Horst: Grundgesetz Kommentar, Band I, Artikel 1-19, Tübingen 1996, zit.: Bearbeiter in Dreier I

Dreier, Horst:Grundgesetz Kommentar, Band II Artikel 20-82, Tübingen 1998, zit.: Bearbeiter in Dreier II

Dreier, Horst: Grenzen demokratischer Freiheit im Verfassungsstaat, JZ 1994, 741 ff.

Dreher, Meinhard: Interessenkonflikte bei Aufsichtsratsmitgliedern von Aktiengesellschaften, JZ 1990, 896 ff.

Dress, Thomas: Das ruhende Mandat. Entstehung, Erscheinungsformen und verfassungsrechtliche Problematik eines Instituts des Parlamentsrechts, Hamburg 1985

Eckert, Karlheinz: Externe Prüfung staatlicher Beteiligungsunternehmen, Baden-Baden 1979

Ehlers, Dirk: Verwaltung in Privatrechtsform, Berlin 1984

Eichhorn, Peter: Verwaltungslexikon, 2. Aufl., Baden-Baden 1991

Epp, Ursula: Die Abgeordnetenbestechung - § 108 e StGB, Frankfurt am Main 1997

Eschenburg, Theodor: Staat und Gesellschaft in Deutschland, 3. Aufl., München 1965

Fervers, Martin: Anmerkung zu LG Hamburg, Beschl. v. 15.09.1989 (64 T 9/89), WuB § 103 AktG 1.190

Franke, Peter: Die Verfassungswidrigkeit des ruhenden Mandats in Hessen, ZParl 9 (1978), 49 ff.

Gabriel, Sigmar: Verhaltensrichtlinien für niedersächsische Politiker, ZParl 31 (2000), 328 ff.

Gebhard, Ludwig: Handkommentar zur Verfassung des Deutschen Reiches, 1932

Geller, Gregor/Kleinrahm, Kurt: Die Verfassung des Landes Nordrhein-Westfalen, 3. Aufl., Göttingen 1977, 2. Ergänzungslieferung 13. 1. 1994

Giese, Friedrich: Die Verfassung des Deutschen Reiches, 8. Aufl., München 1931

Grimm, Christoph/Caesar, Peter: Verfassung für Rheinland-Pfalz, Baden-Baden 2000, zit.: Bearbeiter in Grimm/Caesar

Golz, Gerhard: Minister in Aufsichtsräten von Wirtschaftsunternehmen, DÖV 1958, 757 ff.

Gottschalck, Detlef: Die Hamburgische Bürgerschaft, Berlin 1993
Gralher, Martin: Ruhendes Mandat und demokratisches Repräsentationsverständnis, ZRP 1977, 156 ff.
Häberle, Peter: Die Gemeinwohlproblematik in rechtswissenschaftlicher Sicht, Rechtstheorie 14 (1983), 257 ff.
Hammer, Wolfgang: Interessenkollisionen im Verwaltungsverfahren, insbesondere der Amtskonflikt, Pfaffenweiler 1989
Hardtung, Bernhard: Erlaubte Vorteilsannahme - §§ 331 StGB, 70 BBG, 10 BAT, Berlin 1994
Hay, Peter: Einführung in das amerikanische Recht, 4. Aufl., Darmstadt 1995
Heisz, Janina: Die Abgeordnetenbestechung nach § 108 e StGB – Schließung einer Regelungslücke?, Aachen 1998
Hess, Adalbert: Zur Parlamentsmitgliedschaft der Minister im Bund und Ländern (1946-1971), ZParl 2 (1971), 262 ff.
Hesse, Konrad: Die verfassungsrechtliche Stellung der politischen Parteien im modernen Staat, VVDStRL 17 (1959), 11 ff.
Hesse, Konrad: Grundzüge des Verfassungsrechts der Bundesrepublik Deutschland, 20. Aufl., Heidelberg 1999
Hettich, Christof A.: Parteispenden und Verfassungsrecht, Mannheim 1989
Honnacker, Heinz/Grimm, Gottfried: Geschäftsordnung der Bundesregierung: Kommentar, München 1969
Hüffer, Uwe: Aktiengesetz, 5. Aufl., München 2002
Hufen, Friedhelm: Fehler im Verwaltungsverfahren, Baden-Baden 1986
Isensee, Josef/Kirchhof, Paul: Handbuch des Staatsrechts, Band I, Heidelberg 1987, zit.: Bearbeiter in Isensee/Kirchhof I
Isensee, Josef/Kirchhof, Paul: Handbuch des Staatsrechts, Band II, Heidelberg 1987, zit.: Bearbeiter in Isensee/Kirchhof II
Isensee, Josef/Kirchhof, Paul: Handbuch des Staatsrechts, Band III, 2. Aufl., Heidelberg 1996, zit.: Bearbeiter in Isensee/Kirchhof
Janson, Bernd: Rechtsformen öffentlicher Unternehmen in der Europäischen Gemeinschaft, Baden-Baden 1980
Jarass, Hans D./Pieroth, Bodo: Grundgesetz für die Bundesrepublik Deutschland, Kommentar, 6. Aufl., München 2002, zit.: Bearbeiter in Jarass/Pieroth
Kaiser, Eberhard: Spenden an politische Parteien und strafbare Vorteilsannahme, NJW 1981, 321 ff.
Kazele, Norbert: Interessenkollisionen und Befangenheit im Verwaltungsrecht, Berlin 1990
Keese, Helmut: Regierungsmitglieder als Vertreter der öffentlichen Hand in den Aufsichtsorganen wirtschaftlicher Unternehmen, Heidelberg 1969
Knack, Hans Joachim: Verwaltungsverfahrensgesetz, Kommentar, 7. Aufl., Köln/Berlin/Bonn/München 2000, zit.: Bearbeiter in Knack

Kölner Kommentar zum Aktiengesetz: Band 2: §§ 76-117 AktG, 2. Aufl., Köln/Berlin/ Bonn/München 1996

Köttgen, Arnold: Abgeordnete und Minister als Statusinhaber, in Gedächtnisschrift für Walter Jellinek, München 1955, 195 ff.

Kopp, Ferdinand O.: Befangenheit öffentlicher Amtsträger gemäß § 20 I Nr. 5 VwVfG bei gleichzeitiger Wahrnehmung eines Aufsichtsratsmandats?, WiVerw 1983, 226 ff.

Kopp, Ferdinand: Die Ablehnung befangener Amtsträger im Verwaltungsverfahrensrecht, Bay VBl 1994, 109

Kopp, Ferdinand/Ramsauer, Ulrich: Verwaltungsverfahrensgesetz, 7. Aufl., München 2000

Korte, Heinrich/Rebe, Bernd: Verfassung und Verwaltung des Landes Niedersachsen, 2. Aufl., Göttingen 1986

Kriele, Martin: Das demokratische Prinzip im Grundgesetz, VVDStRL 29 (1971), 46 ff.

Kremer, Klemens: Der Abgeordnete zwischen Entscheidungsfreiheit und Parteidisziplin, 2. Aufl., München 1956

Krüger, Herbert: Allgemeine Staatslehre, 2. Aufl., Stuttgart/Berlin/Köln/Mainz 1966

Kunig, Philip: Das Rechtsstaatsprinzip, Tübingen 1986

Kunig, Philip: Zur „hinreichenden Bestimmtheit“ von Norm und Einzelakt, Jura 1990, 495 ff.

Lackner, Karl/Kühl, Kristian: Strafgesetzbuch mit Erläuterungen, 24. Aufl., München 2001, zit.: Bearbeiter in Lackner/Kühl

Larenz, Karl: Methodenlehre der Rechtswissenschaft, 6. Aufl., Berlin/Heidelberg/New York 1984

Laundy, Philip: Parliaments in the modern world, Aldershot 1989

Leipziger Kommentar: Strafgesetzbuch, Großkommentar, Jähnke, Burghard/Laufhütte, Heinrich Wilhelm/Odersky, Walter (Hrsg.): §§ 13-14 StGB, 11. Aufl., 11. Lieferung, Berlin/New York 1993, zit.: Bearbeiter in LK

Leipziger Kommentar: Strafgesetzbuch, Großkommentar, Jähnke, Burghard/Laufhütte, Heinrich Wilhelm/Odersky, Walter (Hrsg.): §§ 311 c-314, 324-335 a, 11. Aufl., 25. Lieferung, Berlin/New York 1997, zit.: Bearbeiter in LK

Linck, Joachim/Jutzi, Siegfried/Hopfe, Jörg: Die Verfassung des Freistaats Thüringen, Stuttgart/München/Hannover/Berlin/Weimar/Dresden 1994

Link, Christoph: Staatszweck im Verfassungsstaat – nach 40 Jahren Grundgesetz, VVDStRL 48 (1990), 7 ff.

Lohl, Reinhold: Möglichkeiten und Grenzen der staatlichen Betätigung bei Unternehmen, DÖH 12, 25 ff.

Lohmeier, Martin: „Ruhendes Mandat“ und Verfassung, DVBl 1977, 405 ff.

Lutter, Marcus: Bankenvertreter im Aufsichtsrat, ZHR 145 (1981), 224 ff.

Magiera, Siegfried: Parlament und Staatsleitung in der Verfassungsordnung des Grundgesetzes, Berlin 1979

Mangoldt, Hermann v./Klein, Friedrich: Das Bonner Grundgesetz, Band II, 2. Aufl., Berlin/Frankfurt am Main 1966

Mangoldt, Hermann v./Klein, Friedrich/Starck, Christian: Das Bonner Grundgesetz, Kommentar, Band 2: Artikel 20 bis 78, 4. Aufl., München 2000, zit.: Bearbeiter in v. Mangoldt/Klein/Starck

Maunz, Theodor/Dürig, Günter: Grundgesetz Kommentar, Band IV, 39. Lieferung, Juli 2001, zit.: Bearbeiter in Maunz/Dürig

Maunz, Theodor/Zippelius, Reinhold: Deutsches Staatsrecht, 30. Aufl., München 1998

Maurer, Hartmut: Allgemeines Verwaltungsrecht, 13. Aufl., München 2000

Maurer, Hartmut: Staatsrecht I, 2. Aufl., München 2001

Meder, Theodor: Die Verfassung des Freistaats Bayern, 4. Aufl., Stuttgart/München/Hannover/Berlin 1992

Meyer, Hans: Das parlamentarische Regierungssystem des Grundgesetzes, VVDStRL 33 (1975), 69 ff.

Meyer, Hans/Borgs-Maciejewski, Hermann: Verwaltungsverfahrensgesetz, 2. Aufl., Frankfurt 1982, zit.: Bearbeiter in Meyer/Borgs-Maciejewski

Müller, Klaus: Verfassung des Freistaats Sachsen, Kommentar, Baden-Baden 1993

Münch, Ingo von: Grundgesetz-Kommentar, Band 2 (Art. 21-69), 2. Aufl., München 1983, zit.: Bearbeiter in v. Münch

Münch, Ingo von: Minister und Abgeordnete in einer Person: die andauernde Verhöhnung der Gewaltenteilung, NJW 1998, 34 ff.

Münch, Ingo von: Staatsrecht, 6. Aufl., Stuttgart/Berlin/Köln 2000

Münch, Ingo von/Kunig, Philip: Grundgesetz-Kommentar, Band 2 (Art. 20 bis 69), 4./5. Aufl., München 2001, zit.: Bearbeiter in v. Münch/Kunig

Nawiasky, Hans: Die Verfassung des Freistaats Bayern, 2. Auflage, München 2000

Nebendahl, Mathias: Inkompatibilität zwischen Ministeramt und Aufsichtsratsmandat, DÖV 1988, 961 ff.

Neumann, Heinzgeorg: Die Verfassung der Freien Hansestadt Bremen, Stuttgart/München/Hannover/Berlin/Weimar/Dresden 1996

Neumann, Heinzgeorg: Die Niedersächsische Verfassung, 3. Aufl., Stuttgart/München/Hannover/Berlin/Weimar/Dresden 2000, zit.: Neumann Niedersachsen

Nonnenmacher, Günther: Die gespendete Macht: Parteiendemokratie in der Krise, Berlin 2000

Obermayer, Klaus: Kommentar zum Verwaltungsverfahrensgesetz, 3. Aufl., Neuwied/Kriftel 1999, zit.: Bearbeiter in Obermayer

Ostendorf, Heribert: Das Geringfügigkeitsprinzip als strafrechtliche Auslegung, GA 1982, 333 ff.

Papier, Hans-Jürgen/Möller, Johannes: Das Bestimmtheitsgebot und seine Durchsetzung, AöR 122 (1997), 177 ff.

Pfennig, Gero/Neumann, Manfred J.: Verfassung von Berlin, 3. Aufl., Berlin/New York 2000, zit.: Bearbeiter in Pfennig/Neumann

Püttner, Günter: Sorgfaltspflicht und Verantwortlichkeit von Mitgliedern der Überwachungsorgane, in Kontrolle öffentlicher Unternehmen, Band I, 137 ff., hrsg. von der Gesellschaft für öffentliche Wirtschaft und Gemeinwirtschaft, Baden-Baden 1980

Rassow, Walter: Gewaltenteilung ernst nehmen, liberal 1997, H. 3, 24 ff.

Reich, Andreas: Verfassung des Landes Sachsen-Anhalt, Kommentar, Bad Honnef 1994

Rieß, Peter: Parlamentarische Inkompatibilitäten im geltenden Staatsrecht, Hamburg 1958

Rosenau, Kersten: Das „Ruhende Mandat“ - die Hansestädte und das Grundgesetz, ZParl 19 (1988), 35 ff.

Sachs, Michael: Grundgesetz, Kommentar, 2. Aufl., München 1999, zit.: Bearbeiter in Sachs

Säcker, Franz-Jürgen: Behördenvertreter im Aufsichtsrat, in Festschrift für Kurt Rebmann zum 65. Geburtstag, München 1989, 781 ff.

Scheuch, Erwin K./Scheuch, Ute: Die Spendenkrise: Parteien außer Kontrolle, Reinbek 2000

Scheuing, Dieter H.: Der Amtskonflikt als Ausschlussgrund im Verwaltungsverfahrensrecht, NVwZ 1982, 487 ff.

Scheuner, Ulrich: Die Kontrolle der Staatsmacht im demokratischen Staat, Hannover 1977

Schindler, Peter: Datenhandbuch zur Geschichte des Deutschen Bundestages 1949 bis 1999, Band I: Kapitel 1-6, Baden-Baden 1999

Schmidt-Aßmann, Eberhard: Besonderes Verwaltungsrecht, 11. Aufl., Berlin/New York 1999

Schmidt-Bleibtreu, Bruno/Klein, Franz: Kommentar zum Grundgesetz, 9. Aufl., Neuwied/Kriftel 1999

Schmidt-Jortzig, Edzard: Das rechtliche Fundament der Ministerkompatibilität unter dem Grundgesetz, ZStW 130 (1974), 123 ff.

Schneider, Hans-Peter/Zeh, Wolfgang: Parlamentsrecht und Parlamentspraxis in der Bundesrepublik Deutschland, Berlin/New York 1989, zit.: Bearbeiter in Schneider/Zeh

Schönke, Adolf/Schröder, Horst: Strafgesetzbuch, Kommentar, 26. Aufl., München 2001

Simon, Helmut/Franke, Dietrich/Sachs, Michael: Handbuch der Verfassung des Landes Brandenburg, Stuttgart/München/Hannover/Berlin/Weimar/Dresden 1994, zit.: Bearbeiter in Simon/Franke/Sachs

Staak, Magnus G. W.: Der Grundsatz der Gewaltenteilung in der Landessatzung, in 30 Jahre Landessatzung 1949-1979, hrsg. von Barschel, Uwe, Neumünster 1979

Starck, Christian/Stern, Klaus: Landesverfassungsgerichtsbarkeit, Teilband II, Baden-Baden 1983, zit.: Bearbeiter in Starck/Stern

Steffani, Winfried: Gewaltenteilung und Parteien im Wandel, Opladen 1997

Steiner, Udo: Besonderes Verwaltungsrecht, 6. Aufl., Heidelberg 1999

Stelkens, Paul/Bonk, Heinz Joachim/Sachs, Michael: Verwaltungsverfahrensgesetz, Kommentar, 6. Aufl., München 2001, zit.: Bearbeiter in Stelken/Bonk/Sachs

Stern, Klaus: Das Staatsrecht der Bundesrepublik Deutschland, Band I, 2. Aufl., München 1984, zit.: Stern I

Stern, Klaus: Das Staatsrecht der Bundesrepublik Deutschland, Band II, München 1980, zit.: Stern II

Stern, Klaus: Das Staatsrecht der Bundesrepublik Deutschland, Band III/1, München 1988, zit.: Stern III

Sturm, Gerd: Die Inkompatibilität, München 1967

Systematischer Kommentar zum Strafgesetzbuch: Rudolphi, Hans-Joachim/Günther, Hans-Ludwig/Horn, Eckhard/Hoyer, Andreas/Samson, Erich: Band 1 – Allgemeiner Teil (§§ 1 – 79 b), 7., teilweise 8. Aufl., 36. Lieferung, Stand: April 2001, zit.: Bearbeiter in SK

Systematischer Kommentar zum Strafgesetzbuch: Rudolphi, Hans-Joachim/Günther, Hans-Ludwig/Horn, Eckhard/Hoyer, Andreas/Samson, Erich: Band 2 – Besonderer Teil (§§ 80 – 358), 5., bzw. 6. Aufl., 53. Lieferung, Stand: Oktober 2001, zit.: Bearbeiter in SK

Thiele, Burkhard/Pirsch, Jürgen/Wedemeyer, Kai: Die Verfassung des Landes Mecklenburg-Vorpommern, Berlin 1995, zit.: Bearbeiter in Thiele/Pirsch/Wedemeyer

Traupel, Tobias: Ämtertrennung und Ämterverbindung zwischen staatlichen Leitungsämtern und Leitungsämtern in Verbänden, Frankfurt am Main/Bern/New York/Paris 1991

Tröndle, Herbert/Fischer, Thomas: Strafgesetzbuch und Nebengesetze, 50. Aufl., München 2001

Tsatsos, Dimitris Th.: Die erwerbswirtschaftliche Tätigkeit von Regierungsmitgliedern, VerwArch 58 (1967), 360 ff.

Tsatsos, Dimitris Th.: Die Unvereinbarkeit von parlamentarischem Mandat und Regierungsamt in der Parteiendemokratie, Baden-Baden 1996, zit.: Bearbeiter in Tsatsos

Ule, Carl Hermann/Laubinger, Hans Werner: Verwaltungsverfahrensrecht, 4. Aufl., Köln/ Berlin/Bonn/München 1995

Veen, Thomas: Die Vereinbarkeit von Regierungsamt und Aufsichtsrat in Wirtschaftsunternehmen, Berlin 1996

Welp, Jürgen: Der Amtsträgerbegriff, in Festschrift für Karl Lackner, Berlin/New York 1987, 761 ff.

Welzel, Hans: Das deutsche Strafrecht, 11. Aufl., Berlin 1969

Wiedenfels, Ilse: Nochmals: Minister in Aufsichtsräten von Wirtschaftsunternehmen, DÖV 1960, 892 ff.

Wiese, Walter: Das Amt des Abgeordneten, AöR 101 (1976), 548 ff.
Willand, Alexander: Besoldungs- und Versorgungsstrukturen des Ministeramtes, Berlin 2000
Wolff, Hans J./Bachof, Otto: Verwaltungsrecht III, 4. Aufl., München 1978
Wrege, Wolf Reinhard: Das System der Gewaltenteilung im Grundgesetz, Jura 1996, 436 ff.
Zinn, Georg August/Stein, Erwin: Verfassung des Landes Hessen, Band 2, 16. Ergänzungslieferung, Baden-Baden 1999

MIX

Papier | Fördert gute Waldnutzung

FSC® C083411

Kolibri 360 GmbH
Ferdinand-Jühlke-Straße 7
99095 Erfurt, Deutschland
produktsicherheit@kolibri360.de

Druck:
CPI Druckdienstleistungen GmbH
im Auftrag der
Kolibri 360 GmbH
Ferdinand-Jühlke-Str. 7
99095 Erfurt